Annette Scheunpflug
Biologische Grundlagen des Lernens

Annette Scheunpflug
Biologische Grundlagen des Lernens

Cornelsen online http://www.cornelsen.de

Gedruckt auf chlorfrei gebleichtem Papier
ohne Dioxinbelastung der Gewässer.

Die Deutsche Bibliothek – CIP-Einheitsaufnahme

Scheunpflug, Annette
Biologische Grundlagen des Lernens
Annette Scheunpflug. – Berlin: Cornelsen Scriptor, 2001
(Studium kompakt)
ISBN 3-589-21430-9

Dieses Werk berücksichtigt die Regeln der reformierten
Rechtschreibung und Zeichensetzung.

5.	4.	3.	2.	1.	✓ €	Die letzten Ziffern bezeichnen
05	04	03	02	2001		Zahl und Jahr der Auflage.

© 2001 Cornelsen Verlag Scriptor GmbH & Co. KG, Berlin
Das Werk und seine Teile sind urheberrechtlich geschützt. Jede Verwertung
in anderen als den gesetzlich zugelassenen Fällen bedarf deshalb der vorherigen
schriftlichen Einwilligung des Verlages.
Redaktion: lüra – Klemt & Mues GbR, Wuppertal
Satz und Layout: stallmeister publishing, Wuppertal
Umschlagentwurf: Bauer + Möhring, Berlin
Druck und Bindearbeiten: Druckerei zu Altenburg, Altenburg
Printed in Germany
ISBN 3-589-21430-9
Bestellnummer 214309

Inhalt

Die biologische Aufklärung der Pädagogik – eine Einführung. 9
  Biologische Anthropologie 9
  Der Aufbau dieses Buches 11

Teil I – Die Biowissenschaften als Bezugsdisziplin der Pädagogik. 13
1 Biologische Grundlagen – in der Pädagogik oft vernachlässigt 14
  Pädagogische Anthropologie 14
  Pädagogik und naturwissenschaftliche Anthropologie 16
  Die pädagogische Abstinenz von naturwissenschaftlichen Theorien 16
2 Die Biowissenschaften und ihre Subdisziplinen. 20
3 Theoriezugänge naturwissenschaftlicher Anthropologie 23
  Evolution als grundlegende Erklärungstheorie der belebten Natur 23
  Anpassung und Angepasstheit des Menschen. 27
4 Die häufigsten Vorurteile gegenüber biowissenschaftlicher Theoriebildung 34
  Der Sozialdarwinismus 34
  Der naturalistische Fehlschluss. 36
  Determination und Freiheit 37
  Der Reduktionismusverdacht. 39
  Das Verhältnis zwischen Natur und Kultur. 40

Teil II – Die Natur des Lernens. 43
5 Lernfähigkeit als evolutionärer Vorteil. 44
  Leben ist Lernen 44
  Lernen der Gene: Anpassung einer Art. 45
  Lernen der Gehirne: individuelle Angepasstheit 47
  Lernen von Gesellschaften 57
  Konsequenzen für die Pädagogik. 59
6 Anlage und Umwelt. 63
  Die Politisierung der Debatte 64
  Interaktion zwischen Anlage und Umwelt. 65
  Präzisierung: genzentrierte Umwelt-Selektivität 66
  Konsequenzen für die Pädagogik. 71

7 Die Struktur des Gehirns 74
   Was ist ein Gehirn? 74
   Lernen mit allen Sinnen? 79
   Lernen als Umorganisation 81
   Die Aktivierung von Hirnhälften 87
   Konsequenzen für die Pädagogik 88
8 Die steinzeitliche „spontane Vernunft" 90
   Erkenntnisfähigkeit und die menschliche Entwicklungsgeschichte 90
   Erkenntnisfähigkeit und Mesokosmos 92
   Erkenntnisfähigkeit und soziale Regelhaftigkeit 94
   Erkenntnisfähigkeit und lineare Kausalitätsvorstellungen 98
   Den Mesokosmos durch Lernen überwinden? 100
   Konsequenzen für die Pädagogik 101
9 Lernen mit Gefühlen 103
   Lernen mit Kopf, Herz und Hand 103
   Gefühle und Hormone 104
   Konsequenzen für die Pädagogik 110

Teil III – Die Natur pädagogischer Beziehungen 113

10 Eltern, Kinder und Familie 114
   Menschen als Reproduktionsstrategen 115
   Brutpflege als Investment 117
   Interessenkonflikte zwischen Eltern und ihren Kindern 117
   Geschwister 123
   Gleichaltrige oder: die Unwahrscheinlichkeit familiärer Sozialisation 124
   Konsequenzen für die Pädagogik 126
11 Verhalten von Frauen und Männern 129
   Unterschiedliche Reproduktionsinteressen 130
   Männer und innergeschlechtliche Konkurrenz 132
   Schweigende lächelnde Frauen 133
   Unterschiede im Hinblick auf kognitive Fähigkeiten 135
   Sozio-kommunikative Fähigkeiten 136
   Motorische Fähigkeiten 137
   Konsequenzen für die Pädagogik 138
12 Kooperation und Konkurrenz 141
   Genegoistische Interessen und die Begrenztheit der Ressourcen 141
   Konkurrenz 143
   Kooperation 144
   Gibt es vorteilhafte Strategien? 148

Kooperation und Konkurrenz als zwei Seiten einer Medaille: Eigennutz .. 149
Konsequenzen für die Pädagogik. 151

Teil IV – Die Natur des Lehrens 155

13 Unterricht als Lehrform 156
    Evolution von Unterricht 156
    Unterricht als Evolution. 163
    Unterricht zwischen Pleistozän und Weltgesellschaft 166
14 Lehrendes Handeln 170
    Lehren: Professionelles Arrangement der „Nachahmung
    des Erfolgreichen" 170
    Lehren: Professionelles Arrangement zur Einübung in Kooperation 171
    Lehren: Professionelles Arrangement zur Einübung in Konkurrenz 172
    Lehren als geplante Anregung eines nicht erwartbaren Vorgangs 174

Teil V – Erziehungswissenschaft und Biologie:
Zusammenfassung und Ausblick 177

Erziehungswissenschaft und Biologie 178

Anhang 184

Der Zugang aus unterschiedlichen Disziplinen der Biologie 184
    Genetik 184
    Neurobiologie 185
    Soziobiologie 187
    Ethologie 188
    Evolutionäre Erkenntnistheorie 189
    Evolutionäre Psychologie 190
    Kulturethologie 190
    Spieltheorie 191
    Allgemeine Evolutionstheorie 193

Literatur 194

Stichwortverzeichnis 205

Die biologische Aufklärung der Pädagogik – eine Einführung

Die Biologie schickt sich an, die neue Leitwissenschaft zu werden. In den letzten Jahren wurden erhebliche Erkenntnisfortschritte erzielt, der zurzeit spektakulärste und medienwirksamste ist sicher die Entzifferung des menschlichen Genoms. Aber auch weitere Fragestellungen nach den Grundlagen menschlichen Lebens werden intensiv bearbeitet, und die damit verbundene biologische Grundlagenforschung wird mit Hochdruck betrieben.

Auch die Pädagogik beschäftigt sich in Theorie und Praxis mit dem Menschen. Ein Interesse an den Erkenntnissen der Biologie scheint insofern nahe zu liegen. Doch ein interdisziplinärer Dialog ist bisher erst in sehr zaghaften Anfängen zu beobachten. Vielmehr bezieht sich die Pädagogik – in langer Tradition – auf die geisteswissenschaftliche Anthropologie. Diese Beschränkung könnte in Zukunft problematisch werden. Zum einen entgehen der Pädagogik damit interessante Erkenntnisse über ihren Gegenstand – die Entwicklung des Menschen und seine Erziehungs- und Lernmöglichkeiten. Zum anderen wächst die Gefahr, dass bei einer zu großen Unkenntnis über die Natur des Menschen der Pädagogik ihr eigener Gegenstand streitig gemacht wird und sie zu Diskussionen (zum Beispiel über das Verhältnis von Anlage und Umwelt im Lichte moderner Genomforschung) nicht angemessen Stellung beziehen kann.

Biologische Anthropologie

Dieses Buch rückt die „biologischen Grundlagen des Lernens" in den Mittelpunkt – und damit auch die des „Lehrens". Es wagt den Versuch, die wichtigsten Erkenntnisse aus der Biologie bzw. der naturwissenschaftlichen Anthropologie für Pädagogen und Erziehungswissenschaftler zusammenzustellen und zumindest in Ansätzen über die natürlichen Grundlagen des Lehrens und Lernens aufzuklären. Aufklärung und Mündigkeit sind Konzepte, die für weite Teile der Erziehungswissenschaft konstitutiv sind. Der Aufklärung über die gesellschaftlichen Machtverhältnisse, über Verstrickungen in Mythen und Traditionen sowie über psychische Verarbeitungsmuster galt lange Zeit das Hauptinteresse einer sich als emanzipatorisch verstehenden Erziehungswissenschaft. Naturwissenschaftliche Anthropologie bietet der Erziehungswissenschaft heute die Möglichkeit, über die bereits bestehenden Konzepte von Aufklärung hinauszugehen, nämlich Klärung über die Verhaltensvorschläge der Natur zu gewinnen. Biowissenschaftliche Reflexion öffnet der Erziehungswissenschaft die Chance, ihre auf gesellschaftlichem

Gebiet begonnene Aufklärung über Abhängigkeiten im Hinblick auf die Natur des Menschen fortzusetzen. Damit könnte das pädagogische Nachdenken über Emanzipation weitergeführt und radikalisiert werden. Nach der psychologischen und soziologischen Aufklärung steht in der Erziehungswissenschaft nun eine *biologische Aufklärung* an.

In diesem Buch werden einige der neueren Ergebnisse aus den Biowissenschaften für die Erziehungswissenschaft aufgearbeitet und zusammengestellt. Damit soll zumindest im Ansatz ein Verständnis für die Debatten der naturwissenschaftlichen Anthropologie hergestellt werden. Eine genauere Kenntnis der Grundlagen von Lehren und Lernen ermöglicht auch präzisere Vorstellungen über erzieherische Handlungsmöglichkeiten und deren Beschreibung durch Theoriemodelle. Wer die „Vorschläge der Natur" (MARKL 1986, S. 86) beeinflussen möchte, muss diese überhaupt erst einmal kennen! Gerade für Pädagogen ist die Kenntnis der Lerngeschichte des Menschen und ihrer Konsequenzen eine wichtige Grundlage für das Verständnis sowohl von Bildung als auch von didaktischen Zusammenhängen.

Mit einer solchen Zielsetzung tritt dieses Buch in einen neuen interdisziplinären Dialog, für den es kaum Vorbilder gibt. Es ist nicht davon auszugehen, dass Kenntnisse über die Grundlagen der Biologie – anders als beispielsweise im Falle der Psychologie – einfach vorausgesetzt werden können. Eigentlich müsste – so werden vor allem Biologen argumentieren – einem interdisziplinären Dialog eine solide Einführung in die Fachsprache und Wissenschaftsgebiete der Biologie vorangehen. Sie dürfte Pädagogen den Einstieg allerdings nicht eben erleichtern. Es bestünde zudem die Gefahr, dass pädagogische Fragestellungen mit biologischen Ordnungskriterien unterlegt würden. Und nicht zuletzt ist einzuwenden, dass das gesamte Gebiet der Biologie selbst für Biologen – geschweige denn für Erziehungswissenschaftler – schier unüberschaubar ist. Warum also nicht völlig anders an den interdisziplinären Diskurs herangehen? Es ist doch durchaus auch möglich, von ausgewählten pädagogischen Problemen auszugehen und danach zu fragen, welche Erkenntnisse sich in der biowissenschaftlichen Forschung zu den jeweiligen Problemen finden lassen. Dieses Vorgehen verspricht eine höhere Effektivität und schnellere Erkenntnismöglichkeiten für Pädagogen, ein unsystematisches Vorgehen im Hinblick auf die biowissenschaftliche Bezugsdisziplin sollte man deshalb in Kauf nehmen.

In diesem Buch wird deshalb überwiegend von pädagogischen Problemen bzw. Themen ausgegangen und das für Pädagogen relevante und interessante Wissen – quer zu allen biologischen Subdisziplinen – zusammengestellt. Ein solches Vorgehen ist im interdisziplinären Dialog legitim und macht häufig die Rezeption disziplinfremder Erkenntnisse für das eigene Fach überhaupt erst möglich. Da ohnehin jede Darstellung eines Sachverhalts eine Reduktion von Komplexität darstellt, ist diese grundsätzlich unvermeidbar. Dieses Buch kann demnach nicht mehr sein als eine vorsichtige Annäherung an einen komplexen und unüberschaubaren Gegenstand.

Allerdings – und das ist der Tribut an die wissenschaftliche Form des interdisziplinären Dialogs – ist ein Minimum an einführender biologischer Theoriebildung unverzichtbar. Nicht zuletzt, um mit Blick auf die problematische Geschichte der Funktionalisierung und des Missbrauchs biologischer Theoriebildung die Gefahr falscher Assoziationen, Bewertungen und Schlussfolgerungen zu vermeiden. So geht etwa mit der Anwendung der Evolutionstheorie auf menschliches Sozialverhalten häufig die sozialdarwinistische Vorstellungen eines „Überleben des Stärksten" einher – eine Assoziation, die während des Nationalsozialismus ihre traurige Wirklichkeit entfaltete. Die Biologie geht gegenwärtig von einem anderen Erkenntnisstand aus, der eine kritische Aufarbeitung der eigenen Geschichte einschließt. Gegen Fehlinterpretationen ist von Beginn an vorzubeugen, es gilt herauszuarbeiten, welche Argumentationsmuster von der modernen Biologie *nicht* geteilt werden.

Der Aufbau dieses Buches

Der erste Teil stellt unter dem Titel **Biowissenschaft als Bezugsdisziplin der Pädagogik** einige grundlegende Theorieannahmen der Biowissenschaften dar und geht kurz auf die Geschichte der Rezeption naturwissenschaftlicher Anthropologie ein. Möglichen Missverständnissen wird zu begegnen versucht. Gleichzeitig wird das Erkenntnisinteresse dieses Buches detailliert offen gelegt: die Diskussion von bisher in der Pädagogik nur wenig beachteten Zusammenhängen.

Die dann folgenden Kapiteln gehen vertiefend auf einzelne Themen der „Biologischen Grundlagen des Lehrens und Lernens" ein. Der zweite Teil beschäftigt sich mit der **Natur des Lernens** im engeren Sinne. Dabei geht es zunächst um die Frage, warum Menschen überhaupt lernen können. Es wird geklärt, wie das Verhältnis zwischen Anlage und Umwelt im Hinblick auf Lernvorgänge zu verstehen ist. Anschließend werden neurowissenschaftliche und physiologische Grundlagen sowie die Stammesgeschichte des Lernens beschrieben und in pädagogische Zusammenhänge gerückt. Diese Theorien können beispielsweise erklären, warum etwas anschaulich ist oder nicht. Außerdem wird aus biowissenschaftlicher Perspektive die Bedeutung von Gefühlen für das Lernen dargelegt.

Der dritte Teil untersucht die **Natur pädagogisch relevanter Beziehungen.** Zunächst geht es um die Beziehungen zwischen Eltern und ihren Kindern, zwischen Geschwistern und zwischen Lehrkräften und Schülern aus biologischer Perspektive im Hinblick auf pädagogische Prozesse. Anschließend werden Unterschiede zwischen Frauen und Männern dargestellt. Macht es aus biologischer Perspektive für Lehr- und Lernprozesse einen Unterschied, ob es sich um Frauen oder um Männer handelt? Dies ist ein heikles und heiß diskutiertes Thema, und man kann auf neuere Erkenntnisse der Biowissenschaften gespannt sein.

Das Verhältnis zwischen Personen ist häufig durch zwei fundamentale Verhaltensmöglichkeiten geprägt: Kooperation oder Konkurrenz. Beide sind pädagogisch relevant. Unter welchen Bedingungen entstehen Kooperation und Konkurrenz? Diese Erkenntnis könnte pädagogische Theorieannahmen ergänzen.

In jedem dieser Kapitel werden vor dem Hintergrund der dargestellten biologischen Erkenntnisse Anregungen für pädagogisches Handeln bzw. für pädagogische Theoriebildung formuliert. Darüber hinaus geht der vierte Teil des Buches auf die Funktionen von Unterricht, die **Natur des Lehrens**, ein. Abschließend werden weiterführende Fragen und Forschungsfelder für die Erziehungswissenschaften aufgezeigt. Dies geschieht auch vor dem Hintergrund, dass längst nicht alle Themen, die aus biologischer Perspektive für die Pädagogik interessant sind, hier bearbeitet werden können, vielmehr ist dieses Buch eine erste Annäherung, auf die Vertiefungen sowie thematische Erweiterungen folgen sollten.

Jeder Teil und jedes Kapitel ist für sich lesbar – die hier gewählte Reihenfolge ist nicht zwingend. Doppelungen sind deshalb nicht zu vermeiden. Sie erfüllen angesichts der potenziellen Missverständlichkeit dieses unübersichtlichen Forschungsgebietes vielmehr die didaktische Funktion, Zusammenhänge aus unterschiedlichen Perspektiven zu beleuchten. Der Horizont biowissenschaftlicher Reflexionsmöglichkeiten erschließt sich allerdings für die Erziehungswissenschaft erst aus dem Gesamtzusammenhang. In blau unterlegten Kästen finden sich deshalb vertiefende Hinweise oder Beispiele.

Angesichts der Fülle der Literatur wird im Text – um der Lesbarkeit willen – nur auf ausgewählte Bezugsquellen verwiesen. Die Leseempfehlungen am Ende eines jeden Kapitels ermöglichen es, die beschriebenen Sachverhalte oder deren Kontext einführend kennen zu lernen. Darüber hinaus findet sich am Ende des Buches ein Literaturverzeichnis, das die zitierte Literatur nachweist. Diejenigen Leserinnen und Leser, die Interesse an den einzelnen Subdisziplinen der Biowissenschaften haben, finden im Anhang eine entsprechende Übersicht. Dort sind zur weiteren Vertiefung in die Thematik Grundsatzartikel und Überblickswerke benannt, die auch für Pädagogen interessant und für Nicht-Biologen lesbar sind.

Einige Kapitel dieses Buches sind in einem Vorabdruck in gekürzter Form als Serie in PÄDAGOGIK, Heft 1 – 6/2000 erschienen und werden in Heft 7/8 kritisch diskutiert. Ich danke den Diskutanden HARALD EULER, HANNELORE FAULSTICH-WIELAND, ECKART LIEBAU und KLAUS-JÜRGEN TILLMAN für die dort geäußerten Hinweise und die weiterführende Kritik. Besonders bedanke ich mich bei MARTIN AFFOLDERBACH, ALFRED TREML und ECKART VOLAND, die die Entstehung dieses Buches durch fachlichen Rat und sachkundige Begleitung sehr gefördert haben.

Teil I

Die Biowissenschaften als Bezugsdisziplin der Pädagogik

1 Biologische Grundlagen – in der Pädagogik oft vernachlässigt

Die Anthropologie ist eine grundlegende Bezugsdisziplin der Pädagogik. Die Pädagogik bezieht sich weitgehend auf die geisteswissenschaftlich geprägte Anthropologie. Der naturwissenschaftliche Zweig dieser Wissenschaft wird hingegen – aus verschiedenen Gründen – vernachlässigt. In diesem Kapitel wird der für dieses Buch gewählte Zugang verortet und nach Gründen für die bisher nur seltene Rezeption naturwissenschaftlicher Anthropologie gesucht.

Im Mittelpunkt pädagogischen Handelns und pädagogischer Reflexion steht der Mensch. Pädagogisches Handeln und Reflexion kommen nicht ohne grundlegende Annahmen über den Menschen aus. Pädagogische Theoriebildung sollte sich deshalb intensiv mit dem Menschen beschäftigen. Eine der wissenschaftlichen Subdisziplinen, mit deren Hilfe die impliziten und expliziten Annahmen der Pädagogik über den Menschen reflektiert werden, ist die (pädagogische) Anthropologie. „Was ist der Mensch?" Diese Frage steht im Mittelpunkt der Anthropologie als der Wissenschaft vom Menschen. Antworten auf diese Frage werden in der pädagogischen Anthropologie mit dem spezifischen Erkenntnisinteresse gesucht, Grundlagen der Erziehung, des Lernens und des Lehrens herauszuarbeiten.

Pädagogische Anthropologie

Die Anthropologie speist sich, wie alle Wissenschaften, aus unterschiedlichen Zugängen zu ihrem Untersuchungsgegenstand. Auch für die pädagogische Anthropologie lassen sich im Laufe der Zeiten verschiedene Zugänge erkennen, die hier nur oberflächlich skizziert werden.

Zu Beginn des wissenschaftlich geprägten Nachdenkens über den Menschen wird der Mensch als Teil einer von Gott geschaffenen Weltordnung gesehen. Gott ist das Gegenüber des Menschen. Dementsprechend analysierte die Anthropologie den Menschen in der Differenz zu Gott. Mit zunehmender Säkularisierung verschob sich die Reflexion über den Menschen von der Differenz zu Gott zur Differenz zur Natur einerseits und zur Differenz zur Kultur andererseits. Die „natürlichen" Dimensionen des Menschseins wurden – in Reflexion der Kulturgeschichte – die Leitperspektiven beispielsweise der Anthropologie des Franzosen JEAN-JACQUES ROUSSEAU. Die in der Neuzeit zunehmenden Kontaktmöglichkeiten zwischen unterschiedlichen Kulturen öffneten eine weitere Reflexionsebene: die Beobachtung kultur- und sozialanthropologischer Differenzen. Die wissenschaftliche Beobachtung und Erforschung der Tierwelt – vor allem der Menschenaffen – regte zur Beobachtung menschlichen Verhaltens in der Differenz zu Tieren an.

Anthropologische Reflexionen auf der Basis der Differenz zwischen Mensch und Gott, Mensch und Kultur sowie Mensch und Natur haben als Referenzwissenschaften den interdisziplinären Kontakt zwischen der Theologie, den Sozial- und Kulturwissenschaften sowie der Philosophie verstärkt (vgl. FLITNER 1967). In der pädagogischen Anthropologie spielten und spielen diese Wissenschaften als Bezugswissenschaften für die Pädagogik eine ständige, gewichtige Rolle. Die Differenz zwischen Mensch und Tier wird durch zwei Wissenschaften mit unterschiedlichen Zugängen und Schwerpunktbildungen beobachtet. Die *philosophische Perspektive* nimmt den Menschen als Ausgangspunkt des denkenden Durchdringens der Welt. Tier- und Pflanzenwelt erscheinen von daher tendenziell als eine Außenwelt des Menschen. Ein *naturwissenschaftlich-biologischer Zugang* konzentriert sich auf die Tier- und Pflanzenwelt und bekommt in diesem Kontext den Menschen als eine lebende Spezies in den Blick. Während die philosophische Tradition eher die *Unterschiede* zwischen Mensch und Tier heraushebt, werden über eine naturwissenschaftliche, biologisch orientierte Theoriebildung überwiegend die *Gemeinsamkeiten* zwischen Tieren und Menschen bearbeitet.

Die deutschsprachige pädagogische Anthropologie nimmt vor allem auf die philosophisch und soziologisch geprägte Kultur- und Sozialanthropologie Bezug. Sie versteht sich überwiegend als eine **historisch-pädagogische Anthropologie** und konzentriert sich auf geisteswissenschaftliche Zugänge zum Menschen. Ihr Ziel ist nicht „die Untersuchung des Menschen oder des Kindes als Gattungswesen, sondern die Untersuchung menschlicher Erscheinungs- und Ausdrucksweisen unter bestimmten historisch-gesellschaftlichen Bedingungen" (WULF 1994, S. 15). Die historisch-pädagogische Anthropologie kritisiert die „mit dem Mensch-Tier-Vergleich in der Anthropologie verbundenen Verkürzungen, die Unzulänglichkeit gängiger Unterscheidungen von Natur und Kultur und die Gefahren einer objektivistischen Reduktion des Menschen" (ebd., S. 15). Das 1997 erschienene Handbuch „Vom Menschen" (WULF 1997) ist konsequenterweise ausschließlich dieser Forschungsrichtung verpflichtet. Dieses über 1000-seitige Kompendium für Pädagogen bringt Erkenntnisse aus der Naturwissenschaft kaum zur Sprache – obwohl gerade dort in den letzten Jahren interessante, für die Anthropologie bedeutsame Forschungsfortschritte festzustellen sind (vgl. dazu die Diskussion bei CRAMER/MOLLENHAUER 1997).

Pädagogik und naturwissenschaftliche Anthropologie

Psychologische Kenntnisse über Gruppenprozesse, Lernvorgänge oder die Entwicklung von Kindern und Jugendlichen werden bei Lehrkräften ebenso selbstverständlich vorausgesetzt wie soziologische Basisinformationen über die Grundlagen unserer Gesellschaft. Beide Fächer – Psychologie und Soziologie – sind als Bezugswissenschaften der Pädagogik in der Diplomprüfungsordnung fest verankert; Philosophie und Theologie sind für Erziehungswissenschaftler häufige Bezugsfelder und auch die Volkskunde ist zum Beispiel in der bayerischen Lehrerbildung vorgeschrieben. Naturwissenschaftliche Grundlagen der Erziehung werden hingegen vernachlässigt.

Die geringe Resonanz einer naturwissenschaftlichen Anthropologie erstaunt vor dem Hintergrund des gewaltigen Erkenntnisfortschrittes in den Humanwissenschaften. Sie steht geradezu im Gegensatz zum öffentlichen Interesse an der Biologie als derjenigen Wissenschaft, die sich mit naturwissenschaftlichen Methoden der Erforschung des Lebendigen (und damit auch des Menschen) widmet. Fast wöchentlich werden neue Forschungsergebnisse veröffentlicht, die zum Teil ein lebhaftes Medienecho hervorrufen – man denke nur an die Diskussionen um die Implikationen des „Human Genoms Project", der Entzifferung des menschlichen Genoms. Neben solchen eher spektakulären Fragen werden in der Biowissenschaft viele Themen diskutiert, die auch für Pädagogen interessant sein dürften: das Sozialverhalten von Menschen unter verschiedenen ökologischen Bedingungen, die Grundlagen der Eltern-Kind-Beziehung oder die kognitiven Aspekte des Lernens. Zu vielen Aspekten, die das menschliche Zusammenleben und die menschliche Entwicklung berühren, stellt die Biowissenschaft Erkenntnisse bereit. Nicht umsonst wird die Biologie heute als die neue *Leitwissenschaft* bezeichnet, die die Physik weitgehend abgelöst habe.

Die pädagogische Abstinenz von naturwissenschaftlichen Theorien

Vermutlich sind mehrere Gründe für die nicht zu leugnende Vernachlässigung der Naturgeschichte des Menschen in der Erziehungswissenschaft benennbar:

Die nationalsozialistische Vergangenheit

Ein Grund für die Scheu der Erziehungswissenschaft vor einer naturwissenschaftlichen Anthropologie ist sicherlich die Verstrickung der Pädagogik wie auch der naturwissenschaftlichen Anthropologie in die Ideologie des Nationalsozialismus.

Einige der naturwissenschaftlichen Theorien, die Charaktereigenschaften von Menschen aufgrund von physiologischen Merkmalen zu ergründen suchten, waren für die Ideologie des Nationalsozialismus besonders anschlussfähig. In diesem Kontext wurde wissenschaftliche Forschung zum Teil durch den Staat ideologisch missbraucht, zum Teil haben Wissenschaftler sie sich aber auch selbst zu Eigen gemacht und ihr willfährig zugearbeitet. Mit ähnlichen Mustern argumentierte die „völkisch-politische Anthropologie", die als „Grundlage deutscher Erziehung" gesehen wurde, die Ideologie der Typenzucht des Menschen vertrat und sozialdarwinistisches Gedankengut propagierte (z. B. KRIECK 1936 ff.). Die pädagogische Anthropologie stellte sich ebenfalls in den Dienst der völkischen Ideologie und verhalf über Erziehungswissenschaft und pädagogisches Handeln nationalsozialistischem Gedankengut zu einer breiten Akzeptanz.

Die kritische Aufarbeitung der nationalsozialistischen Vergangenheit in den Biowissenschaften ist in der Pädagogik bisher nicht angemessen wahrgenommen worden (vgl. im Überblick zum Beispiel KAUPEN-HAAS/SALLER 1999; als Fallstudie HOSSFELD 1998). Auch die Aufarbeitung der nationalsozialistischen Pädagogik wird weitgehend nicht im interdisziplinären Dialog mit der heutigen naturwissenschaftlichen Anthropologie diskutiert.

Die Dominanz der Anthropologie PORTMANNS und GEHLENS

Interessanterweise wird in der Erziehungswissenschaft in einem kleinen Segment durchaus biologische Theoriebildung rezipiert. Vor allem die pädagogische Anthropologie der fünfziger und sechziger Jahre knüpfte an die Untersuchungen des Schweizer Zoologen ADOLF PORTMANN an. Seine „Biologischen Fragmente zu einer Lehre vom Menschen" aus dem Jahr 1944, 1956 erweitert zur Schrift „Biologie und Geist", bestimmt in Verbindung mit den Schriften von ARNOLD GEHLEN (1940 bzw. 1978) in vielen Aspekten das Bild der Biologie in der Pädagogik bis in die heutige Zeit. Hier wird der Mensch als „Mängelwesen", als „sekundärer Nesthocker" oder als „physiologische Frühgeburt" beschrieben, und kulturelle Leistungen werden als Kompensation dieser Mängel interpretiert. Diese Zuschreibungen lassen sich im Lichte moderner Biologie so nicht mehr halten. Diese verengte Rezeption biologischer Theorien steht vermutlich in Zusammenhang mit den folgenden Aspekten.

Falsche Vorverständnisse

Allem pädagogischem Handeln geht die Annahme voraus, dass der Mensch erziehbar ist. Häufig wird naturwissenschaftlicher Anthropologie unterstellt, dass sie gerade diese basale Annahme der Erziehbarkeit des Menschen – oder andere grundlegende pädagogische Annahmen – nicht teile.

- Mit naturwissenschaftlicher Anthropologie wird die (falsche) Vorstellung von der Determination biologisch bedingter Verhaltensweisen verbunden. Erziehungsbemühungen würden damit obsolet (Determination und Freiheit).
- Mit naturwissenschaftlicher Anthropologie wird die (falsche) Vorstellung verbunden, man könnte über biologische Argumentationsmuster beschreiben, wie erzogen werden sollte (Problem des naturalistischen Fehlschlusses).
- Mit naturwissenschaftlicher Anthropologie wird die (falsche) Vorstellung verbunden, dass man mit biologischen Argumentationsmustern kulturelle und individuelle Bedingtheiten menschlichen Verhaltens leugnen würde (Reduktionismusverdacht).
- Mit naturwissenschaftlicher Anthropologie wird die (falsche) Vorstellung verbunden, dass über die Reflexion der natürlichen Grundlagen menschlichen Verhaltens kulturelle Aspekte von Verhalten in den Hintergrund treten würden (Natur-Kultur-Verhältnis).

Diese Vorstellungen – und die mit ihnen verbundenen Vorurteile gegenüber biologischer Argumentation – sind unzutreffend. Sie gründen in einem naiven biologischen Grundverständnis, das mit der Differenziertheit und Komplexität der gegenwärtigen biologischen Forschung nicht zu vereinbaren ist. Diese Einwände sind aber dennoch ernst zu nehmen, da deren Klärung zum Verständnis einer naturwissenschaftlichen Anthropologie beitragen kann. Deshalb wird diesen Unterstellungen in Kapitel 4 und an anderen Stellen des Buches ausführlich Raum gegeben, um sie zu entkräften und das Verständnis für die Zugangsweisen der Biowissenschaften zu erhöhen.

Empfohlene Literatur zur Vertiefung

CHRISTOPH WULF *(Hg.): Einführung in die pädagogische Anthropologie. Weinheim/Basel: Beltz 1994*
   Dieser Einführungsband gibt einen Einblick in die heute diskutierte pädagogische Anthropologie, die sich als historisch-pädagogische Anthropologie begreift.

DIETER HÖLTERSHINKEN *(Hg.): Das Problem der pädagogischen Anthropologie im deutschsprachigen Raum. Darmstadt: Wissenschaftliche Buchgesellschaft 1976*
   In dieser Textsammlung sind Originalaufsätze zur pädagogischen Anthropologie vom Anfang des Jahrhunderts bis in die siebziger Jahre zusammengestellt. Mit Hilfe dieses Bandes kann man sich einen Überblick über die Fachgeschichte verschaffen. Eindrücklich sind die Texte aus dem Nationalsozialismus, die die enge Verwebung zwischen biologistischer Argumentation, rassistischer Überheblichkeit und Pädagogik sichtbar werden lassen.

PETER JANICH: *Was ist Erkenntnis? Eine philosophische Einführung.* München: Beck 2000

Hier wird der Unterschied zwischen einer „Naturalisierung" und einer „Kulturalisierung" von Erkenntnis herausgearbeitet. Mit Hilfe dieses Instrumentariums zeigt es sich, dass die Auseinandersetzung zwischen verschiedenen Theoriezugängen in der Pädagogik letztlich auf ein tiefer liegendes erkenntnistheoretisches Problem zurückzuführen ist.

2 Die Biowissenschaften und ihre Subdisziplinen

In diesem Kapitel werden die Anschlussmöglichkeiten der Biowissenschaften an die Pädagogik und der mit deren Rezeption zu erwartende Erkenntnisgewinn angedeutet.

Welche Themen und Fragestellungen kann die Biowissenschaft der pädagogischen Anthropologie als eine Bezugswissenschaft anbieten?

Das Wort Biologie kommt aus dem Griechischen und bindet die beiden Wörter „Bios" für Leben und „logos" für Wort zusammen. Biowissenschaft oder Biologie bedeuten sachlich das Gleiche: die Wissenschaft vom Leben bzw. von allem Lebendigen. Dem entspricht der englische Begriff Life Science. Da sich für die nichtwissenschaftliche Naturbetrachtung wie auch für das entsprechende Schulfach das Wort Biologie durchgesetzt hat, wird – wenn man die Wissenschaft meint – häufig explizit von Biowissenschaft gesprochen. In diesem Buch werden beide Begriffe – Biologie und Biowissenschaft – synonym verwendet.

Die Biologie wird in Subdisziplinen unterteilt. Als große Gebiete gehören die Lehre vom Menschen (Anthropologie), die Lehre von den Tieren (Zoologie) und die Lehre von den Pflanzen (Botanik) zur Biologie. Mit der genaueren Kenntnis der Entstehungsgeschichte des Lebendigen (durch die Evolutionstheorie) und des molekularen Aufbaus lebender Systeme (Molekularbiologie) wird die klassische Einteilung der Biowissenschaft ergänzt und erweitert. Quer zu der klassischen Fächereinteilung liegen folgende Themen: die Lehre von den Zellen (Zytologie), die Vererbungslehre (Genetik), die Gewebelehre (Histologie), die Stammesgeschichte (Paläontologie), die Lehre von der Ausbreitung von Lebewesen (Populationswissenschaft), die Verhaltensforschung (Ethologie bzw. Soziobiologie), die Bioethik und vieles mehr. Zum Teil wird von Biowissenschaften gesprochen, wenn man die Summe dieser Einzeldisziplinen bezeichnen möchte.

Für Pädagogen sind im Hinblick auf die Grundlagen des Lernens folgende biowissenschaftliche Fragestellungen interessant:

- Wichtig sind elementare Grundlagen der **Genetik**, also der Vererbungslehre, um die Wirkweise von Genen verstehen zu können. Damit wird das Verhältnis zwischen Anlage und Umwelt verstehbar, ein pädagogisch sehr relevantes Thema.

- Wichtig sind Grundlagen der **Neurobiologie**, die Erkenntnisse über die physiologischen Grundlagen unseres Denkens ermöglicht. Damit werden Lernprozesse in ihren grundlegenden Strukturen beschreibbar.

- Wichtig sind Erkenntnisse der **Ethologie**, der klassischen Verhaltensforschung, die Aussagen über die Strukturen menschlichen Verhaltens im Vergleich mit tierlichem Verhalten macht. Damit wird zum Beispiel das menschliche Fürsorgeverhalten im Hinblick auf die Gemeinsamkeiten mit der tierlichen Brutpflege reflektiert und so eine pädagogische Grundkategorie aus ungewohnter Perspektive beleuchtet.
- Wichtig sind Erkenntnisse der **Soziobiologie**, einer jüngeren Disziplin der Verhaltensforschung, die die biologische Angepasstheit von tierlichem und menschlichem Sozialverhalten untersucht. Damit werden Aussagen zum menschlichem Sozialverhalten in einem weiteren Kontext möglich, die auch für Pädagogen interessant sein dürften.
- Von Interesse sind die **Evolutionäre Psychologie** und die **Evolutionäre Erkenntnistheorie**, die Aspekte des Denkens über die menschliche Entwicklungsgeschichte im Pleistozän (dem Erdzeitalter, in dem der heutige Mensch genetisch entstand) erklärt. Diese Wissenschaftsrichtung trägt Erkenntnisse über das Sozialverhalten und die Denkstrukturen von Menschen bei. Für Pädagogen liefert sie unter anderem Erklärungen für Lern- und Verhaltensschwierigkeiten angesichts der Entwicklung zur Weltgesellschaft.
- Von Interesse ist die **Spieltheorie**, die die Wahrscheinlichkeit der Entwicklung von Verhaltensstrategien untersucht. Die Suche nach Rahmenbedingungen, die bestimmte Verhaltensweisen wahrscheinlicher machen, sind für Lehrer als professionelle Arrangeure von Lernumgebungen von Bedeutung.
- Von Interesse ist die **Kulturethologie**, die kulturelle Entwicklungen mit Hilfe evolutionärer Theoriebildung, das heißt mit Hilfe des von DARWIN eingeführten Erklärungsprinzips der Evolution, reflektiert.

Quer zu diesen Richtungen liegt die **Allgemeine Evolutionstheorie**, die mit Hilfe darwinischer Logik und systemtheoretischer Semantik eine Kommunikationstheorie entwirft und damit kulturelle Phänomene, wie etwa Schule oder Unterricht, zu erklären versucht. Diese Theoriebildung, die sich aus der Biowissenschaft gelöst hat und im engen interdisziplinären Dialog mit einer Soziologie systemtheoretischer Prägung entstanden ist, ist allerdings noch nicht sehr ausgeprägt. Der Diskussionsprozess hierzu ist erst angelaufen (vgl. SCHEUNPFLUG 1999; TREML 2000).

Seit den siebziger Jahren hat sich ein Kreis von Personen herauskristallisiert, die Aspekte biowissenschaftlicher Theoriebildung innerhalb der Erziehungswissenschaft diskutieren (vgl. die frühe Rezeption der Humanethologie bei LIEDTKE 1972; ASELMEIER 1973; WINKLER 1979 sowie das Themenheft Bildung und Erziehung 1994; Kriss-Rettenbeck/Liedtke 1983, Liedtke 1993, 1994, 1996; Uher 1995; Adick/Krebs 1992). Diese Diskussion *evolutionärer Pädagogik* verläuft allerdings (aus verschiedenen Gründen) nach wie vor weit außerhalb des Mainstreams pädagogischer Diskurse. In diesem Buch wird diese Debatte nicht dargestellt (vgl. den Überblick bei Scheunpflug 1999), jedoch jeweils an entsprechender Stelle darauf Bezug genommen.

📖 Empfohlene Literatur zur Vertiefung

Peter Sitte *(Hg.): Jahrhundertwissenschaft Biologie. Die großen Themen. München: Beck 1999*
  Dieser Sammelband führt gut lesbar in die unterschiedlichen Gebiete der Biologie ein und stellt die wichtigsten Fragestellungen und Erkenntnisse dieser Wissenschaftsrichtung verständlich und relativ leicht lesbar zusammen.

3 Theoriezugänge naturwissenschaftlicher Anthropologie

In diesem Kapitel wird in basale Grundlagen naturwissenschaftlicher Anthropologie eingeführt. Zum einen wird die Evolutionstheorie als grundlegendes Erklärungsmuster der Biologie in Grundzügen erläutert. Dann werden zwei zentrale Thesen der naturwissenschaftlichen Anthropologie dargestellt: zum einen die These von der genetischen Angepasstheit der Menschen an die Bedingungen des Pleistozäns, zum anderen die Anpassung von Menschen an jeweils aktuelle Umweltbedingungen als Netto-Bilanz des Verhaltens. Abschließend werden die eingeführten Begriffe und Theoriemuster an einem Beispiel (Gewaltbereitschaft von jungen Männern) illustriert.

Zunächst werden einige Grundaussagen biologischen Denkens – unabhängig von speziellen Fragestellungen – dargestellt. Im Verlauf der folgenden Abschnitte des Buches werden diese dann präzisiert und deren Bedeutung für pädagogisches Handeln erkennbar.

Evolution als grundlegende Erklärungstheorie der belebten Natur

Das zentrale, die gesamte Biologie umfassende und durchziehende Paradigma ist die Evolutionstheorie DARWINS. „Nothing in biology makes any sence except in the light of evolution" – mit dieser immer wieder zitierten Formel brachte der Naturwissenschaftler THEODOSIUS DOBZHANSKY die Bedeutung der Evolutionstheorie für die Biologie auf den Punkt.

Die Evolutionstheorie löste die über Jahrhunderte gelehrte Schöpfungstheorie der Konstanz der Arten endgültig ab. Nach dieser Theorie, die vor allem über die christliche Schöpfungslehre begründet wurde, sind die auf der Erde vorzufindenden Tier- und Pflanzenarten von Beginn an unverändert vorhanden. Bereits in der griechischen und römischen Philosophie lassen sich allerdings Ansätze zu einer Theorie der Entwicklung erkennen. Erst im achtzehnten Jahrhundert ermöglicht es der Fortschritt der Naturwissenschaften, über genaue Naturbeobachtung das durch Antike und christliches Mittelalter geprägte Natur- und Weltbild zu hinterfragen bzw. durch empirische Erkenntnisse zu belegen. Der schwedische Arzt CARL VON LINNÉ (1707 – 1778) beispielsweise entwickelt ein Klassifikationssystem für Pflanzen, das heute noch von Bedeutung ist. Geologische Untersuchungen lösen die Vorstellungen des auf zirka 6000 Jahre datierten Erdalters, die auf Berechnungen der biblischen Generationentafel im Buch Genesis (1. Mose) basierten, ab und kommen zu dem Ergebnis, dass die Erde erheblich älter sein muss. Anatomische Untersuchungen an Tieren – auch an Tieren in anderen Kontinenten, die durch Erschließung und Reisemöglichkeiten zugänglicher wurden – zeigen die Ähnlichkeiten der Baupläne verschiedener Tiergruppen. Die Vergleichende Anatomie entsteht.

Vor diesem Hintergrund entwickelt der französische Zoologieprofessor JEAN BAPTISTE DE LAMARCK (1744 – 1829) 1809 in seinem Hauptwerk „Zoologische Philosophie" wesentliche Gedanken einer Entwicklungstheorie. Er erkennt die Verwandtschaft der Arten und die gemeinsame Entwicklungsgeschichte. Damit ist die Abkehr von der Konstanz der Arten, die Abkehr vom Grundgedanken eines einmaligen Schöpfungsaktes, vollzogen. Zwei Elemente sind für LAMARCK die wesentlichen Entwicklungsfaktoren:

(1) Neue Eigenschaften von Tieren werden über den Gebrauch von Organen bedingt. Der häufige Gebrauch führe zur Kräftigung, Entwicklung und Vergrößerung, der Nichtgebrauch zum Verschwinden eines Organs.

(2) Erworbene Eigenschaften werden an die Nachkommen vererbt.

Abb. 1:
Jean Baptiste
de Lamarck
(1744 – 1829)

CHARLES DARWIN (1809 – 1882) präzisiert diese Theorie nach Forschungsaufenthalten in Südamerika unter anderem. in Zusammenarbeit mit dem Naturwissenschaftler ALFRED RUSSEL WALLACE. DARWIN geht ebenso wie LAMARCK von einer Veränderung der Welt im Laufe der Zeit, einer gemeinsamen Abstammung sowie der Bedeutung der Vererbung aus, verwirft aber die Annahme LAMARCKS über den Erwerb der Veränderung von Organen. Vielmehr sieht er als entscheidenden Entwicklungsfaktor die natürliche Selektion, das heißt den unterschiedlichen Reproduktionserfolg der Individuen, an. Diese Erkenntnis gewinnt er aus der Beobachtung, dass jede Population über ein theoretisch unbegrenztes Vermehrungspotenzial verfügt, das nur durch natürliche Begrenzung der für die Vermehrung notwendigen Ressourcen an Grenzen stößt. Damit kommt es zu Konkurrenzverhalten in einem Wettbewerb um die beste Reproduktionsfähigkeit. Die zufällige Verschiedenartigkeit von Individuen sorgt für unterschiedliche Reproduktionsmöglichkeiten, sodass sich diejenigen am stärksten vermehren, die am besten an die Umwelt angepasst sind.

Abb. 2:
Charles Darwin
(1809 – 1882)

Über die später gewonnenen Kenntnisse der Genetik kann die Theorie DARWINS in der synthetischen Theorie der Evolution verfeinert und in ihrer Erklärungskraft erweitert werden. Heute ist sie unangefochten die wichtigste Grundlage biologischer Erkenntnis. Sie kann als eine Art Supertheorie bezeichnet werden, ohne die Theorien verschiedenster Zweige der Biologie – von der Verhaltensbiologie über die Paläontologie zur Embryologie oder Molekularbiologie – nicht mehr auskommen.

Strukturelle Merkmale der Evolutionstheorie

Die Evolutionstheorie hat auch in Wissenschaften außerhalb der Biologie erhebliche Resonanz gefunden. Es gibt eine evolutionäre Wirtschaftslehre, evolutionäre Ansätze in der Soziologie oder in der Philosophie. Diese abstrahieren von der biologischen Theorie der Evolution. Was sind die Merkmale einer solchen Allgemeinen Evolutionstheorie?

1. Die Entwicklungslogik wird von der Einheit einer Handlung und deren Intentionen, Zwecken und Medien umgestellt auf die Differenz zwischen einem System und seiner Umwelt über die Funktionslogik von Variation und Selektion. Veränderungen werden nicht mehr schöpfungslogisch über die Intentionen und Mittel eines Handelnden interpretiert, sondern über Variationen, die von einer Umwelt selektiert werden.

2. Die Einheit der Veränderung ist jeweils eine spezifische Art von Informationen. Die biologische Evolution reagiert auf die (kontingente) Veränderung von Genen. Gene sind Eiweißmoleküle, die über ihre spezifische Anordnung Information über den Aufbau und die komplexe Struktur von Organismen transportieren. Gesellschaftliche Evolution reagiert auf die Veränderung von Kommunikation. Kommunikation ist über unterschiedliche Medien möglich, die jeweils spezifische Formen von Information transportieren (zum Beispiel werden wirtschaftliche Informationen in das Medium Geld übersetzt und durch dieses kommuniziert).

3. Informationen sind emergente Systemeigenschaften, die über das Substrat, aus dem sie bestehen, hinausgehen. Wörter sind nicht nur eine Ansammlung von Buchstaben, sondern die Kombination von Buchstaben ergeben ein Wort und damit einen Sinn. Gene sind Kombinationen von Eiweißmolekülen – und damit in ihrer Funktionslogik durch ihr materielles Substrat nicht hinreichend beschrieben.

Diese Allgemeine Evolutionstheorie, die hier in wenigen Strichen skizziert wurde, ist – wie bereits erwähnt – noch nicht voll ausformuliert (vgl. LUHMANN 1975; 1992). Sie verspricht für die Erziehungswissenschaft Anschlussmöglichkeiten, die allerdings erst in wenigen Annäherungen erprobt bzw. erarbeitet wurden.

Anpassung und Angepasstheit des Menschen

Die Evolutionstheorie versteht den Menschen als ein Produkt der Evolution. Gemäß der Evolutionstheorie DARWINS wird davon ausgegangen, dass sich der Mensch im Laufe seiner Hominisation – also der Entwicklung zum heutigen Homo sapiens sapiens – in Anpassung an seine Umwelt entwickelt hat. Zufällige Mutationen, die sich in der jeweiligen Umgebung als besonders vorteilhaft erwiesen, führten dazu, dass die Träger dieser Merkmale mehr Nachkommen hatten und sich damit diese Merkmale in einer Population ausbreiteten. Die für die Vermehrung notwendigen Ressourcen, wie das Nahrungsmittelangebot, soziale Unterstützung, Geschlechtspartner und elterliche Fürsorge, waren und sind nicht unbegrenzt vorhanden. Manche Lebewesen können – aufgrund zufälliger Unterschiede – diese Ressourcen besser nutzen als andere. Diese unterschiedliche Nutzungsmöglichkeiten werden am Reproduktionserfolg erkennbar – an der Anzahl der eigenen oder verwandten Nachkommen. Wenn diese besseren Nutzungsmöglichkeiten zumindest zum Teil auf genetischen Unterschieden beruhen, wird es in einer Population über einen sehr langen Zeitraum zur Verschiebung von Genfrequenzen kommen. Damit findet ein evolutiver Wandel statt. Diejenigen, die die Wachstumsgrenzen ihrer Umwelt am weitesten ausdehnen können, die also effektiv Nahrung beschaffen, Feinden und Gefahren entgehen oder ihnen standhalten, soziale Bündnisse schließen, soziale Konkurrenz aushalten und Nachkommen großziehen können, werden im Laufe der Zeit häufiger in einer Population vertreten sein.

Im Verlauf der Entwicklung der Menschheit haben sich so genetische Dispositionen für alle Aspekte der Lebensgestaltung – körperlicher wie psychologischer oder kognitiver Art – entwickelt, und zwar ungeplant und zwangsläufig im Hinblick auf eine optimale reproduktive Effizienz. Diese Entwicklungsgeschichte zeigt sich eben nicht nur in der Körpergestalt (wie wir sie selbstverständlich annehmen), sondern auch in den Motivationsstrukturen des Handelns, den Vorlieben für bestimmte Nahrung, Formen des Erkennens und Strukturen des Denkens sowie vieler Gefühle. In der Entwicklungsgeschichte hat sich als ein besonderes Merkmal des Menschen die Lernfähigkeit herausgebildet.

Angepasstheit an die Bedingungen des Pleistozäns

Menschen haben – im Vergleich zu vielen anderen Lebewesen – einen sehr langsamen Generationenwechsel. Damit dauert es sehr lange – je nach Situation viele tausend Jahre –, bis sich ein zufällig mutiertes Gen innerhalb einer Population signifikant verbreitet oder gar zum gemeinsamen Merkmal aller wird. Die Entwicklung des Menschen hat mehrere Millionen Jahre gedauert. Von den Abspaltungen der Entwicklung der Australopithecinen, der so genannten Vormenschen, dem Bindeglied zwischen Primaten (Menschenaffen) und menschlichen Vorfahren, bis zur Entwicklung des Homo sapiens sapiens dauerte es zirka 4,5 Millionen Jahre. (Und erstaunlicherweise unterscheiden sich Zwergschimpansen/Bonobos und Menschen in ihrer genetischen Ausstattung nur um etwa 1,5 Prozent, zirka 98,5 Prozent sind also identisch. Daran kann man sehen, wie große Zeiträume für genetische Verschiebungen nötig sind; vgl. auch Kapitel 5).

Aus heutiger Sicht ist die Entwicklungslinie des Menschen verzweigt und komplex wie ein dichter Busch. Einige Menschenarten starben aus (wie beispielsweise der Neanderthaler). Im Rückblick sind allerdings einige dieser Hominiden äußerst erfolgreich gewesen, denn sie vermochten lange Zeit – im Falle des Homo erectus etwa eine Million Jahre – auf der Erde zu leben.

Der Homo sapiens sapiens entstand vermutlich vor zirka 150.000 Jahren in Afrika. Er ist damit erdgeschichtlich gesehen relativ jung. Die Besiedelung der nichtafrikanischen Welt durch den Homo sapiens sapiens nahm schätzungsweise vor 100.000 Jahren ihren Anfang. In der genetischen Ausstattung des heutigen Menschen sind damit nicht nur die Erfolge der Vorfahren der letzten vier Millionen Jahre, sondern auch die Anpassungserfolge des Homo sapiens sapiens abgespeichert. Menschen haben sich in Anpassung an die damaligen Lebensumstände entwickelt.

Die zentrale These lautet deshalb: Der Mensch ist in seiner heutigen genetischen Ausstattung an die Lebensumstände angepasst, die der Homo sapiens sapiens – bzw. seine Vorfahren – vorfand. Angepasstheit spiegelt die Anpassung vergangener Zeiten wider – eine Anpassung an die Lebensbedingungen der Vorfahren. So zeigt sich in der heutigen genetischen Ausstattung jedes menschlichen Individuums die Angepasstheit seiner Vorfahren an vergangene Lebensumstände. Oder andersherum gesagt: Der Mensch ist in vielen Aspekten seiner körperlichen, motivationalen und psychischen Ausstattung an die Bedingungen des Pleistozäns, der längsten Periode der Menschwerdung, angepasst.

Die meisten Menschen auf dieser Erde leben heute nicht mehr unter den Bedingungen von Wildbeutern oder Jäger- und Sammlergesellschaften. Vielmehr gab es in manchen Regionen dieser Erde aufgrund günstiger Ernährungssituationen die Möglichkeiten zu exponentiellem Bevölkerungswachstum, begleitet von

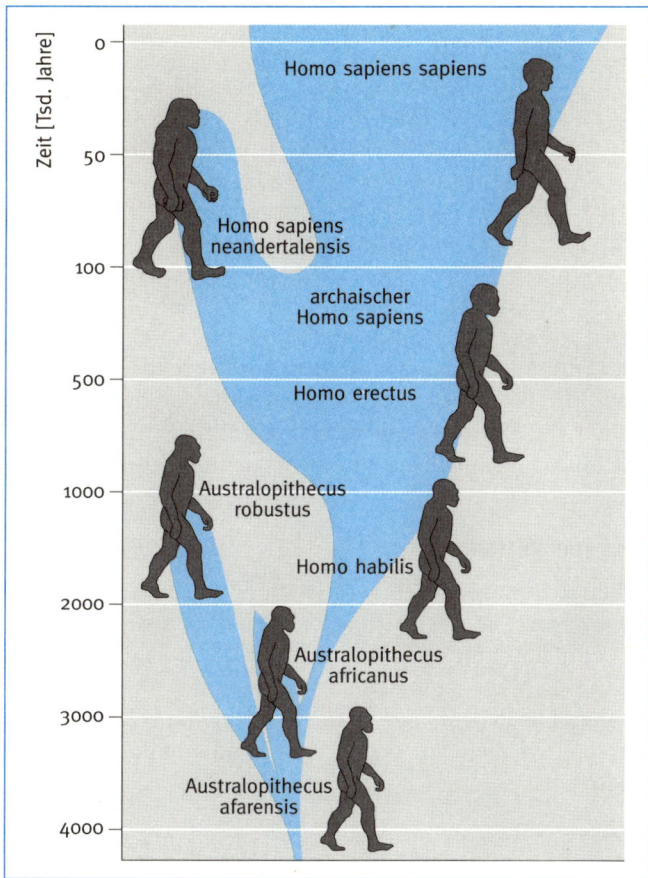

Abb. 3: Über den Stammbaum der Hominiden gibt es eine intensive kontroverse Debatte. Dieses Bild zeigt eine diskutierte Variante.

exponentiellem Ressourcenverbrauch. Verbunden mit der Lernfähigkeit von Menschen und ihrer natürlichen Veranlagung zur Kultur (s. u.) wurden die Lebensmöglichkeiten an vielen Stellen dieser Erde kulturell so überformt, dass sich die Lebenssituation, die Handlungstiefen und die Entscheidungsspielräume heute deutlich von denen des Pleistozäns unterscheiden. Die genetische Ausstattung des Menschen ist aber in den meisten Aspekten, vor allem im Hinblick auf grundlegende Formen der Welterkenntnis und verhaltenssteuernde Mechanismen, dieselbe geblieben. Ein Überblickswerk der Evolutionären Psychologie beschreibt das Dilemma heutiger Menschen im 21. Jahrhundert deshalb bildhaft als „Mammutjäger in der Metro" (ALLMANN 1996).

Eine biowissenschaftliche (oder auch evolutionäre) Anthropologie ist aus diesem Grund immer auch eine historische Wissenschaft, also eine wissenschaftliche Beobachtung in der Zeitdimension. Sie geht allerdings in ihrem Geschichtsbegriff weit über die Menschheitsgeschichte im Sinne der Epoche geschichtlicher Zeugnisse hinaus und schließt – über die Integration paläontologischer Forschung – die biologische Entstehungszeit des Homo sapiens sapiens mit ein. Der Untersuchungszeitraum wird wesentlich größer. Ebenso öffnet sich diese Forschung zunehmend der Ethnologie. Gerade die Beobachtung von Verhaltensweisen von Wildbeutergesellschaften wie von Jäger- und Sammlergesellschaften erlaubt die Überprüfung mancher Hypothesen. Damit wird nicht nur der zeitliche Rahmen, sondern auch der räumliche Bezugsrahmen bisheriger anthropologischer Forschung erheblich erweitert; die Anthropologie verliert ihre eurozentrische Verengung. Dieser erweiterte Blickwinkel stellt auch für die Erziehungswissenschaft eine neue Erkenntnismöglichkeit dar.

Anpassung als Bilanz von Verhalten

Während die Menschheit in ihrer genetischen Ausstattung an längst vergangene Perioden der Steinzeit angepasst ist, passt sich jeder Mensch in Auseinandersetzung mit seinem Lebensumfeld – kulturell überformt – an die jeweilige Lebenssituation an bzw. bemüht sich, diese zu gestalten. Wer nach der *Anpassung* von Menschen fragt, sucht damit nach der *biologischen Funktionalität kultureller Verhaltensmuster* und interpretiert diese vor dem Hintergrund von Erkenntnissen aus den Biowissenschaften.

Anpassung als Begriff der Biologie

In der Pädagogik löst der Begriff angepasstes Verhalten meist negative Assoziationen aus. Angesichts von Erziehungszielen, die auf Mündigkeit und Emanzipation gerichtet sind, wird Anpassung oft als kritiklose und unreflektierte Übernahme kulturell erwarteten Verhaltens verstanden, bei der die Selbstständigkeit und die Selbstverantwortung des Zöglings verloren geht oder unterdrückt wird. Anpassung erscheint als Verlust kritischer Subjektivität.

Der biologische Begriff der Anpassung verzichtet auf diese Bewertung. Er ist von der pädagogischen Verwendung des Begriffs streng zu unterscheiden. Der biologische Anpassungsbegriff beschreibt die möglichst optimale

> Funktionalität von Verhalten in einem bestimmten Lebensumfeld. Aus biologischer Perspektive kann sowohl kulturelle Anpassung wie auch kulturelle Rebellion angepasstes Verhalten bedeuten – ausschlaggebend ist die individuelle Bilanz, also Funktionalitätsbewertung, in einem je individuellen Lebensumfeld.

Ausgehend von der Beobachtung und Erklärung selbstloser Hilfeleistungen von Ameisen gelang es der Soziobiologie, auch solche Verhaltensweisen in ihren biologischen Grundlagen zu erklären, die bisher nicht biologisch erklärbar waren. Scheinbar selbstlose Hilfeleistungen zeigen sich umso häufiger, je wahrscheinlicher die Handelnden miteinander verwandt sind. Die Beobachtungen an den Verwandtschaftsverhältnissen von Ameisen führte zu der generalisierten – und empirisch gut belegten – These, dass es unter anderem die Fitnessmaximierung der Gene ist, die solidarische Verhaltensweisen bedingt. Die Gene der Verwandten sind zu einem bestimmten Wahrscheinlichkeitsgrad dieselben wie die eigenen. Von daher nutzt es nicht nur, in die eigenen Nachkommen zu investieren, sondern auch in diejenigen, mit denen Verwandtschaft besteht. Das Vermehrungsbestreben von Individuen ist eine Systemeigenschaft alles Lebendigen. Es kann sich in eigenen Nachkommen zeigen (direkte Fitness), aber auch durch die Unterstützung von verwandten Nachkommen (indirekte Fitness). Biologen sprechen hier – etwas missverständlich – von Genegoismus.

Der Anpassungswert eines Verhaltens wird als Bilanz von Kosten und Nutzen beschrieben. Das Ergebnis einer Kosten-Nutzen-Bilanz entscheidet über den Anpassungswert eines Verhaltens. Diese Bilanzierung wird nicht bewusst vorgenommen. Vielmehr verhalten sich Menschen auf lange Sicht und im statistischen Durchschnitt so, als ob sie eine Kosten-Nutzen-Bilanz aufstellen würden. Solch eine Bilanz ist eine theoretische Als-Ob-Fiktion eines Beobachters, die sich nicht in bewussten Motiven wieder finden lässt, sondern eine wahrscheinliche Zurechnung über Verhalten großer Gruppen und langer Zeiträume darstellt. Wie nützlich ein Verhalten ist, hängt immer auch von der Verbreitung bestimmter Verhaltensmerkmale innerhalb einer Population ab; es ist also durch das Lebensumfeld bestimmt. Über die Wahrscheinlichkeit der Verbreitung eines Verhaltens innerhalb einer Population geben spieltheoretische Modelle Auskunft. (Für die Pädagogik ist dies im Hinblick auf die Ausbreitungswahrscheinlichkeit von Sozialverhalten in bestimmten Umgebungen von Interesse; dies wird in Kapitel 12 ausgeführt).

Verhalten kann auf unterschiedlichen Ebenen erklärt werden. Psychologische und soziologische Erklärungsmuster sind Pädagogen vertraut. Dabei wird Verhalten in Zusammenhang mit Gruppenphänomenen, kulturellen Kontexten, psychischen Erwartungsmustern, motivationalen Aspekten, Belohnungen oder Bestrafungen beschrieben. Biologen nennen diese Verhaltenserklärungen *proximate Erklärungen* von Verhalten. Ihnen geht es um die Beschreibungen von direkten oder indirekten Wirkursachen für bestimmte Verhaltensmuster. Dahinter aber – so die Annahme von Biowissenschaftlern, vor allem von Soziobiologen – lassen sich Muster finden, die dieses Verhalten im Hinblick auf Anpassungswert und Selektionsvorteil funktional beschreiben. Biologen nennen diese Erklärungsmuster *ultimate Erklärungen* bzw. die Erklärung der Zweckursachen. Beide Erklärungsmuster setzen auf unterschiedlichen Ebenen an und widersprechen sich damit nicht.

Proximate und ultimate Erklärungen von Gewalt bei Jugendlichen

Die bisherigen Ausführungen sollen an einem für Pädagogen wichtigen und brisanten Beispiel erläutert werden. Dabei werden die unterschiedlichen Zugangsweisen biowissenschaftlicher Reflexion deutlich und zugleich ein Blick auf das Verhältnis biologischer Erklärungsmuster gegenüber den in der Erziehungswissenschaft bekannten psychologischen und soziologischen Forschungen geworfen.

In der pädagogischen Forschung gibt es für die Entstehung von Gewalt bei Jugendlichen verschiedene Erklärungsmuster. Sie beziehen sich auf den Einfluss des sozialen Hintergrunds des Elternhauses, der Gleichaltrigengruppe, des schulischen Klimas, der Zukunftsaussichten sowie der positiven Handlungs- und Erfahrungsmöglichkeiten von Jugendlichen. Biologen würden diese lebensgeschichtlichen und kulturellen Erklärungsmuster als proximate Gründe bezeichnen und darüber hinaus nach weiteren ultimaten Gründen suchen.

Inwieweit ist aggressives Verhalten im Jugendalter durch die Stammesgeschichte der menschlichen Entwicklung bedingt? Gibt es „eingeflüsterte" Verhaltensmuster, die sich in der Evolutionsgeschichte der Menschen besonders bewährt haben? Diese Fragen suchen Antwort auf die Beobachtung, dass junge Männer signifikant häufiger als junge Frauen gewalttätig werden. Erklärt wird dieser Unterschied mit den verschiedenen Reproduktionsinteressen der Geschlechter. Da Frauen sozial höher stehende Partner sozial niedrigeren vorziehen, „lohnt sich" für junge Männer die Auseinandersetzung um Sozialstatus. Für eine kleine Gruppe derer, die sowieso kaum etwas zu erwarten haben, dürfte sich dann aggressives Verhalten auszahlen. Offensichtlich lässt sich eine biologische Angepasstheit für aggressives Verhalten, bedingt durch die menschliche Stammesgeschichte, beschreiben. In bestimmten Kontexten wird dann, wenn die Bilanz für aggressives Verhalten Erfolg versprechend sein dürfte, dieses Verhalten auftreten. Je nach konkreten Lebensumständen und kulturellen Mustern wird sich aggressives Verhalten zudem im Hinblick auf die eigene Fitnessmaximierung als angepasst erweisen und deshalb wahrscheinlicher auftreten (vgl. ausführlich EULER 1997).

Die durch das Reproduktionsverhalten identifizierbaren ultimaten Erklärungsmuster für Verhalten und deren Verbreitungswahrscheinlichkeit innerhalb von Gruppen ermöglichen die Beschreibung der Umgebungsvariablen, die ein solches Verhalten wahrscheinlicher bzw. unwahrscheinlicher werden lassen. Wer möchte, dass es weniger Gewalt unter Jugendlichen gibt, tut von daher gut daran, solche Zusammenhänge zu kennen und zu berücksichtigen. Von daher ergänzt ein biologischer Blick die bisherige pädagogische Forschung um eine wichtige Dimension, ohne psychologisch oder soziologisch begründete Erklärungsmuster obsolet werden zu lassen. Der biologische Blick entlässt auch niemanden in unpolitisches Denken: Gerade da deutlich wird, dass Gewaltverhalten durch die Bedingungen der Umgebung wahrscheinlicher oder unwahrscheinlicher wird, sind politisches Denken und Handeln als diejenigen Kategorien gefordert, die die gesellschaftlichen Umgebungen von Menschen beeinflussen. Biologische Sichtweisen schließen eine politische und/oder ethische Debatte nicht aus, sondern öffnen vielmehr eine weitere Perspektive auf ein Problem, das großer gesellschaftlicher Anstrengungen bedarf. Dieser „biologische Blick" ist allerdings nicht voraussetzungslos. Man hat akzeptiert, dass sich Verhaltensweisen nicht einfach in der Gegenüberstellung von angeborenen oder erlernten Verhaltensweisen beschreiben lassen.

Empfohlene Literatur zur Vertiefung

ECKART VOLAND: *Grundriss der Soziobiologie. Heidelberg/Berlin: Spektrum 2000 (2. überarbeitete Auflage)*
Dieses Buch ist eine systematische Einführung in die Soziobiologie, die tierliches und menschliches Sozialverhalten gleichermaßen berücksichtigt.

4 Die häufigsten Vorurteile gegenüber biowissenschaftlicher Theoriebildung

In diesem Kapitel geht es um mögliche Fehlinterpretationen biologischer Theorien: den Sozialdarwinismus, den naturalistischen Fehlschluss, das Problem der Determination, den Reduktionismusverdacht und das Verhältnis zwischen Natur und Kultur. Es wurde bereits erwähnt, dass die bisherige Rezeptionssperre der Erziehungswissenschaften gegenüber biowissenschaftlicher Theoriebildung auch durch verschiedene Vorurteile und falsche Vorstellungen bedingt ist. Darauf soll im Folgenden eingegangen werden. Zudem werden diese Aspekte in den anschließenden Kapiteln immer wieder aufgegriffen, um jede Form von Missverständnissen zu vermeiden oder aufzuklären.

Der Sozialdarwinismus

Biologisches Denken ist in verschiedenen völkisch und rassistisch geprägten Ideologien missbraucht worden. Zum Teil haben Biologen auch selbst ihre eigene Forschung in den Dienst dieser Ideologien gestellt.

Die von HERBERT SPENCER geprägte Formel vom „survival of the fittest" wurde in verschiedenen Ideologien, vor allem im Nationalsozialismus, als das Recht des Stärkeren politisch missbraucht. Sie diente als Begründungs- und Legitimationstheorie für Verbrechen bis hin zum Holocaust. Aus scheinbaren „Naturgesetzlichkeiten" wurden politische und pädagogische Direktiven abgeleitet, die die Durchsetzung rassistischer politischer Ideologien begünstigten. Ideologien, die das Recht des Stärksten durch die Evolutionstheorie legitimieren, werden im Allgemeinen als Sozialdarwinismus bezeichnet.

Der Sozialdarwinismus in Deutschland

Am 1. Januar 1900 wurde von einem zunächst anonymen „Gönner der Wissenschaft" (es war der Industrielle FRIEDRICH KRUPP) ein Preis von immerhin 30.000 Goldmark auf die Bearbeitung folgender Frage ausgesetzt: „Was lernen wir aus den Prinzipien der Deszendenztheorie in Beziehung auf die innerpolitische Entwicklung und Gesetzgebung der Staaten?" Den Preis gewann der Arzt und Privatgelehrte WILHELM SCHALLMEYER mit seiner Arbeit „Vererbung und Auslese im Lebenslauf der Völker", in der mit Rückgriff auf DARWIN und SPENCER folgende Auffassung vertreten wurde: Der ‚Kampf ums Dasein' müsse Eingang in die Politik erhalten, um der drohenden Entartung der Kulturmenschheit' entgegenzuwirken. Dafür müsse das persönliche Wohl hinter dem des Volkes ‚naturgemäß' zurückstehen." (HOFF u. a. 1999, S. 17)

Solche Theorien und Wettbewerbe waren damals nicht auf Deutschland beschränkt. Vor allem in Deutschland wurden sie aber durch die Politik intensiv rezipiert und unter der Mitarbeit von Wissenschaftlern in politisches Handeln umgesetzt. Der Holocaust und die Ermordung von Roma, Sinti, psychisch Kranken und politisch Andersdenkenden waren schließlich die schreckliche Folge.

Gerade die nationalsozialistische Pädagogik hat durch die „völkisch-politische Anthropologie", die als „Grundlage deutscher Erziehung" gesehen wurde und die Ideologie der Typenzucht vertrat (KRIECK 1936 ff.), sozialdarwinistisches Gedankengut propagiert und biologisches Denken in der Pädagogik in Misskredit gebracht. Auch heute wird gegenüber biologischen Theorien, kaum sind sie geäußert, zum Teil der Vorwurf des Sozialdarwinismus laut. Dieser Vorwurf ist aus mehreren Gründen unberechtigt.

Die Formel des „survival of the fittest" ist missverständlich. Sozialdarwinisten suggerieren damit das Überleben des Stärkeren oder des Fittesten. In biologischer Perspektive meint das englische Wort fit das Überleben des am besten Angepassten. Eine „beste Angepasstheit" ist im Falles des Menschen häufig über das Sozialverhalten ausgedrückt und zeigt sich auch in kooperativem Verhalten. Zudem unterstellt diese Formel, dass es ein absolutes Optimum gebe. Da Lebenssituationen durch winzige Einflüsse sehr unterschiedlich sind, zeigt sich Angepasstheit in ganz unterschiedlichen genegoistischen Strategien. Vielfalt und Unterschiedlichkeit sind deren Resultat.

Sozialdarwinistische Auffassungen gehen davon aus, dass Selektionsmechanismen zielgerichtet (intentional) steuerbar seien, man also einen Einfluss auf evolutionäre Vorgänge ausüben könne. Im Nationalsozialismus wurden vor diesem Hintergrund Menschen umgebracht. Nationalsozialistische Ideologien propagieren heute „ausländerfreie Zonen". Eine sozialdarwinistische Rechtfertigung solcher Ideologien ist nicht nur ethisch verwerflich, sondern darüber hinaus durch die Logik evolutionärer Argumentationen nicht zu rechtfertigen. Ein solcher zielgerichteter „teleologischer Durchgriff" widerspricht den Erklärungsgrundsätzen des darwinischen Paradigmas. Die Variationen des Systems werden durch die Umwelt – und nicht durch das System selbst – selektiert. Deshalb kann das evolutionäre Selektionskriterium „Überlebensüberlegenheit" nie im Vorhinein, sondern erst im Rückblick (postfaktum) bestimmt werden. Vielmehr ist Zukunftsoffenheit ein konstitutives Element der Evolutionstheorie; die Zukunft lässt sich nicht bestimmen.

Der naturalistische Fehlschluss

Ein weiteres vielschichtiges Problem in der Rezeption biowissenschaftlicher Theoriebildung ist das des naturalistischen Fehlschlusses. Dahinter steht die Frage, ob man von der Feststellung empirischer Tatsachen – wie beispielsweise biologischen Aussagen über den Menschen – auf Normen schließen kann. Für die Pädagogik, die sich in weiten Teilen als eine normative, handlungsanleitende Wissenschaft versteht, ist dieses Problem von besonderer Relevanz. Was bedeutet es, wenn biologisch begründete Unterschiede im Verhalten der Geschlechter festgestellt werden? Was sagt es aus, wenn Wahrscheinlichkeiten für die Unterschiede zwischen Geschwistern beschrieben werden?

Zunächst einmal muss man feststellen, dass daraus unmittelbar nichts folgt. Man kann aus einer wissenschaftlichen Naturbeobachtung nicht die „richtigen" Normen für das menschliche Zusammenleben ableiten. Gerade dies wird aber vor allem der klassischen Ethologie, der Verhaltensforschung, immer wieder zum Vorwurf gemacht. Wer aus Verhaltensstudien die Schwierigkeiten der Integration von Minoritätskulturen in Majoritätskulturen diagnostiziert und daraus übergangslos für die Bundesrepublik Deutschland die Konsequenz zieht, den Zuzug von Ausländern zu stoppen, muss sich den Vorwurf eines naturalistischen Fehlschlusses gefallen lassen. Gerade ethologische Forschung ist hier nicht immer hinreichend klar in der Argumentation gewesen bzw. hat dieses Problem vernachlässigt. Wer meint, man könne aus biologischen Forschungserkenntnissen ableiten, wie man erziehen müsste, muss mit dem Einwand leben, unzulässig vom „Sein" auf das „Sollen" zu schließen. Aus naturwissenschaftlichen Beobachtungen allein lassen sich – in der Philosophiegeschichte hinreichend diskutiert – keine normativen Schlussfolgerungen ableiten. Oder exakter formuliert: Aus deskriptiven Prämissen lassen sich keine normativen Aussagen deduzieren.

Allerdings – und das macht die Diskussion des naturalistischen Fehlschlusses so schwierig – darf dieses wissenschaftstheoretische Problem auch kein Argument für die Ignorierung biowissenschaftlicher Forschungsergebnisse sein bzw. diesen Forschungsansatz von vornherein diskreditieren. Wenn eine solche biowissenschaftliche Forschung keinerlei Hinweise auf Handlungsmöglichkeiten versprechen würde, bräuchte man sie in der Erziehungswissenschaft nur als Ergänzung des philosophischen Hintergrunds zur Kenntnis zu nehmen; sie wäre dann für Lehrkräfte verhältnismäßig uninteressant.

Wie ist also mit empirischen Erkenntnissen im Hinblick auf **normative Handlungsanleitungen** umzugehen? Aus einem deskriptiven Zusammenhang lassen sich nur dann normative Äußerungen ableiten, wenn zusätzlich eine aus dem Zusammenhang nicht ableitbare normative Prämisse zwischengeschaltet wird.

Alltagssprachlich ist unsere Sprache an dieser Stelle nachlässig. Wir sagen zum Beispiel: „Oh, es regnet. Nimm deinen Regenschirm mit." Aus der Tatsache, dass es regnet, lässt sich aber nicht ableiten, dass man einen Regenschirm benutzen muss. Vielmehr müsste hier die – von den klimatischen Bedingungen unabhängige – Norm eingeführt werden: „Du sollst nicht nass werden." Die Konsequenz könnte dann lauten: Unter der Bedingung, dass man nicht nass werden möchte, sollte man bei Regen einen Regenschirm benutzen. In der Alltagssprache lassen wir diese zweite Prämisse allerdings – da als selbstverständlich vorausgesetzt – häufig weg.

Unter der Bedingung der sichtbaren Einführung dieser zweiten Prämisse können naturwissenschaftliche Erkenntnisse durchaus praktische Perspektiven bieten. Diese einzuführenden Prämissen sind dann allerdings nicht mehr durch die Biologie zu begründen. Pädagogische Normen lassen sich aus keiner Biologie ableiten. Allerdings können sie mit Hilfe biowissenschaftlicher Forschung im Hinblick auf ihre Realisierungswahrscheinlichkeit durchdacht werden, mögliche Probleme oder wahrscheinliche Effekte können prognostiziert und präzisiert werden (vgl. hierzu auch TREML 1996).

Determination und Freiheit

Ein weiteres Problem im Umgang mit biowissenschaftlichen Erkenntnissen ist die Vorstellung, über biologische Beschreibungsmuster von Lernen und Verhalten würde letzteres als determiniert beschrieben und die Freiheit des Menschen negiert. Oder, um das obige Beispiel aufzunehmen: Werden Menschen, wenn über biologische Ursachen von Gewalt nachgedacht wird, nicht unzulässigerweise als in ihrem Verhalten determiniert gedacht?

Häufig wird mit Hilfe biologischer Erklärungsmuster beschriebenes Verhalten allzu leicht mit einem naiven „Determinismus" und soziologisch bzw. kulturell argumentierende Erklärungsmuster mit „Freiheit" verbunden. Eine solch einfache Vorstellung bleibt weit hinter dem komplizierten Geflecht zwischen der Wirkung von Anlage und Umwelt, der materiellen Grundlage von Lernvorgängen und den biologischen Wurzeln kultureller Muster zurück (vgl. dazu ausführlich Kapitel 6).

Natürlich ist jedes Verhalten durch unsere biologische Ausstattung bestimmt. In diesem Sinne ist Verhalten genetisch determiniert. Unser genetisches Erbgut ist darauf programmiert, sich in unterschiedlichen Umwelten unterschiedlich zu verhalten. Von daher ist das Verhalten nicht unabhängig von der Umwelt. Nur ist die Frage, von welchen Umgebungseigenschaften das Verhalten wie beeinflusst wird, genauso ein Produkt des evolutionären Erbes wie die Gene selbst (vgl. dazu Kapitel 6).

Wer allerdings hinter solchen Formulierungen eine banale „Ein-Gen-ein-Verhalten"-Gleichung vermutet, irrt. Das Zusammenspiel der genetischen Informationen ist in seiner Funktionalität so kompliziert und schwierig, dass man von der Entschlüsselung – trotz der gewaltigen Fortschritte in der Entzifferung des menschlichen Genoms – noch weit entfernt ist. Verhalten ist damit nicht *vorhersehbar*. Offensichtlich lassen sich die biologischen Grundlagen des Verhaltens – und damit auch die des Lernens – nur als chaotische Systeme beschreiben: „Chaotische Systeme sind Systeme, die Gesetzen unterliegen, oftmals sehr einfach formulierbaren, strengen Gesetzen, von denen aber zugleich mathematisch zwingend gezeigt werden kann, dass sich das Verhalten dieser Systeme niemals zuverlässig und gar längerfristig vorhersagen lässt. Systemverhalten, das Gesetzen gehorcht, impliziert gleichwohl nicht zwingend die Vorhersagbarkeit eben dieses Systemverhaltens. Es spricht vieles dafür, dass jedes einzelne menschliche Gehirn letztlich ein solch komplexes System ist, das sich genauerer wissenschaftlicher Voraussagbarkeit immer entziehen wird." (TETENS 2000, S. 50) Die nachfolgenden Kapitel 5 und 6 befassen sich explizit mit diesem Problem; zudem wird es in fast jedem Abschnitt implizit immer wieder vorkommen.

Jedem Verhalten liegen Mechanismen zugrunde, die in Abhängigkeit von verschiedensten Umwelteinflüssen als evolvierte Programme ablaufen. Wie kann man diese Mechanismen sprachlich angemessen ausdrücken? Da unsere Sprache sich personennah entwickelt hat, gibt es kaum einfache sprachliche Vorschläge, um ablaufende Programme, die im Hinblick auf unterschiedliche Umwelteinflüsse unterschiedlich verlaufen, zu beschreiben. Letztlich lassen sich dafür nur Metaphern finden. Im Folgenden wird etwa von Bilanzen des Verhaltens gesprochen. Damit sind Kosten-Nutzen-Bilanzen von Verhalten in einer bestimmten Umwelt gemeint (s. dazu auch S. 33), die Verhaltensdispositionen benennen, die aufgrund vieler und zum Teil nur winzig unterschiedlicher Rahmenbedingungen zu bestimmten Verhaltensweisen führen. Solche Metaphern (z. B. „spontane Vernunft" in Kapitel 8) werden an verschiedenen Stellen immer wieder benutzt werden, um diesen abstrakten und ansonsten nur mit viel Aufwand angemessen zu beschreibenden Zusammenhang ausdrücken zu können.

Biologische Beschreibungen von Verhalten stehen immer vor dem Problem, diesem Sachverhalt sprachlich angemessen Ausdruck zu verleihen. Unsere Sprache beschreibt direkte Zusammenhänge leichter als indirekte, und gerade im Hinblick auf indirekte Wirkweisen oder Wahrscheinlichkeiten von Verhaltensmöglichkeiten entsteht allzu leicht der Eindruck von Kausalitäten und normativ erwarteten Mustern. Die deutsche Sprache unterscheidet zudem nicht zwischen einem prädiktiven und einem normativen „Sollte". Dabei macht es gerade im Hinblick auf das Determinationsproblem einen Unterschied, welcher Aspekt gemeint ist. In diesem Buch ist die Verwendung grundsätzlich prädiktiv.

Der Reduktionismusverdacht

Biologischen Aussagen zum Menschen wird häufig der Vorwurf gemacht, sie seien reduktionistisch. Mit dem „Reduktionismusverdacht" ist der Vorwurf verbunden, biologische Argumentationen seien verkürzte Darstellungen, da sie zum einen kulturelle und individuelle Bedingtheiten menschlichen Verhaltens leugnen und zum anderen Menschen um das typisch Menschliche bringen und auf das Niveau von Tieren reduzieren würden (vgl. TREML 1996).

Der erste Vorwurf ist – das müssten die bisher dargestellten Zusammenhänge deutlich gemacht haben – unbegründet. Biowissenschaftliche Forschung reduziert den Menschen nicht auf ein Bündel Gene, sondern reflektiert den komplizierten Zusammenhang verschiedener Systemebenen des Lebens. Dabei bedient sie sich theorietechnisch zweier Formen des Zugriffs: Zum einen wird Entwicklung nicht mehr durch lineare Kausalitäten in einem Ursache-Wirkungs-Verhältnis beschrieben, vielmehr werden die Wirkverhältnisse indirekt durch Variations- und Selektionsangebote ausgedrückt. Ein direkter Durchgriff zwischen Systemen wird so vermieden und damit die Beschreibung großer Komplexität möglich. Zum zweiten untersucht diese Theorie konsequent unterschiedliche Einheiten von Veränderung. Letztlich sind es Informationen, die Veränderungen bewirken. Die grundlegende Frage ist, wie sich Informationen bilden und wie und in welcher Form diese weitergegeben werden – als Gene, als Verhaltensweisen oder als kulturelle Wissensbestände.

Die Theoriebildung wird damit im Grunde sehr einfach – obwohl sie sehr komplexe Zusammenhänge beschreibt. Schon seit dem „ockhamschen Rasiermesser" ist Einfachheit ein Qualitätsmerkmal von Theorien. Dies ist ein Begriff aus der Wissenschaftstheorie, der die Qualität von Theorien danach beurteilt, ob möglichst komplexe Zusammenhänge mit wenigen Theorieannahmen erklärt werden können. HEINZ POSER bezeichnete die Evolutionstheorie in ihren unterschiedlichen Ausprägungsformen auf dem Kongress der Deutschen Gesellschaft für Philosophie 1996 in Leipzig (in Abgrenzung zur Philosophie LYOTARDS) als „letzte große Metaerzählung" – das heißt als universelle Theoriemöglichkeit mit hoher Erklärungskraft und vielen Anschlussmöglichkeiten. Ob biowissenschaftliche Theoriebildung diesen Anspruch auszufüllen vermag, bleibt abzuwarten. Auf jeden Fall aber ist der Versuch einer weit reichenden theoriegeladenen Unterfütterung empirischer Erkenntnisse und der Anspruch an eine Theorie, mit wenigen Prämissen auszukommen, ein Qualitätsmerkmal. Der Reduktionismusverdacht ist damit obsolet.

Der zweite Vorwurf ist in den Augen von Biologen kein Vorwurf, sondern ein Qualitätsmerkmal biowissenschaftlicher Reflexion. In der Tat sieht die Biologie keinen grundsätzlichen Unterschied zwischen Tieren und Menschen, Natur und Kultur. Vielmehr wird davon ausgegangen, dass die Kulturfähigkeit des Menschen Teil und Folge seiner natürlichen Ausstattung ist. Die alte Erkenntnis, dass Menschen aufgrund ihrer Stammesgeschichte ein Säugetiererbe in sich tragen, wird hier ebenso berücksichtigt wie die Tatsache, dass alles Lebende – in unterschiedlichen Abstufungen – miteinander verwandt ist. Diese „Einheit des Lebendigen" in einer Wissenschaft, die sich mit Lebendigem beschäftigt, nicht zu bedenken, könnte man als reduktionistisch betrachten und damit den Argumentationsspieß herumdrehen. Eine biowissenschaftliche Reflexion der Bedingungen von Erziehung verlässt anthropozentrische Verkürzungen und öffnet den Blick für den gesamten Horizont unseres Ökosystems.

Das Verhältnis zwischen Natur und Kultur

Häufig wird mit biowissenschaftlichen Grundlagen des Lernens oder einer naturwissenschaftlichen Anthropologie die Vorstellung verbunden, dass mit einer Reflexion der natürlichen Grundlagen menschlichen Verhaltens kulturelle Aspekte von Verhalten in den Hintergrund treten würden.

Biologen ist die in dieser Fragestellung aufgebaute Gegenüberstellung von Natur auf der einen und Kultur auf der anderen Seite fremd. Zwar ist dieser Gegensatz für eine lange Tradition der Geistes- und Naturgeschichte konstitutiv. Aus biologischer Sicht allerdings, die die Entwicklung des Menschen in einer langen Kette der Naturgeschichte interpretiert, ist sie nicht aufrechtzuerhalten. Vielmehr wird die Kulturtätigkeit des Menschen – wie bereits im vorhergehenden Abschnitt deutlich gemacht – als Teil seiner Naturausstattung begriffen. Die menschliche Fähigkeit zu komplexer Informationsverarbeitung, die die Grundlage für das Schaffen und die Tradierung von Kultur darstellt, ist selbst ein Produkt der biologischen Evolution. Sie hat sich im Verlauf der menschlichen Entwicklung über adaptive Selektionsprozesse ausgebildet. Dabei spielte das Sozialverhalten – und nicht wie lange angenommen die Technikbenutzung – eine entscheidende Rolle.

Wenn sich in der menschlichen Geschichte Kultur als vorteilhaft erwies, dann müssen bestimmte Kulturausprägungen einen biologischen Anpassungswert gehabt haben – sonst wären sie nicht selektiert worden. Der Biologe HUBERT MARKL hat das Verhältnis zwischen Natur und Kultur präzise so auf den Punkt gebracht:

„Es ist uns natürlich, unser Dasein durch eine Kulturtradition zu bewältigen" (MARKL 1983, S. 40; vgl. ausführlich zu diesem Thema VOLAND 2000, S. 21 ff.).

> **Unzulässige Interpretationsmuster**
>
> Vor diesem Hintergrund der Fehlinterpretationen biologischer Theorien wird deutlich, wie das Beispiel der Erklärung von Gewalt (s. S. 35 f.) aus biologischer Perspektive interpretiert werden kann:
>
> - Das Beispiel kann daraufhin interpretiert werden, dass – vor dem Hintergrund gesellschaftlicher Unerwünschtheit von gewalttätigem Verhalten Jugendlicher – die Rahmenbedingungen gesucht werden, die gewaltbereites Verhalten potenziell unwahrscheinlicher machen. Das Beispiel zeigt, dass sich biologische, psychologische und soziologische Erklärungsmuster nicht ausschließen, sondern gegenseitig ergänzen (Reduktionismus-Problem).
> - Das Beispiel kann nicht dazu dienen, gewaltbereites Verhalten als ‚natürlich' zu legitimieren (denn eine Erklärung ist nicht schon eine Legitimation). Vgl. hierzu die Kapitel: Freiheit und Determination; Natur und Kultur.
> - Das Beispiel kann keinen Vorwand liefern, Jungen zu aggressivem Verhalten erziehen zu wollen (das wäre ein klassischer naturalistischer Fehlschluss).

Diejenigen Wissenschaftler, die sich mit der Angepasstheit des Menschen an die Bedingungen des Pleistozäns beschäftigen, beschreiben das Verhältnis zwischen Natur und Kultur darüber hinaus in einer spezifischen Zuspitzung. Angesichts der Tatsache, dass die Entwicklungsgeschichte des Menschen sehr langsam vorangeschritten ist, aber in den letzten eintausend Jahren der durch Menschen bedingte soziale Wandel ungeheuer an Tempo gewonnen hat, wird eine Dysfunktionalität zwischen natürlicher und kultureller Entwicklung von Menschen und der Entwicklung der Weltgesellschaft diagnostiziert. Aus diesem Missverhältnis lassen sich Lernherausforderungen bestimmen. Die Aufklärung des Menschen über sich selbst ist angesichts des schnellen sozialen Wandels unabdingbare Überlebensperspektive, da „viele der Verhaltensformen, die biologisch bedingt sind, zunehmend dysfunktional werden" (CORNING 1974, S. 293).

Evolutionstheorie als theoretisches Konstrukt

Häufig müssen sich naturwissenschaftliche Theorien sehr viel weniger befragen lassen als dies in den Geisteswissenschaften üblich ist. „Harte" Schulfächer wie Mathematik, Physik, Biologie und Chemie formulieren gegenüber „weichen" Schulfächern wie Deutsch, Geschichte und Religion aufgrund ihres klar aufeinander aufbauenden Wissenskanons einen Nimbus der Unhinterfragbarkeit und Objektivität. Dieser strahlt auch auf die entsprechenden Fachwissenschaften aus.

Evolutionstheorie oder die Erkenntnisse der Biowissenschaften sind jedoch keine unhinterfragbaren Wahrheiten. Die Erkenntnisse der Biowissenschaften über das Lernen und Verhalten von Menschen sind nicht mehr als empirisch gesättigte Theorien. Bis jetzt erklären sie die Fülle an unterschiedlichen empirischen Erkenntnissen aus den Lebenswissenschaften im Rahmen einheitlicher Theorieannahmen. Es gibt heute keine Theorie, die so viele unterschiedlichen Erkenntnisse widerspruchsfreier und eleganter erklären könnte als die Evolutionstheorie und die auf sie aufbauenden Einzeltheorien der Biowissenschaften.

Empfohlene Literatur zur Vertiefung

CHRISTIAN VOGEL: *Anthropologische Spuren. Zur Natur des Menschen.* Stuttgart/Leipzig: Hirzel 2000
   Diese Aufsatzsammlung bietet einen leicht lesbaren und informativen Überblick über wichtige Gebiete und Diskussionspunkte naturwissenschaftlicher Anthropologie. Besonders interessant ist die biologische Interpretation von Goethes Faust.
GERHARD VOLLMER: *Biophilosophie.* Stuttgart: Reclam 1995
   Dieses kleine (und preisgünstige) Reclam-Bändchen bietet eine fundierte wissenschaftstheoretische Einführung in Probleme geisteswissenschaftlicher Zusammenhänge mit Hilfe naturwissenschaftlicher Theorien. Hier werden Grundzüge der Evolutionären Erkenntnistheorie dargestellt und viele der oben beschriebenen möglichen Missverständnisse mit Sorgfalt reflektiert.
PETER JANICH/MICHAEL WEINGARTEN: *Wissenschaftstheorie der Biologie. Methodische Wissenschaftstheorie und die Begründung der Wissenschaften.* München: Fink 1999
   Mit der Lektüre dieses Bandes wird der wissenschaftstheoretische Status der Evolutionstheorie einer kritischen Reflexion unterzogen.

Teil II

Die Natur des Lernens

5 Lernfähigkeit als evolutionärer Vorteil

In diesem Kapitel wird der evolutionäre Vorteil des Lernens im Zusammenhang mit den damit verbundenen „Kosten" diskutiert. Lernen kann als Anpassungsvorgang verstanden werden. Dieser Anpassungsvorgang verläuft auf mehreren Emergenzebenen: Es gibt das Lernen der Gene, das Lernen der Gehirne und das Lernen von Gesellschaften, die alle als je unterschiedliche Systemebenen von Lernprozessen beschrieben werden können. Damit wird der Blick vom lernenden Individuum, das zweifelsfrei im Mittelpunkt pädagogischer Überlegungen über das Lernen steht, auf die beiden benachbarten Systeme, nämlich die genetischen Grundlagen sowie die soziologische Einbettung in eine Gruppe oder eine Gesellschaft, geweitet. Diese Erkenntnisse werden im Hinblick auf Anschlussmöglichkeiten für Pädagogen im letzten Abschnitt dieses Kapitels ausgewertet.

Leben ist Lernen

Jedes Lebewesen ist ein kompliziertes und verletzliches System, das in einer – ihm gegenüber noch komplexeren – Umwelt überleben muss. Von einfachen Lebewesen wie Bakterien über komplizierter gebaute Lebewesen wie Reptilien oder Insekten bis hin zu Säugetieren und Menschen – jedes Lebewesen ist ständig gefährdet und darauf angewiesen, sich in einer Umwelt zurechtzufinden, die von ihm selbst nicht vollständig kontrolliert werden kann. In Auseinandersetzung mit der Umwelt bemühen sich Lebewesen um eine ständige Anpassung, um die Wahrscheinlichkeit ihres Überlebens zu erhöhen. Diese überlebensrelevanten Prozesse sind eines der dominierenden Kennzeichen von Leben. „Alles Leben ist Problemlösen" – so hat der Philosoph KARL POPPER diesen Vorgang beschrieben (vgl. POPPER 1991).

Lebewesen sind also durch die Möglichkeit gekennzeichnet, ihren Systemzustand und ihr Verhalten zu ändern und sich neuen, veränderten Umweltbedingungen anzupassen. Diese Veränderungsfähigkeit lebender Systeme kann man als eine ganz allgemeine Form des Lernens bezeichnen: Leben heißt Lernen (KONRAD LORENZ).

Es lassen sich unterschiedliche Formen und Geschwindigkeiten von Anpassungsvorgängen – und somit verschiedene Formen von Lernen – unterscheiden. Das stabilste, jedoch sicherlich das langsamste Lernen ist das der Gene (vgl. TREML 1995), also die genetischen Anpassungsvorgänge über die Vererbung. Umgangssprachlich bezeichnen wir dieses nicht als Lernen; dennoch sind auch diese Anpassungsvorgänge mit Blick auf ihre Funktion als Lernprozesse zu bezeichnen.

Lernen der Gene: Anpassung einer Art

Jedes Individuum ist das Produkt einer evolutionären stammesgeschichtlichen Lerngeschichte. In jedem von uns ist über unsere Gene eine Lerngeschichte abgespeichert: die Lerngeschichte, die vor 3,8 Milliarden Jahren mit der Entwicklung des Lebens begann. Die Überlebensprogramme von Tieren, die es seit hunderten Millionen von Jahren gibt, die zirka 450 Millionen Jahre Geschichte der Wirbeltiere, die zirka 200 Millionen Jahre währende Geschichte der Säugetiere, die vielleicht 100 Millionen Jahre Primatengeschichte und die zirka vier Millionen Jahre Geschichte der Hominiden ist in unseren Genen gespeichert.

Die gesamte genetische Grundlage eines Lebewesens ist das Resultat eines Milliarden Jahre lang währenden, erfolgreichen Anpassungsvorganges. Zufällige genetische Mutationen erweisen sich als überlebensfähiger und ermöglichen deshalb mehr Nachkommen als andere. In der Auseinandersetzung mit der Umwelt haben unterschiedliche Genotypen einen unterschiedlichen Reproduktionserfolg, sodass sich bestimmte Merkmale stärker als andere durchsetzen.

Jeder Mensch ist damit ein Resultat eines – im Hinblick auf die Menschheitsgeschichte – zirka vier Millionen Jahre lang währenden Prozesses, dessen Erfolg sich in der Tatsache zeigt, dass wir Eltern haben und selbst leben. In jedem von uns ist das erfolgreiche Produkt eines über viele Generationen hinweg evolvierten Ergebnisses eines genetischen Lernprozesses abgespeichert. Genetisches Lernen ist ein intergeneratives Lernen über Vererbung.

Diese Form des Lernens vollzieht sich bei Lebewesen mit einer langsamen Reproduktion in großen Zeitspannen. Es dauert sehr lange, bis sich zufällige genetische Mutationen als Merkmale in einer ganzen Population durchsetzen. Diese Merkmale haben einen langen Prüfgang hinter sich – sie werden einer harten Testung auf Reproduktionschancen unterzogen. Der Mensch hat sich seit zirka 35.000 Jahren genetisch nicht mehr wesentlich verändert. Deshalb sprechen Biologen davon, dass Menschen in ihrer genetischen Grundausstattung heute an die Bedingungen des Pleistozäns als die langandauerndste Phase der menschlichen Entwicklung angepasst sind.

Die Vor- und Nachteile genetischer Lernprozesse liegen auf der Hand: Auf der einen Seite brauchen sie sehr lange. Sie sind also ein sehr schwerfälliges Instrument für Anpassungsvorgänge. Auf der anderen Seite stellt das Resultat dieses Lernprozesses einen in langen Testreihen erprobten evolutionären Anpassungsvorteil dar, sie sind also intensiv geprüft und kaum störanfällig. Ihre Funktionalität entfalten sie aber nur bei wiederkehrenden Umweltverhältnissen.

In der Pädagogik wird dieser Form von Lernprozessen aus guten Gründen keine Aufmerksamkeit geschenkt. Genetische Lernprozesse sind dem menschlichen Zugriff entzogen und wirken intergenerativ. Pädagogik zielt auf die Veränderung von Individuen. Dennoch sind die Kenntnisse über genetische Lernprozesse wichtig; denn sie stellen die Basis unserer Lernmöglichkeiten und -prädispositionen dar. Was wir als konkret und was wir als abstrakt empfinden, dass wir vertraut und fremd unterscheiden können, dass wir uns gegenüber unseren Kindern anders verhalten als gegenüber Menschen, die wir nicht kennen – all dies resultiert aus genetischen Lernprozessen (vgl. auch Kapitel 6 und 8).

Reflexe und Instinkte

Die einfachsten angeborenen Verhaltensstrategien sind Reflexe. Reflexe sind genetisch festgelegt, bewusst kaum zu beeinflussen und in ihrem Ablauf wenig veränderbar. Wird auf das Auge eines Menschen ein plötzlicher Luftzug gelenkt, so wird schnell ein schützender Lidschlag ausgelöst. Bei Hunger und gleichzeitigem Geruch von gutem Essen fließt der Speichel. Diese angeborenen Reaktionen können durch Lernarten wie etwa das Klassische Konditionieren – das berühmte Experiment von PAWLOW, bei dem der Speichelfluss eines Hundes mit einem akustischen Signal verbunden wurde – verändert werden.

Häufig spricht man bei komplexeren Verhaltensweisen, die als angeboren angenommen werden, von einem Instinkt. Dieser Begriff ist allerdings unscharf und wird heute weniger verwendet (dazu sehr schön zu lesen: BATESON 1994, S. 73 ff.). Es lässt sich häufig nicht so einfach bestimmen, ob Verhaltensweisen angeboren sind oder nicht (vgl. Kapitel 6).

Es lassen sich alte, bis in die Entstehungsgeschichte des Menschen zurückgehende **Verhaltensweisen** feststellen, zu denen Menschen neigen:

Menschen verhalten sich als Genegoisten (vgl. Kapitel 12). In diesem Sinne kümmern sie sich um die Befriedigung der für das eigene Überleben notwendigen Grundbedürfnisse, können auf diese als Altruisten aber auch verzichten, wenn im Sinne des Genegoismus eine andere Strategie (zum Beispiel die Hilfe für Verwandte) sinnvoller erscheint (vgl. ausführlich Kapitel 10).

Es gibt angeborene universelle körpersprachliche Verhaltensweisen (wie Lachen oder Weinen, Zeichen der Bereitschaft zum Zuhören und Verstehen, Ablehnung durch das Wegdrehen des Körpers), die kulturübergreifend verstanden werden.

Viele Menschen ekeln sich vor Spinnen. Offensichtlich brachte es in der Geschichte des Menschen Überlebensvorteile, Spinnen nicht anzufassen. Viele Biologen gehen deshalb davon aus, dass es eine angeborene Neigung des leichten

Ekels gegenüber Spinnen gibt. Andere Tiere entsprechen hingegen dem „Kindchen-Schema" und werden kulturübergreifend als niedlich empfunden.

Besonders charakteristisch für Menschen sind die genetisch programmierten Möglichkeiten des individuellen Lernens. Es ist Menschen – wie auch vielen Tieren – genetisch vorgegeben, dass sie lernen können. Paradox formuliert könnte man sagen: Es gibt die genetisch determinierte Möglichkeit, nichtgenetisch lernen zu können. Verhalten ist nicht nur das Resultat genetischer, sondern auch individueller Lernprozesse (die sich freilich nur in den genetisch vorgegebenen Bahnen abspielen können). Verkürzt könnte man dieses Lernen im Gegensatz zum Lernen der Gene als eines der Gehirne bezeichnen (vgl. zur Terminologie TREML 1995). Was ist darunter zu verstehen?

Lernen der Gehirne: individuelle Angepasstheit

Menschen haben die Möglichkeit, sich über Erfahrung an Zustände der Umgebung anpassen zu können. Das Anpassungsspektrum ist genetisch entwickelt (KÖNIG 1999, S. 158 ff.). Vorerfahrungen, der Umweltreiz, seine Häufigkeit und seine Qualität sowie das Alter und die Situation des Lernenden sind die Faktoren, die den Lernprozess ebenfalls bedingen.

In der Erziehungswissenschaft wird die angeborene Lernfähigkeit als Anlage im Verhältnis zu den Lernanreizen der Umwelt gesehen. Man spricht hier vom Verhältnis zwischen Anlage und Umwelt (vgl. Kapitel 7). Das Lernen der Gehirne ist genetisch determiniert, also ein Produkt genetischen Lernens.

Lernfähigkeit ist eine spezifische Offenheit für Situationen der Umwelt. Im Gegensatz zum Lernen der Gene, das sich populationsgenetisch gesehen auf eine Art (also alle Menschen, Schimpansen etc.) bezieht, erweitert die Möglichkeit des Lernens der Gehirne das individuelle Verhaltensrepertoire. Das langfristige genetische Lernen einer Population in der Phylogenese (d.h. der Entwicklung der Art) wird so in der Ontogenese (d.h. der Individualentwicklung) durch das Lernen der Gehirne ergänzt. Damit wird es möglich, schnell auf Umweltveränderungen zu reagieren. Anders als in der Erziehungswissenschaft manchmal angenommen, ist das Gehirn kein Allzweckcomputer, sondern vielmehr in den Lernmöglichkeiten selbst genetisch geprägt (vgl. Kapitel 8). Gelernt werden kann also nur das, wozu die Möglichkeiten in langen Selektionsprozessen geschaffen wurden. Dieser Aspekt wird in den nachfolgenden Kapiteln immer wieder angesprochen.

Das individuelle Lernen der Gehirne wird über komplexe Verrechnungsprozesse im Gehirn eines jeden Lernenden gesteuert. Der Gehirnaufbau gibt Lernmuster vor (vgl. Kapitel 7). In der Psychologie sind eine Vielzahl von Lerntheorien und Lernformen entwickelt worden – etwa vom Behaviorismus bis zur kognitiven Lernpsychologie. Die biologische Forschung lenkt den Blick auf sehr basale, auch in der Tierwelt vorkommende Lernformen, die die Funktion des Lernens verdeutlichen.

Lernen durch Prägung:
KONRAD LORENZ stellte fest, dass Gänseküken kein angeborenes Mutterbild haben, sondern sich nach der Geburt allen Lebewesen nähern, die rhythmische Laute von sich geben und sich bewegen. Diese Objekte lösen – unabhängig davon, wie sie aussehen – das Nachfolgeverhalten der Küken aus. Diese Art von Lernen nannte er Prägung. In der Tierwelt lassen sich vielfältige Arten feststellen:

- Lachse werden auf den Wassergeschmack ihres Geburtsortes geprägt und werden diesen immer wieder aufsuchen (Ortsprägung);
- viele Singvögel sind mit ihrer Jugend auf ein bestimmtes Biotop geprägt und werden immer wieder in einem solchen siedeln (Biotopprägung);
- manche Schlangen und Schildkrötenarten werden durch die erste Nahrung, die sie aufnehmen, auf eine bestimmte Nahrung geprägt (Nahrungsprägung);
- einige Tiermütter werden durch den Geruch des eigenen Jungtiers auf dieses geprägt und finden damit ihr Kind immer wieder (Prägung auf das eigene Junge) und
- viele Parasiten werden auf die Eigenschaften der Wirtseltern geprägt (Prägung bei Brutparasiten).

Bei der Prägung wird ein Auslöser mit einem bestimmten Verhalten verbunden. Dieses Verhalten ist genetisch festgelegt und nicht variabel. Zudem ist es irreversibel – eine einmal vorgenommene Prägung kann nicht mehr revidiert werden. Prägungsvorgänge laufen in einem bestimmten zeitlichen Fenster ab.

Ob es bei Menschen Prägungen mit irreversiblem Charakter gibt, ist unklar. Sicherlich gibt es eine sensible Phase für das Erlernen der Muttersprache. Ähnlich wie bei Singvögeln wird in einer bestimmten Phase der Kindheit der irreversible Zungenschlag der Muttersprache (oder der Muttersprachen) gelegt. Es ist zwar möglich, zwei oder gar mehrsprachig aufzuwachsen – nur in der Kindheit aber ist die Wahrscheinlichkeit groß, diese Sprachen akzentfrei sprechen zu lernen. Vermutlich – allerdings nicht zweifelsfrei bewiesen – gibt es auch zwischen Mutter und Kind eine Prägung auf den Geruch.

Lernen durch Prägung kombiniert die Vorteile genetischen Lernens mit der individuellen Lernmöglichkeit. Auf der einen Seite ermöglicht die Prägung eine flexible Anpassung an die jeweilige Situation (zum Beispiel den Zungenschlag), auf der anderen Seite ist diese Lernerfahrung starr und relativ irreversibel. Muttersprachen können nicht gewechselt werden.

„Didaktik" von Prägungsvorgängen

Interessanterweise lassen sich bei Prägungsvorgängen didaktische Elemente feststellen, die Pädagogen vertraut sind (vgl. TREML 2000):

Einfachheit: Auslösende Mechanismen sind häufig sehr einfach und auf wenige Merkmale reduziert. Gänseküken brauchen eben nicht das komplizierte Abbild einer Gänsemutter, um geprägt zu werden, vielmehr genügt schon ein Objekt mit einer einfachen Bewegung und rhythmischen Lauten. Sparsamkeit der Merkmale wird langfristig einen allgemeinen Selektionsvorteil ausmachen, da Aufmerksamkeit ein begrenztes Gut ist.

Wiederholung: Viele auslösende Mechanismen erhalten ihre Wirkung dadurch, dass sie nicht nur einmal, sondern wiederholt auftreten. Nahrungsprägung entsteht durch die wiederholte Aufnahme einer bestimmten Nahrung. Wiederholung ist zwar aus informationstheoretischer Perspektive überflüssig und redundant, didaktisch aber nützlich, da sie Aufmerksamkeit durch Abweichung bewirken kann.

Übertreibung und Kontrastverstärkung: Auslösende Mechanismen sind häufig dadurch nicht zu übersehen, dass sie über besondere Kontraste hervorgehoben werden (etwa ein prächtiges Federkleid). Übertreibung und Kontrastverstärkung binden ebenfalls Aufmerksamkeit.

Diese Didaktik zur Bindung von Aufmerksamkeit dürfte auch bei intentionalen Lernvorgängen eine wichtige Rolle spielen.

Lernen durch Gewöhnung:

Eine weitere – etwas reversiblere Form des Lernens – ist das Lernen durch Gewohnheit. Lernen durch Gewöhnung ist im weitesten Sinne die allem Lernen grundlegende Logik; denn durch Lernen werden bestimmte elektro-chemische Prozesse im Gehirn wiederholt, andere wiederum werden nicht mehr aktiviert und erlöschen (vgl. Kapitel 7). Lernen bedeutet unter dieser Perspektive eine Gewöhnung an bestimmte Differenzerfahrungen durch Wiederholung.

Im Tierreich ist das Lernen über Gewöhnung eine der wichtigsten Formen zu lernen. Auch für menschliches Lernen spielt die Gewöhnung eine wichtige Rolle. Dabei wird zum einen auf Reize, die sich als bedeutungslos erwiesen haben, nicht mehr reagiert – eine wichtige Form der Energieeinsparung. Zudem werden Strategien, mit denen man zumindest keine schlechten Erfahrung machte, immer wieder angewandt. Gewöhnungsprozesse werden dabei nur in ihrer Bilanz, nicht

aber in jedem Einzelaspekt optimiert: Die Bilanz des individuellen Gesamtenergieaufwands für Verhalten muss stimmen – einzelne Verhaltensstrategien können sich dabei durchaus als objektiv nicht optimiert erweisen.
Gerade in der Beurteilung von Verhalten zum Beispiel durch Lehrkräfte sollte dieser Aspekt mit bedacht werden. Der Energieaufwand, das häusliche Sozialisationsmuster zu Gunsten der schulischen Erwartungen zu durchbrechen, ist häufig hoch. Erst wenn es weniger aufwändig ist, sich zu verändern, als den schulischen Gewöhnungsreizen zu widerstehen, wird mit Verhaltensveränderungen zu rechnen sein (vgl. zum Verhalten als Bilanz Kapitel 12).

Lernen durch Erfahrung:
Viele Vögel sammeln zum Nestbau Halme. Gelehrt durch Erfahrungszuwachs werden sie immer gezielter zweckmäßige Halmformen auswählen. Nach einiger Zeit werden nur noch geeignete Halme gesammelt. Hier wirkt der Erfolg der Handlung rückkoppelnd auf die Bildung des erlernten Auslösemechanismus, in diesem Fall das richtige Halmbild. Auf die gleiche Weise wird Vermeidungsverhalten infolge unangenehmer Erfahrungen gelernt.

Diese Form des Lernens ist auch bei Menschen häufig und üblich. Positive Erfahrungen führen zur Verstärkung bestimmter Verhaltensweisen, während negative Erfahrungen zu Vermeidungsverhalten führen.

Lernen durch Nachahmung:
Erfahrungen müssen nicht selbst gemacht werden, vielmehr wird durch die Erfahrungen anderer über nachahmendes Verhalten gelernt. Graugansküken etwa beobachten genau, was ihre Eltern fressen, und picken anschließend dieselben Pflanzen. Schimpansen angeln mit Stöcken nach Termiten. Schimpansenkinder lernen diese Verhaltensweise durch Beobachtung und durch Nachahmung. Ratten, sehr vorsichtige Tiere, fressen von unbekanntem Futter nur sehr wenig. Sterben sie bei Giftdosen nicht, sondern haben sie nur Schmerzen, wird keine andere Ratte mehr von diesem Köder fressen – sie haben durch das abschreckende Vorbild gelernt. Auch Menschenkinder lernen viele Verhaltensweisen durch Nachahmung von Menschen ihrer Umgebung. Während bei Tieren das Nachahmungsverhalten allerdings meistens objektgebunden ist, das heißt sich konkret ereignet, können Menschen – über die Sprache – auch ohne Objekt nachahmend lernen. Soziobiologen vermuten, dass allein die genetische Programmstruktur „Imitiere die Erfolgreichen!" eine Basis für vielfältige Kulturentwicklungen darstellt (vgl. ausführlich FLINN/ALEXANDER 1982; im Überblick VOLAND 2000, S. 24 ff.). Nachahmendes Lernen basiert letztlich auf „dem Erfolg versprechenden Versuch einer vorteilhaften Teilhabe an den Lebensleistungen anderer" (VOLAND 2000, S. 24).

Nachahmendes Verhalten hat große Vorteile: Durch Nachahmung werden risikoreiche Erfahrungen vermieden und Lernerfahrungen abgekürzt. Die negativ verlaufenden Erfahrungen anderer müssen nicht mehr wiederholt werden; vielmehr können die zum Ziel führenden Verhaltensweisen direkt übernommen werden. So können Traditionen und Kulturen geglückter Problemlösungen entstehen. Gleichzeitig macht dieser Vorteil nachahmenden Lernens aber auch die Nachteile dieser Lernart aus: Nachahmendes Lernen benötigt jeweils eine Situation, in der das zu Lernende unmittelbar geschieht, damit es vom anderen gelernt werden kann. Nachahmendes Lernen ist damit auf bestimmte Lernsituationen angewiesen. Zudem ermöglicht dieses Lernen wenig Innovationen; denn der Traditionsbestand einer Population kann zwar einfach weitergegeben werden, neue Lernerfahrungen und Innovationen werden allerdings so nicht eröffnet.

Situationsunabhängiges Lernen:
Umgangssprachlich bezeichnen wir das bewusste Arrangieren von Lernsituationen als Lernen im engeren Sinne. Bei dieser Form des Lernens geht es um das Erlernen von Vokabeln, Zusammenhängen der Natur- und Kulturgeschichte, von Fertigkeiten wie das Schreibenkönnen oder das Führen einer Maschine.

Das situationsunabhängige Lernen hat sich bei Menschen vor allem über Lehren in Form von Unterricht stabilisiert. Unterricht muss geplant und organisiert werden und ist sehr aufwändig. Da Menschen vor allem auf nachahmendes Lernen angelegt sind, führen Lehrkräfte bestimmte Dinge vor. Eine fremde Sprache wird zwar nicht in einer Sprachlernsituation gelehrt, aber es wird künstlich eine Nachahmungssituation hergestellt. Lernende stehen im Unterricht vor dem Problem, dass sie „auf Vorrat" lernen, das Gelernte also nicht in einem unmittelbaren Zusammenhang mit einem aktuell zu lösenden Problem steht. Motivationsprobleme sind schwer zu vermeiden. Dennoch ist diese unspezifische Form der Problemlösung auf Vorrat, wie man Unterricht auch umschreiben könnte, offensichtlich Erfolg versprechend; denn er hat sich weltweit verbreitet (vgl. Kapitel 13).

Warum lernen wir? Der Vorteil von Lernprozessen

Lernen ist uns so selbstverständlich, dass wir selten darüber nachdenken, warum wir überhaupt lernen können. Für pädagogische Prozesse ist der Lernbegriff eine zentrale Kategorie, und es lohnt sich darüber nachzudenken.

Die Biologie sucht als eine funktionelle Theorie nach dem Problem, das durch Lernen gelöst wird. Biologen interpretieren Lernen als Lösung für das Problem der **Anpassung an unterschiedliche Umwelten:**
Lernen ermöglicht die Anpassung an unterschiedlichste Umwelten. Menschen sind „euryöke Lebewesen", das heißt, sie können sich an unterschiedlichste Le-

bensbedingungen anpassen (ähnlich Ratten, Bakterien oder manchen Vögeln).
Lernen ermöglicht schnelle Anpassungsvorgänge. Genetische Anpassung ist ein sehr langsamer Vorgang, der sich auf eine Population bezieht. Aufgrund des langsamen Generationenwechsels und der großen Population verändert sich der Mensch genetisch so langsam, dass die Zeitabstände für genetische Veränderungen außerhalb unserer Zeitrechnung liegen. Lernen ermöglicht schnelle Veränderungen.

Lernen ermöglicht die Entstehung von Individualität. Lernen ermöglicht individuelle Akzentsetzungen in der Ausprägung der Persönlichkeit und im Besetzen ökologischer Nischen. Über Lernen werden damit auch individuelle Überlebenschancen verbessert und die innerartliche Konkurrenz angeheizt.

Lernen ermöglicht im Gegensatz zur genetischen Informationsweitergabe die wiederholte Weitergabe von Informationen. Genetische Information wird nur einmal im Leben – bei der Verschmelzung des Samens mit der Eizelle – erworben. Lernen kann man hingegen das ganze Leben lang.

- Die Fähigkeit, lernen zu können, wird mit erheblichen Kosten erkauft. In der Natur ist nichts umsonst, auch nicht das Lernen.

- Die Fähigkeit, lernen zu können, bedeutet gleichzeitig auch, lernen zu müssen. Damit steigt der Aufwand für die Brutpflege immens; weniger Nachkommen müssen mit erheblich mehr Aufwand aufgezogen werden.

- Je größer die Lernfähigkeit ist, desto variabler werden Verhaltensweisen. Mit der Fähigkeit, lernen zu können, wächst die Gefahr, dass das Falsche gelernt wird. Die individuellen Risiken steigen.

- Je größer die Lernfähigkeit, desto stärker steigt der Aufwand für eine Tiergruppe oder für Menschen, dieses Lernen zu organisieren. Lernstrukturen müssen aufgebaut und auf Dauer unterhalten werden.

Aus diesen Gründen haben bis heute viele Tierarten überlebt, die nur wenige Lernmöglichkeiten aufweisen. Arten, die lernen können, müssen in ihrer Lebensorganisation die kritische Schwelle überschreiten, an der der Aufwand für das Lernen geringer als der damit verbundene Nutzen wird.

Unterschiedliches Lernen in unterschiedlichen Zeitfenstern

Individuelles Lernen benötigt spezifische Umweltreize, um sich entfalten zu können. Bleiben diese aus, so verkümmert die Lernfähigkeit irreversibel. Wir wissen aus Unglücksfällen, dass Kinder, die extremst vernachlässigt oder unter Tieren aufwuchsen, in ihrer Entwicklung verkümmern bzw. die verstrichenen Lernerfahrungen nachzuholen nicht mehr in der Lage sind.

Kaspar Hauser – Erkenntnisse über Lernen

Für Pädagogen hoch interessant sind die so genannten Kaspar-Hauser-Situationen. Immer wieder gibt es Kinder, die durch Vernachlässigung oder Unglücksfälle in einem nicht-menschlichen Lebensumfeld aufwachsen:

1799 entdeckten Bauern in einem Wald in Südfrankreich ein Kind von etwa elf oder zwölf Jahren. Es war nackt, unstet, scheu, wild und keiner Sprache mächtig. Das Kind wurde von einem Taubstummenarzt aufgenommen. Es lernte wenig und verstarb nach einigen Jahren. Bekannt wurde dieser Fall durch den Film „Der Wolfsjunge".

1828 erschien ein zirka sechzehnjähriger Junge auf dem Marktplatz in Nürnberg. Er konnte kaum gehen, kaum sprechen und ernährte sich nur von Wasser und Brot. Auf einem Zettel, den er mit sich trug, stand sein Name: Kaspar.

1920 wurde ein Missionar in Indien (Midnapore) auf zwei kleine Mädchen (zirka zwei und acht Jahre alt) aufmerksam, die in einem Wolfsrudel lebten. Der Missionar ließ die beiden Mädchen fangen und in ein Waisenhaus bringen. Die beiden konnten nicht aufrecht gehen. Das jüngere Mädchen verstarb ziemlich schnell, das ältere lebte noch wenige Jahre.

1970 erschien eine Frau auf einem Sozialamt in Los Angeles mit einem blassen, ängstlichen und ausgemergelten Kind, das weder stehen noch gehen konnte und nicht sprach. Es stellte sich heraus, dass dieses Kind sein bisheriges Leben angebunden auf einem Toilettenstuhl verbracht hatte. Mit sehr viel Aufwand lernte das Kind mühsam wenige Worte menschlicher Sprache und Sozialverhalten.

Alle diese Kinder wuchsen ohne menschliche Zuwendung und ohne menschliche Erziehung auf. Aus allen vier Fällen (vgl. zusammenfassend TREML 2000; vgl. TREML 1991; SCHEUNPFLUG/TREML 1995) lassen sich einige Erkenntnisse über menschliche Lernprozesse gewinnen:

Die Kinder wiesen im Vergleich zu Gleichaltrigen augenfällige Defizite auf. Sie konnten nicht oder nur wenig sprechen und hatten Schwierigkeiten mit dem aufrechten Gang. Die kognitive Entwicklung war auf einem frühkindlichen Stand verblieben. Die Kinder hatten keine oder nur wenige soziale Fähigkeiten ausgebildet.

Diese Defizite konnten auch durch intensive Erziehungsbemühungen nicht ausgeglichen werden. Offensichtlich waren jene basalen Fähigkeiten, die für Lernprozesse von besonderer Bedeutung sind, unterentwickelt. Konzentrationsvermögen, Hör- und Sehsensibilität, Neugier sowie Interessen, die über die Befriedigung basaler Grundbedürfnisse hinausgingen, waren offensichtlich kaum vorhanden. Keines der Kinder hatte eine hohe Lebenserwartung; alle verstarben früh.

Die Kinder zeigten aber andererseits Fähigkeiten, über die ihre Mitmenschen nicht verfügten. Jedes der Kinder hatte unter extremen Umweltbedingungen überlebt und hier eine hohe Anpassungsleistung erreicht. Das Kind aus den Wäldern Südfrankreichs konnte sich im Wald ernähren und hatte in diesem Bereich sensible sinnliche Unterscheidungskategorien ausgebildet. Kaspar Hauser konnte sich angeblich gut im Dunkeln orientieren und das Mädchen aus den USA extreme Reizarmut aushalten.

An diesen Beispielen wird – gerade im Kontrast zur gewohnten Sozialisation von Kindern – Verschiedenes deutlich:

Vermutlich sind Kinder Überlebensmaschinen, die sich über Lernen optimal an ihre Umwelt anpassen können. Die nicht benötigten Sinne und Fähigkeiten verkümmern, andere werden verstärkt.

Offensichtlich gibt es für manche Anpassungsprozesse Zeitfenster. Sind diese verstrichen, werden die entsprechenden Fähigkeiten nicht mehr oder kaum noch erlernt. Zudem können einmal erlernte Verhaltensweisen nicht beliebig durch neue ausgetauscht werden. Keines der Kinder entwickelte beispielsweise später ein normales Sprachvermögen oder ein angemessenes Sozialverhalten.

Ohne menschliche Anregung, ohne das Aufwachsen in einer Gruppe von Menschen wird offensichtlich das menschliche Lernpotenzial – vor allem im Hinblick auf die sprachliche Entwicklung, auf kognitive Fähigkeiten und auf abstrakte Operationen – nicht ausgeschöpft.

Damit die jeweiligen Zeitfenster für Lernerfahrungen genutzt werden, ist Kindern ein Experimentierverhalten angeboren. Kleinkinder fangen von sich aus an, Laute zu bilden. Sie bieten ihrer Mitwelt eine Vielfalt von Lauten an – und die für die Muttersprache erforderlichen werden dann verstärkt. Um diese Zeitfenster zu nutzen, ist Kindern zudem ein Neugierverhalten angeboren. Das explorative Verhalten ermöglicht Kindern unter durchschnittlichen Bedingungen menschlichen Aufwachsens, diese besonders günstige Zeit des Lernens intensiv zu nutzen. Mit der Pubertät, das heißt dem Eintreten in die Geschlechtsreife und der damit verbundenen Reproduktionsfähigkeit, nimmt das explorative Verhalten ab. Damit verbunden ist eine neuronale Umstrukturierung des Gehirns (vgl. Kapitel 7).

Der Mensch als Tragling

Frühe Anthropologen bezeichneten Menschenkinder als sekundäre Nesthocker. Sie wollten damit zum Ausdruck bringen, dass Säuglinge – wie viele Tiere – ohne die Hilfe ihrer Eltern nicht lebensfähig sind. Heute werden Säuglinge – wie auch Primatenkinder – nach einem Vorschlag von BERNHARD HASSENSTEIN als Traglinge bezeichnet (vgl. HASSENSTEIN 1973), weil sie getragen werden müssen. Mit dieser Art der Säuglingsfürsorge ähneln Menschen Menschenaffen, bei denen sich die Kinder im Fell der Mutter festklammern und so getragen werden. Die Reste dieses Klammergriffs kann man auch bei menschlichen Säuglingen erkennen.

Tragling zu sein, ermöglicht Menschenkindern sehr vielfältige Lernmöglichkeiten. Ein Säugling steht in permanentem Kontakt mit einer Bezugsperson, Kommunikation und Lernen sind ab der Geburt möglich. Der Säugling ist dabei keineswegs so passiv wie häufig vermutet, sondern animiert durch sein Verhalten die Mutter oder den Vater zu vielen Aktivitäten, die ihm vielfältige Lernerfahrungen im Hinblick auf Sprache, motorische Entwicklung und Sozialverhalten ermöglichen.

Diese Entwicklung konnte erst beginnen, als unsere Vorfahren vor zirka 2,5 bis 2 Millionen Jahren die Bäume verließen und fortan ausschließlich auf der Erde lebten. Damit wurden die Arme und Hände der Mütter frei, ihre Säuglinge zu tragen. Menschenbabys konnten noch hilfloser als Menschenaffenbabys auf die Welt kommen. Diese langsamere Entwicklung in der frühesten Kindheit ermöglicht ein enormes Wachstum des Gehirns – ein Spezifikum der menschlichen Entwicklung (vgl. MAYR 1998, S. 306 ff.).

Neotonie als menschliches Spezifikum

Die sexuelle Reifung des Menschen und das Erwachsenwerden setzen beim Menschen im Vergleich zu anderen Säugetieren sehr spät ein. Menschen behalten sehr lange jugendliche Züge – manche Menschen noch lange über die Pubertät hinaus. Dieses Merkmal des Menschen wird als Neotonie bezeichnet (vom Griechischen ‚neos' neu und vom Lateinischen ‚tenere' halten). Kindheit und Jugend von Menschen dauern doppelt so lange wie die von Menschenaffen. Damit wächst die Zeit für Lernvorgänge; zudem ist eine flexible Anpassung an die Umwelt möglich. Kinder aller Säugetiere tollen herum, aber nur Menschen spielen auch noch im Alter – sowohl körperlich über Sport und Spiel wie auch geistig. Menschen bleibt also auch im Alter noch Neugierde und Spielfreude erhalten.

Vermutlich hat in der Entwicklungsgeschichte des Menschen das Prinzip der Neotonie eine sehr wichtige Rolle gespielt. Neugier, Lernfähigkeit und die Lust an einer spielerischen Auseinandersetzung mit der Umwelt sind für Menschen – eine sehr jugendliche Spezies – charakteristisch.

Kulturbildung über Lernen

Ein weiterer Vorteil von Lernprozessen ist die Bildung von Kultur und Tradition. Lernen ermöglicht die Bildung von Kulturen, über Nachahmungsprozesse werden Traditionen gebildet. Lernerfahrungen können so von Generation zu Generation weitergegeben werden.

Aus der Verhaltensforschung gibt es gut belegte Beispiele für Kultur- und Traditionsbildung von Tieren. Ein Beispiel für Traditionsbildung im Tierreich ist das Verhalten von Kartoffeln und Weizen waschenden Rotgesichtsmakaken (einer Affenart) in Japan. Mitte der fünfziger Jahre wurde ein Weibchen beobachtet, das eine Süßkartoffel im Meer von Sand reinigte. Dieses Verhalten breitete sich über eine gesamte Affenkolonie aus. Bald bürgerte sich nicht nur ein, die Kartoffeln zu waschen, um sie vom Sand zu befreien, sondern auch, das Salzwasser als Würzung zu verwenden. Interessanterweise breitete sich dieses Verhalten in der Affenkolonie unterschiedlich aus: Fünf Jahre nach der Erfindung wuschen alle jüngeren Tiere ihre Kartoffeln, während sich vor allem ältere Männchen als konservativ erwiesen. Diejenigen, die das Waschen von Kartoffeln schon in ihrer Jugendzeit erlernt hatten, gaben dieses Verhalten auch an ihre Kinder weiter.

Es ist ohne Zweifel richtig, dass Menschen im Vergleich zu Tieren in sehr viel höherem Maße Kultur und Traditionen geschaffen haben. Die Fähigkeit, über Sprache und Schrift von unmittelbar vorhandenen Objekten zu abstrahieren, ermöglicht ihnen sehr effiziente Formen der Kultur- und Traditionsbildung (vgl. auch Kapitel 13).

Lernen von Gesellschaften

Traditionsbildung als Lernen von Gesellschaften

Über Traditionsbildung – und hier vor allem mit Hilfe der enormen Speichermöglichkeiten durch Sprache und Schrift – wird es möglich, Wissen zu speichern, das die Möglichkeiten einzelner Individuen im Umfang weit übertrifft. Über Kultur ist es Menschen möglich, einen Vorrat an Problemlösemustern anzulegen, der über jeweils individuelle Fähigkeiten hinausgeht und auf den selektiv – zum Beispiel im Rahmen von Kulturtechniken oder einer in unterschiedliche Berufe gegliederten Gesellschaft – zurückgegriffen werden kann. Im Hinblick auf die Anhäufung von Informationen, Wissensbeständen und Fertigkeiten über Kultur- und Traditionsbildung kann so von einem Lernen von Gesellschaften gesprochen werden. Neben dem Lernen der Gene und dem Lernen der Gehirne kommt als dritte Emergenzebene für Lernvorgänge das Lernen von Gesellschaften in den Blick.

Lernen als emergente Struktur unterschiedlicher Ebenen

Hier wird vom Lernen der Gene, der Gehirne und nun auch noch vom Lernen von Gesellschaften gesprochen. Hinter dieser etwas umgangssprachlichen Begrifflichkeit verbirgt sich eine Pädagogen fremde Perspektive, die für biologisches Denken selbstverständlich ist: der Blick auf unterschiedliche Systemebenen und deren funktionales Zusammenspiel.

Es ist für Pädagogen alltäglich, ja für die Erziehungswissenschaft fast schon konstitutiv, von einem handelnden Subjekt auszugehen und dieses in den Mittelpunkt empirischer Beobachtung wie auch theoretischer Annahmen zu stellen. Je genauer man die biologischen Grundlagen menschlichen Handelns analysiert, desto stärker zerfällt das Konstrukt vom handelnden Subjekt. Vielmehr kommt dann der Mensch als eine Zurechnung der Vernetzung vieler Systeme, als ein System emergenter Ordnung, in den Blick. Was ist darunter zu verstehen? Die personelle Einheit des Menschen entsteht durch das Zusammenspiel unterschiedlichster Systemebenen, nämlich seiner genetischen Ausstattung, unzähliger biochemischer Abläufe, elektrischer Vorgänge in den Nervenbahnen, chemischer Prozesse des Fühlens und Umwelteinwirkungen. In einer subtilen – bisher nur in Ansätzen erforschten – Ordnung sind diese Vorgänge miteinander vernetzt: Sie sind füreinander Umwelten. Jede Umwelt ist komplexer als das jeweilige System und wird nach Maßgabe des beobachtenden Systems wahrgenommen. Nervenbahnen können beispielsweise nur diejenigen Reize weiterleiten, die in einen binären elektrischen Code umgewandelt wurden, andere jedoch nicht. Auch Hormone reagieren nur auf ganz bestimmte Reize und auf andere nicht. Durch das Zusammenspiel vieler unterschiedlicher Systeme, die jeweils auf eine ganz bestimmte Art und Weise beschränkt sind, in ihrer Beschränkung aber eine hohe Komplexität widerspiegeln können, entsteht eine neue emergente Ordnung. Diese neue Qualität ist zwar durch die einzelnen Systeme bedingt, aber nicht hinreichend durch sie beschrieben. Diese neue Ordnung wird deswegen als ‚emergent' bezeichnet, weil sie durch eine neuartige Verknüpfungsleistung charakterisiert ist.

„Bewusstsein" ist vor diesem Hintergrund eine emergente Systemleistung, die aus dem Zusammenspiel unzähliger Systeme entsteht und doch durch sie allein nicht hinreichend zu beschreiben ist (vgl. auch DÖRNER 2000). Man kann sich das ähnlich wie eine Universität oder eine Schule vorstellen. Diese Institutionen sind durch die Summe ihrer Mitglieder nicht hinreichend beschrieben; erst die Ordnung, die durch das Zusammenspiel aller entsteht, macht das Spezifikum einer Universität oder einer Schule aus. Auch der menschliche Genotyp ist durch seine Eiweißsequenzen nicht hinreichend dargestellt – erst die spezifische Positionierung der Eiweißmoleküle (also die Art ihrer Anordnung) macht das spezifische Charakteristikum der genetischen Information aus.

Vor diesem Hintergrund kann Lernen als eine Anpassungsleistung emergenter Systeme verstanden werden. Pädagogen ist eine solche Beschreibung des Lernbegriffs fremd. Lernen bezieht sich in der Pädagogik immer auf das Lernen eines Individuums in seiner Ontogenese – und wird deshalb mit subjektgebundenen Theorien beschrieben. Vielleicht erweisen sich hier die Impulse einer biologischen Theoriebildung ja als anschlussfähig.

Aufklärungspessimismus und Ökokrise: Lernen von Gesellschaften?

Spätestens seit der Aufklärung wird Lernen nicht nur auf heranwachsende Individuen bezogen, sondern auch auf die gesamte Menschheit. Seit dem 18. Jahrhundert wird mit Lernprozessen der Wunsch verknüpft, nicht nur Individuen, sondern darüber hinaus die gesamte Gesellschaft zu verbessern. Damit geht der Anspruch auf Modernisierung und Erneuerung der Gesellschaft über individuelles Lernen einher.

Inzwischen erweist sich diese Hoffnung an vielen Stellen als illusionär. Die ambivalenten Erfahrungen mit dem Projekt der Modernisierung, dessen Erfolge, aber auch dessen Misserfolge (meistens in Form unbedachter Nebenfolgen) wecken Skepsis. Eine Gesellschaft bildet keine vernünftige Identität aus, und die Ansammlung individueller Wissensbestände sichert noch lange nicht, dass vernünftige Entscheidungen gefällt werden (vgl. für diese Diskussion exemplarisch HABERMAS 1974). Angesichts der globalen Umweltgefährdung, der weltweit wachsenden Schere zwischen Armen und Reichen und dem damit verbundenen Gerechtigkeitsproblem sowie der ethischen Nebenfolgen des wissenschaftlich-technischen Fortschritts (etwa im Bereich der Embryonenforschung) geht es offensichtlich immer weniger darum, Fortschritt zu erzeugen, als vielmehr darum, ihn zu bewältigen.

Niemand kann mehr in seiner individuellen Lebensspanne alles gesellschaftlich erzeugte und gespeicherte Wissen lernen. Individuelles Lernen bleibt immer hinter dem Wissen in der Weltgesellschaft zurück. Eine Gesellschaft ist die Summe aller potenziell möglichen Kommunikationen, an die sich Individuen allenfalls hochgradig selektiv und zufällig anschließen können. Das Individuum wird insofern zur Umwelt der Gesellschaft.

Daraus ergeben sich weit reichende Konsequenzen für das individuelle Lernen der Gehirne. Wie können Anschlussmöglichkeiten an das Lernen der Gesellschaft geschaffen werden? Wie können wir lernen, mit der neuen Emergenzebene einer sich ausdifferenzierenden globalisierten Weltgesellschaft umzugehen? Eine Theorie weltgesellschaftlichen Lernens ist noch nicht in Sicht, hier bedarf es in der Erziehungswissenschaft noch weiterer Anstrengungen (vgl. Teil V).

Konsequenzen für die Pädagogik

Was folgt aus diesen Überlegungen? Dieses Kapitel berührt grundlegende pädagogische Fragen. Das Verständnis von Lernprozessen ist für die Pädagogik zentral.

Mit der Betonung oder gar Proklamation einer **Sonderstellung des Menschen** wird man vorsichtig sein müssen. Vielmehr ist deutlich, dass viele unserer Verwandten, vor allem Primaten, uns im Hinblick auf Formen des Lernens sehr ähnlich sind. Allerdings ist bei Menschen die Lernfähigkeit besonders ausgebildet und über eine lange Jugendphase auch biologisch und sozial verankert. Zudem verfügen Menschen über ein Bewusstsein von sich selbst, was nur sehr wenigen Tieren möglich ist.

Für Pädagogen ungewohnt ist das Verständnis von **Lernen als einem Anpassungsvorgang** (vgl. zum biologischen Anpassungsbegriff Kapitel 3). Lernen findet dann umso wahrscheinlicher statt, wenn damit eine individuelle Situation (wenn auch geringfügig) verbessert werden kann. Freilich gibt es vielfältige Möglichkeiten, wie diese Situationsverbesserung aussehen kann. Sie kann einmal in der Anwendung des Gelernten in bestimmten Situationen liegen, aber auch in der Erfüllung von Erwartungen von Eltern, Lehrkräften oder Gleichaltrigen, in der Erwartung von Belohnungen oder Vermeidung von Bestrafungen sowie in der Befriedigung persönlichen Ehrgeizes oder anderer Gefühle. Die inhaltliche Grundlage einer solchen Anpassungsleistung, die wir Lernen nennen, ist hochgradig individuell und situativ unterschiedlich. Für das **Arrangieren von Lernprozessen** ergibt sich daraus ein Problem: Es kann nicht vorausgesetzt werden, dass alle Schüler das lernen wollen, was gelehrt wird, zumal die Begründung für Lehre auf anderen Argumentationsmustern (etwa gesellschaftlich begründeten Ansprüchen) beruht. Die Differenz zwischen Lernbedürfnissen (bzw. Anpassungserfordernissen) und Lehrabsichten ist gerade in der Schule, deren Besuch nicht auf Freiwilligkeit beruht, wahrscheinlich. Unterricht muss dieses Problem durch das Lehr-Arrangement überwinden. Über didaktische Arrangements wie etwa das Lernen in Gruppen, die Rückmeldungen über den eigenen Leistungsstand durch verschiedene Formen der Bewertung, das Herstellen von Bezügen zwischen dem Unterrichtsgegenstand und der Lebenswelt sowie verschiedenen Organisationsformen des Lehrens (vom Frontalunterricht bis zur Projektmethode) wird eine Kombination von Mitteln bereitgestellt, die die unwahrscheinliche Anpassungsleistung intentional geplanter, fremdorganisierter Lehre wahrscheinlicher machen sollte (vgl. Kapitel 13/14).

Dieses Verständnis von Lernen als einer Anpassungsleistung zur Optimierung des Überlebens weitet den Blick über das lernende Individuum hinaus: Das **Lernen der Gehirne** ist beeinflusst bzw. indirekt bedingt durch die Informationsverarbeitung der benachbarten *Emergenzebenen*, dem Lernen der Gene und dem Lernen der Gesellschaft. Die in der Pädagogik längst bekannte *soziale Bedingtheit* individueller Lernprozesse erfährt aus dieser Perspektive eine Bestätigung. Deshalb wird diese soziale Umgebung, die Eltern und Geschwister, in Kapitel 10 reflektiert werden.

Gleichzeitig öffnet sich aber auch der Blick auf das *biologische Substrat*, das Ergebnis des Lernens der Gene. Die **genetische Ausstattung** ermöglicht Lernen und bedingt die menschliche Lernfähigkeit. Freilich kommen diese genetischen Anlagen erst in bestimmten Umweltsituationen zur Entfaltung; dem Verhältnis zwischen *Anlage und Umwelt* ist deshalb das folgende Kapitel gewidmet. Zum anderen ist für Lernprozesse die Organisation unserer zentralen Informationsverarbeitung, das *Gehirn*, von großer Wichtigkeit. Erst auf der Basis dieses materiellen Substrats ist Lernen möglich. Darauf wird in Kapitel 7 eingegangen. Zudem ist es für Pädagogen von Wichtigkeit, die angeborenen Verarbeitungsstrukturen von Informationen zu kennen. Diesen ist das Kapitel 8 gewidmet.

Der Blick auf die Lernfähigkeit von Menschen verdeutlicht die herausragende *Bedeutung der frühen Kindheit, der Kindheit und der Jugend* für das Lernen. Gerade im Hinblick auf fundamentale kognitive Fähigkeiten (Sprache, Sozialverhalten, Zahlbegriff) scheint die **Kindheit** von immenser Wichtigkeit zu sein. Dinge, die hier nicht angebahnt werden, lassen sich in der späteren Entwicklung kaum noch nachholen.

Gleichzeitig wird das *Neugier- und Explorationsverhalten* von Kindern und Jugendlichen (aber auch Erwachsenen) in seiner Wichtigkeit betont. Damit wird sichtbar, dass Kinder und Jugendliche sich ihren Lernprozess in gewisser Weise selbst organisieren. Kinder und Jugendliche **sorgen aktiv für sich selbst**. Sie kümmern sich von sich aus um den Sprach- und Zahlerwerb sowie um Sozialkontakte. Freilich sind sie auf eine angemessene Lernumgebung angewiesen. Aber auch die Beispiele extremster Vernachlässigung zeigen, dass Kinder sogar hier eigene – in der dortigen Umgebung durchaus funktionale – Lernprozesse arrangieren. Dies entlässt Pädagogen natürlich nicht aus ihrer Verantwortung. Diese Forschung kann aber vielleicht allzu ängstliche Eltern beruhigen. Zudem dürfte es gerade für pädagogische Arrangements sinnvoll sein, dieses *Neugier- und Explorationsverhalten zu unterstützen und zu nutzen* – und es nicht, auf eine allzu rigide Unterrichtsorganisation bedacht, immer wieder durch eingreifende Strukturierung der Lehrenden zu stören. Kinder und Jugendliche empfinden die durch Neugierde und Exploration bedingten Nebenfolgen (wie Unordnung, Geräusche und gewisse Zeitautonomie) potenziell weniger störend als Erwachsene. Von daher müssen Lehrkräfte zur produktiven Nutzung des Neugier- und Explorationsverhaltens von Kindern und Jugendlichen immer wieder ermutigt werden.

> Auch wenn Kinder sich aktiv um ihr eigenes Überleben kümmern, darf dennoch nicht übersehen werden, dass eine **förderliche Umgebung** Lernchancen verheißt, die bessere gesellschaftliche Anschlussmöglichkeiten eröffnen als andere. Vernachlässigung von Kindern darf sich eine Gesellschaft aus ethischen Gründen, aber auch aus praktischer Perspektive nicht leisten: Die Folgekosten späteren mühsamen Lernens sind sehr hoch. Beispielsweise schafft die schlechte sprachliche Sozialisation vieler Migrantenkinder in der Herkunfts- wie auch der Umgebungssprache Folgeprobleme, die durch Maßnahmen in der frühen Kindheit (etwa mehrsprachige Kindergärten und Grundschulen) häufig vermieden werden könnten.

Empfohlene Literatur zur Vertiefung

GREGORY BATESON: *Ökologie des Geistes. Frankfurt/Main: Suhrkamp 1981*
In diesem Buch werden Grundlagen des Lernens aus einer systemisch-biologischen Perspektive reflektiert. Das Buch ist keine systematische Einführung in eine bestimmte Lerntheorie, sondern vielmehr eine assoziative, lockere Form des Nachdenkens über Lernen. Vor diesem Hintergrund ist das Werk sehr anregend. Im Hinblick auf die in diesem Kapitel kurz angesprochene Frage der Definition eines Instinkts ist besonders der „Metalog: Was ist ein Instinkt?" (S. 73–96) lesenswert.

SARA J. SHELLEWORTH: *Cognition, Evolution, and Behavior. New York/Oxford: Oxford University Press 1998*
Dieses Buch ist ein 600 Seiten starkes Überblickswerk, das die Erkenntnisse der Evolutionären Psychologie im Hinblick auf Lernen sehr detailreich zusammenfasst.

ALFRED K. TREML: *Allgemeine Pädagogik. Grundlagen, Handlungsfelder und Perspektiven der Erziehung. Stuttgart: Kohlhammer 2000*
TREML entwirft eine Allgemeine Pädagogik vor einem biologischen Hintergrund. Das Buch vertieft den in diesem Kapitel vorgenommenen Blick auf eine biologische Lerntheorie.

6 Anlage und Umwelt

In der Erziehungswissenschaft wird die Frage nach dem Verhältnis der Bedeutung von Anlage und Umwelt häufig entschieden mit sowohl als auch beantwortet, oder es wird angesichts der Selbstlegitimierung pädagogischen Aufwands auf die Bedeutung der Umwelt verwiesen. Man nimmt zudem häufig an, Gene seien „biologisch" und Umwelten „kulturell" oder „sozial", und so werden biologische Theorien und Milieutheorien sich einander ausschließend gegenübergestellt. Nach neueren biologischen Erkenntnissen ist diese Art der Theoriebildung jedoch überholt. Vielmehr ist auch die für die Entwicklung notwendige Umwelt insofern Teil des evolutionären Erbes, als sich das Genom quasi seine Umwelt sucht: Genetische Entwicklungsprogramme sind nur gegenüber bestimmten, ausgewählten Milieueigenschaften sensitiv. Diese Selektivität der Gen-Umwelt-Beziehung ist wiederum ein Produkt der Evolution. Welche Konsequenzen folgen daraus für das erziehungswissenschaftliche Nachdenken über Lernen?

Das Buch von DAVID C. ROWE „Die Grenzen der Erziehung" veranlasste nach seinem Erscheinen auf dem deutschen Markt 1997 die Redaktion von PSYCHOLOGIE HEUTE zur Titelüberschrift „Der Einfluss der Erziehung wurde lange überschätzt" (H. 8/1998, S. 26) und die Redaktion des SPIEGEL zum Titel „Eltern ohne Einfluss – ist Erziehung sinnlos?" (Nr. 47/16.11.1998). Das Buch stellt unter anderem systematisch das Verhältnis zwischen Anlage und Umwelt hinsichtlich der Wirkung von Erziehung auf empirischer Basis dar. Offensichtlich fanden beide Zeitschriften die in der Biologie zu diesem Thema zurzeit diskutierten Hypothesen so interessant, dass sie ihnen die Titelstory widmeten. Grund genug für Lehrkräfte und Erziehungswissenschaftler, sich dem Thema „Anlage und Umwelt", das in den sechziger und siebziger Jahren die Gemüter erregte und heute längst ad acta gelegt scheint, nochmals aufzugreifen und darzustellen. Über das Verhältnis beider Aspekte zueinander ist in der Vergangenheit in der Erziehungswissenschaft, aber auch in Lehrerzimmern und Kollegien leidenschaftlich gestritten worden. Hinter dieser Debatte steht die grundsätzliche Frage, wie sich individuelle Entwicklungsverläufe, Lernkarrieren oder Sozialverhalten erklären lassen. Sind diese angeboren oder erworben? Angeborene Anlagen werden in Reifungsprozessen und der Entfaltung von Begabungen manifest, die Umwelt dagegen über Lern- und Sozialisationsprozesse.

Heute spricht man in der Pädagogik häufig von einer „Interaktion" zwischen Anlage und Umwelt – einem Wirken beider Aspekte auf die Individualentwicklung. Doch aus der Sicht biologischer Forschung kann diese „Sowohl-als-auch-Hypothese" durch ein differenziertes Modell präzisiert werden.

Die Politisierung der Debatte

Gerade im 20. Jahrhundert hat diese Debatte zwischen anlage- und umweltbedingter Entwicklung eine große Resonanz – mit zum Teil schrecklichen Folgen – gefunden. Sie ist deshalb bis heute ideologisch belastet. Beispielsweise im Nationalsozialismus wurde die Bedeutung der genetischen Anlagen für Verhalten und Lernprozesse überbetont und pervertiert. Das Erbgut ganzer Bevölkerungsgruppen wurde als „minderwertig" eingestuft und damit rassistische Diskriminierung, Verfolgung, Gräueltaten und Mord legitimiert. Kommunistisch geprägte Ideologien favorisierten hingegen die Bedeutung der Umwelt.

In Verbindung mit Konzepten von Begabung und Intelligenz kam es Ende der sechziger Jahre auch zu heftigen Auseinandersetzungen in den USA. Der amerikanische Psychologe ARTHUR JENSEN veröffentlichte 1969 einen Aufsatz über Rassenunterschiede zwischen weißen und schwarzen Amerikanern. Er hatte unterschiedliche Ergebnisse bei Intelligenztests auf genetische Determinanten zurückgeführt. Rassistische Vorurteile erhielten so ihre Legitimation. Kritiker hingegen machten die schlechten sozialen Bedingungen für diese Unterschiede verantwortlich und forderten in logischer Konsequenz Unterstützungsprogramme, um bessere soziale Bedingungen für die schwarze Bevölkerung zu erreichen. Die Frage, welchem Theoriekonzept man den Vorrang gab, konnte also ganz handfeste bildungspolitische Konsequenzen nach sich ziehen.

In ähnlicher Form ist diese Diskussion in den USA um das Werk „The Bell Curve" (HERRENSTEIN/MURRAY 1996) wieder entbrannt, in dem es um die Frage geht, inwiefern heute ein Selektionsdruck auf Intelligenz feststellbar ist, demzufolge ganze Bevölkerungsschichten bzw. ethnische Gruppen in Arbeitslosigkeit und Armut geraten. In den Augen vieler Kritiker trägt dieses Buch wiederum zu Vorurteilen gegenüber schwarzen Amerikanern bei; von Biologen werden vor allem fachliche Aspekte heftig kritisiert. Die Autoren würden von einem umweltunabhängigen und statischen Konzept genetischer Anlagen wie auch von vereinfachenden Annahmen über menschliche Intelligenz ausgehen (vgl. zur Kritik dieses Werkes ausführlich VREEKE 1999).

Gerade Erziehungswissenschaftler betonen in solchen Diskussion bis heute immer wieder die Bedeutung von Umwelteinflüssen. Da sie auf die Anlagen eines Schülers keinen Einfluss haben, ist es nur konsequent, sich auf die veränderbaren Determinanten zu konzentrieren, nämlich das Lern- und Sozialmilieu. So wurden beispielsweise in Forschungsarbeiten über die Gewalt von Schülerinnen und Schüler oder über deren Leistungsniveau die Rahmenbedingungen durch die Clique oder den familiären Hintergrund als wichtiger angesehen als die – ohnehin wissenschaftlich nicht leicht zu bestimmenden – unterschiedlichen Anlagen des Einzelnen. Diese Perspektive erklärt sich auch aus der Selbstlegitimierung pädagogischen Handelns; denn wie soll sich pädagogische Aktivität begründen lassen, wenn Verhaltens- oder Lernmuster genetisch geprägt und damit – so der häufige Kurzschluss – nicht beeinflussbar sind? Für praktisches pädagogisches Handeln ist diese Haltung unmittelbar einleuchtend – allerdings basiert sie, wie wir gleich noch sehen werden, auf verkürzten theoretischen Annahmen.

Es bleibt also festzuhalten: Die Entscheidung, ob menschliche Entwicklung über Reifung und Begabung oder über Umweltanregungen bedingt beschrieben wird, kann Auswirkungen sowohl auf politische und bildungspolitische Entscheidungen wie auch auf didaktisches Handeln und das Engagement von Lehrkräften haben. Gerade deshalb ist die Diskussion zu diesem Thema so belastet und schwierig.

Interaktion zwischen Anlage und Umwelt

Heute ist es die gängige Meinung, dass beides – genetische Anlage und Umweltreize – in gegenseitiger Interaktion die Entwicklung eines Menschen bedingt. Die über Vererbung vermittelten genetischen Anlagen führen in Interaktion mit der umgebenden Umwelt zu der spezifischen Entwicklung, die sich als Lernzuwachs oder Verhaltensänderung beobachten lässt. Wie man sich diese Interaktion vorzustellen habe, wird in vielen psychologischen Lehrbüchern allerdings nicht dargestellt.

Die Überprüfung dieser Hypothese bedarf, wenn man sie an Menschen untersucht, eines aufwändigen Forschungsparadigmas (eineiige Zwillinge, die in getrennter Umgebung aufwuchsen). Seriöse Untersuchungen zu diesem Thema gibt es nur wenige (vgl. den kritischen Überblick bei HORGAN 1996). Deshalb untersuchte man diesen Zusammenhang zunächst an Tieren. Klassisch geworden ist hier das Ratten-Experiment von COOPER und ZUBEK aus dem Jahr 1959. Zunächst wurde festgestellt, dass sich labyrinthkluge und -dumme Ratten züchten lassen, das heißt, dass die für das schnelle Erlernen der Durchquerung eines Labyrinths notwendige Intelligenz vererbt wird. Gleichzeitig wurde ebenso nachgewiesen, dass Tiere, die in einengenden Umwelten aufgewachsen waren, anderen, die in reichhaltigen und anregenden Umwelten aufwuchsen, bei Labyrinthversuchen unterlegen waren. COOPER und ZUBEK überprüften nun beide Variablen durch ein Experiment.

Dumme und kluge Tiere verteilten sie auf drei Umwelten: eine einengende, eine durchschnittliche und eine überaus anregende. Es zeigte sich, dass die Aufzucht in einer einengenden Umwelt alle Tiere „dumm" machte, das heißt zu vielen Labyrinthfehlern führt. Optimale Umwelten der Aufzucht führten bei allen Tieren zu guten Leistungen. In der durchschnittlichen Umwelt kamen jedoch die anlagebedingten Unterschiede deutlich heraus. Diese Ergebnisse ließen sich später verallgemeinern. Psychologen sehen hier einen Beweis für die Interaktion zwischen Anlage und Umwelt (vgl. z. B. SELG 1985, S. 203), da dort, wo durchschnittliche Umwelten wirken, genetische Größen (das heißt die Labyrinth-Intelligenz) Einfluss haben. Diese Untersuchungen stärken alle Argumente für eine möglichst optimale pädagogische Förderung.

Präzisierung: genzentrierte Umwelt-Selektivität

Aus der Perspektive moderner biologischer Theorien lässt sich heute das Verhältnis zwischen Anlage und Umwelt genauer bestimmen. Dazu tragen zum einen umfangreiche Zwillings- und Geschwisterstudien bei (vgl. HORGAN 1996; ROWE 1997), zum anderen eine genauere Theoriebildung zur Wirkweise von Genen (vgl. DAWKINS 1996).

Genzentrierte Entwicklung:
Die Trennung zwischen „Anlage" und „Umwelt" ist aus mehreren Gründen nicht befriedigend. Das bisher gängige Theoriemodell, das zwischen Anlage und Umwelt unterscheidet, beruht letztlich auf der (falschen) Annahme, dass genetische Merkmale unabhängig von Einflüssen der Umwelt determiniert, das heißt festgelegt sind. Umwelteinflüsse dagegen werden in einem solchen Modell als variat, das heißt als unterschiedlich und veränderbar interpretiert. Diese Auffassung entspricht nicht dem, was wir inzwischen über die Beziehung zwischen Genen und ihrer Umwelt wissen.

Die biologische Evolution ist ein genzentriertes Prinzip (vgl. Kapitel 3). In den Genen sind die Informationen gesammelt, die über Vererbung weitergegeben werden. Die natürliche Selektion setzt aber am Phänotyp bzw. dessen Variabilität an – also an den aus der Interaktion zwischen Genen und Umwelt entwickelten unterschiedlichen *Organismen* (und nicht an den Genen selbst). Die Anpassung der Interaktion zwischen Genen und Umwelten ist damit der Bezugspunkt, an dem die Selektion ansetzt – und eben nicht die Gene. Gene legen Entwicklungsvorgänge nahe, die sich in einem Wechselspiel zwischen der Erbinformation und ihrer Umgebung vollziehen. Gene definieren die Reaktion auf mögliche Umwelten, das heißt auf äußere Umweltbedingungen. Die Umweltbedingungen lösen aus, welcher Entwicklungsweg eingeschlagen wird, zu welchen phänotypischen Ergebnissen also dieser Entwicklungsweg führt. Der Phänotyp, also das Erscheinungsbild eines Organismus mit allen seinen Merkmalen wie Anatomie oder Verhalten, ist damit die Manifestation eines Genotyps (der Erbinformation) *in einer bestimmten Umwelt*. Auch die Umwelt kann deshalb genau genommen als ein für die Entwicklung des Organismus wichtiger Bestandteil des evolutionären Erbes interpretiert werden. Kein Lebewesen reagiert auf alle Aspekte, die es umgeben, vielmehr sind es bestimmte, ausgewählte Milieueigenschaften bzw. Umwelten, die es in seiner Entwicklung (in die eine oder die andere Richtung!) anregen. Nicht alle Umweltbedingungen werden relevant, einige hingegen sind äußerst relevant. Genetische Entwicklungsprogramme reagieren nur auf bestimmte Umweltreize. Damit ist die Selektivität der Gen-Umwelt-Beziehung selbst ein Produkt der Evolution, das im Verlauf der Stammesgeschichte entstanden ist. Die Frage also, welche Umwelt für eine bestimmte Anlage relevant wird und welche nicht, ist aus dieser Perspektive genauso ein Produkt der Evolution wie der Informationsgehalt der Gene selbst. Deshalb ist die Summe möglicher Anlage-Umwelt-Verhältnisse selbst ein Teil der genetischen Information, und nur die Frage, welche konkrete Entwicklung eingeschlagen wird, ist durch eine bestimmte Umwelt bedingt. Das veranlasst zum Beispiel den Biologen ADOLF HESCHL vom „intelligenten Genom" zu sprechen (HESCHL 1998). Individualentwicklungen werden damit von Biologen so interpretiert, dass sie auf ein genetisches Programm zurückgehen, aber dennoch nicht als determinierter Vorgang zu sehen sind, der invariat wäre. Damit „suchen" Anlagen ihre Umwelt in dem Sinne, dass erstere selektiv auf letztere reagieren.

Die Untersuchungen von ROWE (1997) mit eineiigen Zwillingen und Geschwistern, die in getrennter Umgebung aufwuchsen, machen die Bedeutung der genetischen Anlage für die Wahl der jeweiligen Umwelt deutlich. Über die Auswertung einer Vielzahl von empirischen Untersuchungen konnte ROWE zeigen, dass Kinder ihre je eigene Umwelt (und damit die Dinge, die sie überhaupt wählen können) gemäß ihrer genetischen Anlagen wählen. Wenn es also genügend „Möglichkeiten der Umwelt gibt, sind die erwählten Umwelten diejenigen, die ein bestimmtes Nervensystem am meisten verstärken, das von einem bestimmten Genotyp geschaffen wurde" (ROWE 1997, S. 120).

> **Anlagebedingtes Umweltverhältnis – ein Beispiel:**
>
> In einem Garten wachsen zwei Sonnenblumen – die eine hat einen dicken Stängel, die andere einen dünnen. Diejenige mit dem dünnen Stängel steht windgeschützt an der Garage, die andere war während des Wachstums ständig dem Wind ausgesetzt, da sie an einer weniger geschützten Stelle am Gartenzaun aufwuchs. Dieser Unterschied zwischen beiden Blumen kann als erworben interpretiert werden, denn er geht offensichtlich auf Milieuunterschiede zurück. Aber er ist natürlich auch angeboren, denn am Zaun lief das genetische Programm ab, bei Windeinfluss dicke Stängel zu entwickeln, an der windgeschützten Garage aber dünne Stängel.

Diese Interpretation des Anlage-Umwelt-Problems als einer anlagebedingten Umwelt-Selektion ist gewöhnungsbedürftig. Was folgt daraus für Pädagogen, die sich mit Kindern und Jugendlichen beschäftigen? Gilt dieser Zusammenhang auch hier? Ist die Entwicklung von heranwachsenden Menschen als ein genzentriertes Prinzip adäquat beschrieben? Oder gehen da nicht wichtige Merkmale menschlichen Daseins, etwa Entscheidungsspielräume und Freiheiten, verloren? Und werden damit – zweifelsohne beobachtbare – Milieuunterschiede und -einflüsse angemessen eingeschätzt?

Fragen dieser Art stellen sich vor allem dann, wenn man unter einer gengesteuerten Entwicklung den Ablauf eines rigide determinierten und wenig komplexen Programms versteht. Ein solches Verständnis wird aber der Komplexität unserer genetischen Programmierung nicht gerecht. Die menschlichen Mechanismen der Verhaltenssteuerung – und damit nicht nur des Lernens! – sind zweifelsohne durch eine erhebliche Flexibilität gekennzeichnet, das heißt durch ein hoch komplexes Zusammenspiel genetischer Programme, die höchst unterschiedliche Reaktionen auf unterschiedliche Umwelten zulassen, ja sogar bedingen. Lernen selbst ist genetisch ermöglicht – und damit ist die flexible Reaktion auf Umwelteinflüsse selbst in das Programm mit eingebaut. Verhaltensvariabilität und -flexibilität sowie die Möglichkeit, lernen zu können, sind genetisch bedingte Fähigkeiten mit einem hohen biologischen Anpassungswert.

In Konsequenz daraus müsste Lernen als eine Auswahl aus verschiedenen Umweltangeboten verstanden werden. Erziehung kann dann als ein komplexes Bündel von Auswahlangeboten interpretiert werden.

Das Verhältnis von Kultur und Natur:
Biologen interpretieren menschliches Sozialverhalten als „Verhaltensökologie", das heißt sie beschreiben und erklären es durch biologische Fakten mit Hilfe evolutionstheoretischer Annahmen. Dabei wird nicht von einer Trennung zwischen Natur als einer unveränderbaren genetischen Anlage auf der einen und Kultur als einer von Menschen geschaffenen Umwelt auf der anderen Seite – als einer klaren Gegenüberstellung – ausgegangen. Vielmehr wird Kulturfähigkeit selbst als Gegenstand der biologischen Evolution erklärt und damit nach dem biologischen Anpassungswert von Kulturausprägungen gefragt (vgl. TOOBY/COSMIDES 1992). Die Fähigkeit zur Kultur ist das natürliche Erbe der Menschen. Für das Verständnis der Soziobiologie ist es wichtig, sich von der landläufigen Trennung zwischen Anlage und Umwelt zu trennen und genetische Fixierungen nicht mit einem starr und unflexibel ablaufenden Programm gleichzusetzen. Aus dieser Perspektive spielt dann die Frage, was mit wie viel Prozent Wahrscheinlichkeit vererbt oder nicht vererbt wird, auch keine dominante Bedeutung mehr – zumindest nicht im Hinblick auf Konsequenzen für pädagogisches Handeln.

Diese Selektivität der Gen-Umwelt-Beziehungen greift an allen Stellen persönlichen Verhaltens. Ob es sich um das menschliche Essverhalten, um Temperament, um Lernstrategien, Einstellungen, Umgang mit dem anderen Geschlecht oder andere Verhaltensmerkmale handelt (vgl. zum Beispiel HAMER/COPELAND 1998), sie lassen sich – theoretisch – jeweils auf das komplizierte Zusammenspiel genetischer Informationen und ihrer Umwelt zurückführen. Vorhersehbar sind sie deshalb nicht. Das Zusammenspiel aller unterschiedlicher Umwelten und der Vielzahl von Geninformationen ist derart komplex, dass es aus grundsätzlichen, erkenntnistheoretischen Gründen nicht möglich sein wird, dieses zu durchschauen und individuelles menschliches Verhalten vorhersehbar zu machen. Daran wird auch die Genforschung vorläufig nichts ändern.

Determination und Freiheit

Wenn sich Verhaltensformen theoretisch auf das komplizierte Wechselspiel zwischen genetischen Informationen und ihrer Umwelt zurückführen lassen – ein Wechselspiel, das wiederum genetisch bedingt ist – dann stellt sich die Frage, inwieweit menschliches Verhalten als frei bezeichnet werden kann. Diese Frage wird gerade im interdisziplinären Dialog zwischen Biologen und Philosophen kontrovers diskutiert.

Verhalten ist aus Sicht von Biologen eine genzentrierte Strategie, die in diesem Sinne determiniert ist. Diese Strategie ist hoch flexibel und führt in unterschiedlichen Umweltsituationen zu unterschiedlichen Verhaltensweisen. Kognitionswissenschaftler wie GERHARD ROTH stützen diese Position. Sie vertreten die Ansicht, dass menschliches Verhalten durch komplizierte neurochemische Prozesse gesteuert ist. Subjektive Willensfreiheit sei eine Illusion; bestätige doch vielmehr der Willensakt im Nachhinein das, was das Gehirn bereits vorher entschieden habe (vgl. ROTH 1998). Darum kann der Mensch nicht als „frei" bezeichnet werden. Allerdings sind diese Abläufe im Einzelnen so komplex, dass sie uns – zumindest wenn es um konkrete Entscheidungen konkreter Menschen und nicht um Wahrscheinlichkeiten geht – nicht zugänglich sind und deshalb als frei erscheinen.

Die Mehrheit der Philosophen hingegen hält das Prinzip der Willensfreiheit – wenn auch in unterschiedlicher begrifflicher Einbettung – für das typische Moment des Menschlichen.

Dritte wiederum betonen die Rolle von Zufällen, kleinen Schwankungen in der Umwelt, die die Unterschiede entstehen lassen, die in der europäischen

Philosophie üblicherweise mit dem Konzept von Freiheit und Willensentscheidung beschrieben werden.

Ob dieses Problem eindeutig auflösbar sein wird, ist zu bezweifeln. In dem hier bearbeiteten Kontext ist es letztlich irrelevant: Wenn unterschiedliche Umwelteinflüsse zu unterschiedlichen Verhaltensweisen führen, ist Erziehung als Gestaltung von Umwelt in jedem Fall für die Entwicklung von Menschen in komplexen Gesellschaften von Bedeutung. Biologie kann dann helfen, Einflussmöglichkeiten genauer auszuloten.

Erziehung und Gen-Umwelt-Selektivität

Was heißt dies nun im Hinblick auf die Möglichkeiten von Erziehung? Inwiefern hat Erziehung dann überhaupt noch Einfluss, wenn sich die menschliche Entwicklung entlang einer Gen-Umwelt-Selektivität entwickelt?

Erziehung stellt sich zunächst einmal als ein Umwelteinfluss dar, und dieser wird damit entsprechend der genetischen Programme des zu Erziehenden verarbeitet. Die Wirksamkeit, die bestimmte Erziehungsmaßnahmen für den Schüler oder die Schülerin zeigen, erklärt sich also aus deren genetischen Anlagen und der – von der genetischen Anlage nicht unabhängigen, aber nicht dadurch bestimmten – Gesamtheit seiner erlebten Umwelten. In diesem Zusammenspiel auf sich selbst bezogener Entwicklungsmechanismen erhalten Erziehungsimpulse Einfluss, die in irgendeiner Form die individuell spezifische Gen-Umwelt-Selektivität bedienen – sei es affirmativ oder in Abgrenzung. Andere mögliche Einflüsse rauschen vorbei, sie erhalten keine Anschlussmöglichkeit und werden deshalb nicht registriert. So lässt sich erklären, dass gleiche Erziehungsmaßnahmen unterschiedliche Resonanz finden können. An der Freiheit des zu Erziehenden, einen Erziehungsimpuls zu beachten oder nicht zu beachten (auch wenn diese Freiheit als genetisch determiniert interpretiert wird), zeigt sich, dass Erziehung eben keine Technologie ist, die bei gleichem Einsatz immer das gleiche Ergebnis (wie eine Maschine) erzielt, sondern eher als eine komplexe Kunst umschrieben werden kann. Eine Kunst, die sich ähnlich einem chaotischen Prinzip vorstellen lässt, in dem kleine Ursachen große Wirkungen haben können und umgekehrt. Erziehung kann damit ebenso nach dem darwinischen Prinzip als ein Variationsimpuls erklärt werden, der nach den Bedingungen des selektierenden Systems wahrgenommen (oder nicht wahrgenommen) wird. Erziehung ist ein Impuls für die Entwicklung von Heranwachsenden, der angenommen oder abgelehnt werden kann. Diesen Impuls intentional zu organisieren – wie Schulen es durch die in ihnen arbeitenden Lehrkräfte tun – erfordert eine hohe Professionalität; denn wer gleichermaßen die jeweilige Unterschiedlichkeit von Schülern berücksichtigen und zu gleicher Zeit gleiche Anforderungen organisieren will, braucht ein hohes Maß an methodischem und inhaltlichem Geschick sowie eine erhebliche Frustrationstoleranz.

Die oben genannten Titel-Schlagzeilen des SPIEGEL oder von PSYCHOLOGIE HEUTE, die ja explizit auf die moderne biowissenschaftliche Forschung rekurrieren, sind im Hinblick auf die Beschreibung des Verhältnisses zwischen Anlage und Umwelt in ihrer schlagwortartigen Zuspitzung unpräzise. Die Präzisierung des Anlage-Umwelt-Verhältnisses als einem genzentrierten Prinzip bedeutet nicht, dass Erziehung keinen Einfluss habe. Genau dies war mit dem Konzept der Anlage ja immer unterstellt worden, als man die Entfaltung der Anlagen – also Reifung – gegenüber Umwelteinflüssen abgrenzte und eine quasi sich selbst unabhängig von Außeneinflüssen entfaltende Begabung unterstellte. Auch wenn sich menschliche Entwicklung als ein genzentriertes Prinzip darstellt, hat Erziehung Auswirkungen, da sie Umwelten verändert. Die Zeitschriftentitel beschreiben damit zwar das Prinzip, erfassen die Konsequenz aber nicht korrekt: Im Gegensatz zur Sozialisation kann Erziehung als eine intentionale Variation des Umwelteinflusses verstanden werden. Als eine solche hat sie potenziell hohe Bedeutung, denn sie variiert die natürliche Umwelt und bietet damit eine höhere Bandbreite für mögliche Entwicklungen als dies allein durch Sozialisation gewährleistet wäre. Gerade deshalb hat sich intentionale Erziehung in Schulen im Verlauf der soziokulturellen Evolution entwickelt. Schulen wurden gegründet, als Gesellschaften zu komplex wurden, um sich selbst durch Sozialisation oder nachahmendes Lernen zu erhalten (vgl. Kapitel 13). Gerade die Ergebnisse der Untersuchungen von ROWE, die unter anderem die Auslöser der erwähnten Titel waren, machen deutlich, dass eine durchschnittlich anregende Umgebung und unterschiedliche Lernangebote Heranwachsenden überhaupt erst erlauben, „ihre Umwelt" auszuwählen.

Konsequenzen für die Pädagogik

Welche Konsequenzen bringt nun eine solche Beschreibung der genetisch bedingten Selektivität des Verhältnisses von Anlage und Umwelt für erziehungswissenschaftliche Reflexion und pädagogisches Handeln?

Diese Beschreibung löst die rigide Unterscheidung zwischen der Anlage als deterministischem Programm, das unveränderbar abläuft und keinen erzieherischen Einfluss erlaubt, und der Umweltbedingtheit auf, die allergrößte pädagogische Einflussmöglichkeiten unterstellt und zu pädagogischen und sozialpädagogischen Allmachtsvorstellungen verleitet. Auch unpräzise „Sowohl-als-auch"-Theorievorstellungen werden nun präzisierbar. Zudem wird die Frage nach dem prozentualen Verhältnis der beiden Faktoren zueinander damit hinfällig. Die Beschreibung des Verhältnisses zwischen Anlage und Umwelt als einem genzentrierten Prinzip ermöglicht, die aus der geisteswissenschaftlichen Tradition stammende *„Subjekt"-Stellung* des zu Erziehenden aus naturwissenschaftlicher Perspektive zu unterfüttern. Zudem macht eine solche Theoriebeschreibung die Bedeutung *pädagogische Professionalität* im **Arrangement von Lernumwelten**, die Schülerinnen und Schülern Entwicklungsmöglichkeiten eröffnen, sichtbar.

Die Beschreibung des Verhältnisses zwischen Anlage und Umwelt als einer genzentrierten Umweltselektivität verweist auf weitere Fragestellungen. Für eine **Theorie der Erziehung** ist es vor diesem theoretischen Hintergrund interessant, nach Regeln oder Gesetzmäßigkeiten dieser Einflussnahme bzw. nach Einflussmöglichkeiten zu suchen. Die Tatsache, dass es Erziehung gibt und dass sich schulische Erziehung weltweit universalisiert hat, deutet auf einen *hohen Anpassungsvorteil schulischer Erziehung* gegenüber anderen Formen des Aufwachsens (beispielsweise der Initiation oder des nachahmenden Lernens). Bereits die wenigen Ausführungen an dieser Stelle zum Verhältnis von Anlage und Umwelt bzw. zur Gen-Umwelt-Selektivität zeigen, dass der Anpassungsvorteil in der Bandbreite möglicher Anregungen für Entwicklung gesehen werden kann. Auf die unter anderem daraus resultierenden unterrichts- und schultheoretischen Überlegungen wird in Kapitel 13 und 14 eingegangen.

Gleichzeitig eröffnet eine solche Perspektive den Blick auf die Frage, ob sich nicht hinter der individuell unterschiedlichen Ausprägung menschlichen Verhaltens **Muster** finden lassen, die mit Hilfe des soziobiologischen Paradigmas erklärt werden können und die Erklärungskraft für erzieherische Zusammenhänge bieten. Biologen suchen nach den letztendlichen Ursachen (ultimaten) menschlichen Verhaltens. Sie stellen damit die Frage nach den daraus erwachsenden Selektionsvorteilen und seinem Anpassungswert auf Grundlage des Verhältnisses von Anlage und Umwelt. Hier lassen sich interessante Erkenntnisse beschreiben: Bereits hingewiesen wurde auf den evolvierten Mechanismus der *Imitation des Erfolgreichen*. Beispielsweise kommen Menschen mit bestimmten *Erwartungen der Weltwahrnehmung* zur Welt und bearbeiten nach diesen Mustern die sie umgebende Wirklichkeit; das, was wir als abstrakt oder als konkret erfahren, ist mit unserer stammesgeschichtlichen Entwicklung untrennbar verbunden (Kapitel 8).

Beispielsweise scheint es für Jugendliche von Vorteil, sich nach einer Zeit der Orientierung an ihren Eltern (zur Sicherung des primären Überlebens vor allem hinsichtlich der Versorgung mit Grundbedürfnissen) von diesen abzuwenden und den Umwelteinflüssen der *Gleichaltrigengruppe* und Freunden einen hohen Stellenwert einzuräumen, um sich variablen und vom eigenen genetischen Material (das der Eltern) unterschiedenen Einflüssen auszusetzen und damit die eigene Variabilität zu erhöhen (vgl. zum Beispiel ROWE 1997; CHASIOTIS 1999) (vgl. Kapitel 10).

Beispielsweise scheint es für Mädchen und Jungen stammesgeschichtlich entwickelt unterschiedliche *Strategien zum Umgang mit Konkurrenz* und mit Risiko zu geben; diskutiert wird auch, ob sich nicht unterschiedliche Präferenzen kognitiver Verarbeitung aufgrund der stammesgeschichtlich unterschiedlichen Entwicklungswege feststellen lassen, die heute wiederum unterschiedliche Sensitivitäten bezüglich schulischer und außerschulischer Umweltreize bedingen (vgl. Kapitel 11). Diese Fragen sind für Erziehung und Lernen von unmittelbarer Relevanz.

Empfohlene Literatur zur Vertiefung

DEAN HAMER/PETER COPELAND: *Das unausweichliche Erbe. Wie unser Verhalten von unseren Genen bestimmt ist. Bern/München/Wien: Scherz 1998*
Dieses Buch geht sehr ausführlich auf den hier beschriebenen Zusammenhang ein. Die Autoren beschreiben Temperament als Determinante des Verhaltens und erörtern, wie es sich in Auseinandersetzung mit der Umwelt entwickelt. Es ist journalistisch geschrieben und damit leicht zu lesen, die wissenschaftliche Genauigkeit ist allerdings nicht immer befriedigend.

JOHN E. TOOBY/LEDA COSMIDES: *The Psychological Foundations of Culture. In:* BARKOW, JEROME/COSMIDES, LEDA/TOOBY, JOHN E. *(Hg.): The Adapted Mind. Evolutionary Psychologie and the Generation of Culture. New York/Oxford: Oxford University Press 1992, S. 19–135*
Dieser Aufsatz ist schwierig aber lohnend zu lesen. Das Theoriekonstrukt von Anlage und Umwelt wird vor dem Hintergrund der sozialwissenschaftlichen Diskussion dargestellt und das darwinische Paradigma genau entfaltet.

DAVID C. ROWE: *Genetik und Sozialisation. Die Grenzen der Erziehung. Weinheim: Beltz 1997*
ROWE stellt systematisch auf empirischer Basis das Verhältnis von Anlage und Umwelt hinsichtlich der Wirkung von Erziehung dar. Dabei gibt er eine fundierte Einführung in die genetischen Grundlagen.

7 Die Struktur des Gehirns

Das vorhergehende Kapitel handelte vom Verhältnis zwischen Anlage und Umwelt. Im Mechanismus der genzentrierten Entwicklung ist das Lernergebnis von vielen tausend Generationen gespeichert, quasi als „Lernen der Gene". Menschen und viele Tiere, vor allem Primaten, zeichnen sich darüber hinaus durch „Lernen der Gehirne" aus, also dadurch, dass sie individuell lernen können. Für Lernvorgänge sind Prozesse im Gehirn - Denken, Erinnern und Vergessen, Sprechen, motorische Vorgänge sowie Gefühle - von besonderer Bedeutung. Alle diese Prozesse werden im Gehirn gesteuert und koordiniert. In der Erziehungswissenschaft wird, wenn man über Lernen spricht, an vielen Stellen auf Aussagen zurückgegriffen, die die physiologischen Grundlagen des Lernens betreffen. Lernen mit allen Sinnen, Ausnutzen der Hirnkapazität, die Verbindung von rechter und linker Hirnhälfte sind Formulierungen, die auf biologische Grundannahmen des Lernens verweisen. In diesem Kapitel werden solche Vorstellungen auf ihren naturwissenschaftlichen Gehalt hin überprüft. Dabei wird auf eine genaue physiologische Beschreibung des Gehirns verzichtet (vgl. dazu ROTH 1996)*, jedoch darauf Bezug genommen, wenn sich dies als notwendig erweist.*

Da das Gehirn überaus kompliziert aufgebaut ist, stehen die Wissenschaften, die sich damit befassen, vor einer großen Herausforderung. Zwar macht gerade die Neurobiologie erhebliche Fortschritte; sie ist aber noch weit davon entfernt, wirklich zu wissen, wie das Gehirn funktioniert. Der ehemalige Direktor am Max-Planck-Institut für Biologische Kybernetik, VALENTIN BRAITENBERG, hat 1994 die Forschungssituation so beschrieben: „Heute ist die Hirnforschung in einem Stadium, das dem der Physik in der Antike entspricht. Noch haben wir keinen NEWTON, keine Theorie, die die Welt im Kopf so zu ordnen verstünde, wie die Physiker die Natur" (NZZ 1994, S. 12). Zwar gibt es viele Einzelerkenntnisse; einige wesentliche Fragen sind aber noch unbeantwortet – etwa, wie in der Stammesgeschichte das Bewusstsein entstand. Umso mehr Skepsis ist deshalb gegenüber jenen Didaktiken angebracht, die sich auf relativ einfach zu durchschauende Hirnmodelle beziehen und daraus Aussagen über den Erziehungsprozess ableiten, wie dies beispielsweise in der Suggestopädie oder der Kinesiologie geschieht.

Was ist ein Gehirn?

Die materielle Basis des menschlichen Geistes, des Denkvermögens und der Vorstellungskraft und sämtlicher Körperkoordination ist das Gehirn. Es ist für viele Menschen schwer vorstellbar, dass alle geistigen Leistungen wie auch die Bewegungskoordination des Körpers auf dieses relativ kleine Körperteil rückbezogen sind, dessen Mechanismen – in irgendeiner Weise – regelartig ablaufen. Das Gehirn ist ein aus Eiweiß, Wasser, Kohlenhydrat und Fett bestehender Körperteil, der unter anderem kognitive Leistungen erbringt. Es koordiniert nicht nur kognitive Leistungen wie Integralrechnungen oder Vokabellernen, sondern auch Gefühle, Sehen sowie Bewegungsabläufe, das Atmen und jeden kleinsten Gedankensplitter. Alles dies sind Ergebnisse der Tätigkeit des Gehirns, genauer gesagt von kleineren und größeren Verbänden von Neuronen (Nervenzellen), von denen es über zirka einhundert Milliarden verfügt (die Zahlen schwanken je nach Forschergruppe).

Neuronen gibt es in unterschiedlichen Varianten und Formen. Bis jetzt konnte einzelnen Formen nur bedingt eine Funktion zugeordnet werden. Neuronen sind über Synapsen miteinander verbunden. Jedes Neuron hat bei Menschen zu bis zu zehntausend anderen Neuronen Kontakt. Diese Verbindungen werden über schwachen elektrischen Strom aktiviert oder nicht aktiviert, demnach werden sie digital aufgebaut. Die Art der Verknüpfung zwischen den Nervenzellen und des zeitlichen wie räumlichen Erregungsablaufs macht die eigentliche „Informationsverarbeitung" aus. Die meisten Leistungen des Gehirns erfordern sowohl die gleichzeitige als auch die aufeinander folgende Aktivität vieler unterschiedlicher neuronaler Netzwerke; diese „parallelverteilte Informationsverarbeitung" begründet seine enorme Leistungsfähigkeit. Wie sie genau funktioniert, ist bisher in Detailbereichen, aber keineswegs umfassend erforscht. Neuronen sind also dreidimensional miteinander verknüpft und dies in großem Umfang. Erst die parallelverteilte Informationsverarbeitung ermöglicht überhaupt die Bearbeitung komplexer Sachverhalte.

Computersysteme können in dieser Form nicht operieren; und dies ist der Grund, warum die Computerbranche mit der „künstlichen Intelligenzforschung" intensiv an den Erkenntnissen der Neurobiologie interessiert ist. Erst das geordnete Zusammenwirken vieler dieser neuronalen Netzwerke lässt kognitive Leistungen zu. Die Leistungen eines Gehirns erwachsen primär aus der Art und Anzahl der Verbindungen und nicht aus der Anzahl der Neuronen selbst.

Wie kann man sich das Gehirn vorstellen?

GERHARD ROTH, ein Wissenschaftler aus Bremen, erklärt das Funktionieren dieser Netzwerke mit der Metapher der Schrift. Einzelne Nervenaktivitäten kann man sich als die Buchstaben eines Textes vorstellen. Buchstaben haben als solche keine Bedeutung. Sie erhalten erst dann einen Sinn, wenn sie sich über Silben, Wörter und Sätzen schließlich zu einem Text zusammen-

> fügen. Ähnlich machen die Neuronen als solche nicht die kognitive Leistung des Gehirns aus, sondern erst die Art und Anzahl ihrer jeweils aktivierten Verbindungen. Über die Nervenverbindungen steht das Gehirn im Kontakt zu allen Körperteilen. Der das Gehirn umgebende Organismus kann, bleibt man in der Metapher, als der Kontext des Textes interpretiert werden.

Kognitionswissenschaftler arbeiten mit der Hypothese, dass sich kognitive Prozesse in einer logischen Sprache darstellen lassen müssten, unabhängig von ihrer materiellen Realisierung, sei es im Gehirn oder – wie noch nicht möglich – im Computer. Dahinter steckt die Vermutung, dass diese Abläufe regelhaft sind. Nur über Gesetzmäßigkeiten der Verarbeitung lassen sich sehr große Informationsmengen verarbeiten, da sonst zu viel Informationsraum benötigt wird. Die im Gehirn vermutete logische Sprache kann allerdings nicht wie ein Computer arbeiten; denn obwohl PCs alltagssprachlich ja häufig mit Gehirnen oder Gedächtnissen gleichgesetzt werden, weiß man heute, dass sie unterschiedlich funktionieren. Gehirne operieren nicht mit Sprachlogik oder anderen bekannten Logiksystemen. Neuronale Netze sind in ihren unterschiedlichen Wirkweisen nicht hinreichend erforscht. Es ist anzunehmen, dass sie auf ähnliche Weise funktionieren wie die Entstehungslogik alles Lebendigen. Nach der Theorie des neuronalen Darwinismus von GERALD EDELMANN werden die oft verwendeten Verbindungen im Gehirn allmählich stabilisiert und die wenig verwendeten wieder abgebaut.

Sonderstellung Mensch?

Die Gehirne von Tieren sind dem des Menschen hinsichtlich ihrer materiellen Basis, ihrer Gliederung und der Art der Funktionen ähnlich. Selbst der Aufbau des Gehirns ist bei Wirbeltieren strukturell vergleichbar. Sie verfügen über

- ein **Nachhirn** (die Verlängerung des Rückenmarkes) als motorisches Koordinationszentrum für Atmung, Kreislauf und lebenswichtige Organe,
- ein **Kleinhirn** zur motorischen Koordination der Muskeln und der Erstverarbeitung von Reizen der Sinnesorgane,

- ein **Mittelhirn** zur Kontrolle von Bewegungsabläufen,

- ein **Zwischenhirn** zur Steuerung lebenswichtiger Körperfunktionen und Verhaltensweisen wie Schlafen, Wachen, Sexualverhalten, Aggression und weiteren Gefühlen,

- ein **Vorder- oder Endhirn** zur Geruchsverarbeitung (bei Fischen und Reptilien); bei allen höheren Tieren als Integrationszentrum für sensorische und motorische Informationen, Spracherkennung und Sprachproduktion.

Beispielsweise verfügen auch Affen über ein Sprachzentrum, dessen Verletzung ebenfalls zu einer Verletzung der lautlichen Kommunikationsmöglichkeit führt.

Was macht die Besonderheit des menschlichen Gehirns aus? Ein Elefant kann nicht besser denken als ein Mensch, obwohl er über ein größeres Gehirn verfügt (von dem ein Großteil für die komplexe Koordinierung des Rüssels benötigt wird). Delfine besitzen ein Gehirn mit einem größeren Windungsreichtum als Menschen. Menschen verfügen aber im Vergleich zu ihrem Körpergewicht über ein Gehirngewicht, das 4,5-mal

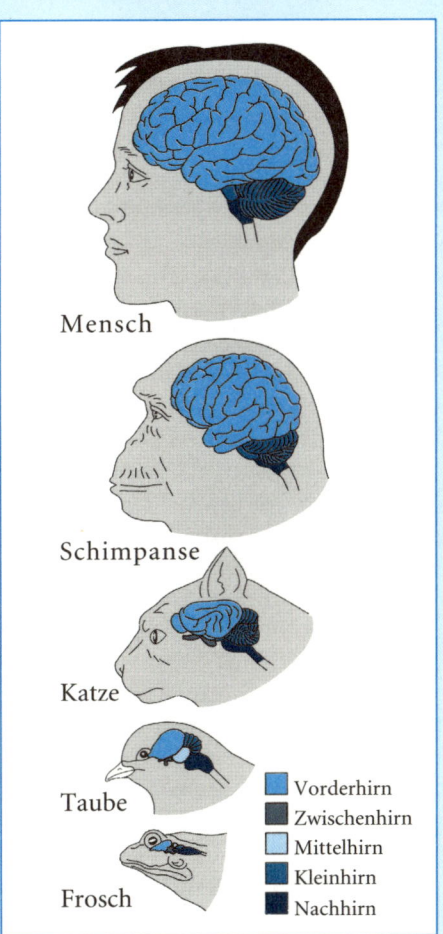

Abb. 4:
Gehirne verschiedener Wirbeltiere im Vergleich. Das Zwischenhirn und das Mittelhirn von Mensch und Schimpanse sind nicht sichtbar, da sie vom Vorderhirn umschlossen sind.

größer ist als das eines durchschnittlichen Säugetiers gleicher Größe. Delfine und Zahnwale liegen dicht hinter dem Menschen, und die Gehirne von Menschenaffen sind (in Relation zum Körpergewicht) doppelt so schwer wie die von Durchschnittssäugern.

In der Hirnforschung nimmt man vor diesem Hintergrund nicht an, dass sich die Gehirne von Säugetieren – sieht man von der Leistungsfähigkeit ab – grundlegend unterscheiden. Gerade die subhumane Primatenforschung, also die Forschung an Menschenaffen, lässt Ähnlichkeiten mit menschlichem Denken offenkundig werden. Aus dieser Perspektive kommt dem Menschen keine Sonderstellung im Tierreich zu – ein Grund, warum in Neuseeland diskutiert wird, ob Primaten ein den Menschenrechten vergleichbarer Status zuerkannt werden sollte.

Das Gehirn – ein Supercomputer?

„Die ist aber intelligent", sagen wir umgangssprachlich, wenn wir uns einer Jugendlichen gegenübersehen, die durch besondere Leistungen im Unterricht beeindruckt. Eine solche Formulierung legt nahe, dass es eine „Intelligenz" gibt, die die kognitiven Verarbeitungsleistung unseres Denkens beeinflusst. Was Intelligenz substanziell in ihren biologischen Prozessen ausmacht, ist eine schwierige und heiß diskutierte Frage (vgl. dazu GARDNER u. a. 1996). Grob gesagt, messen Intelligenztests die kognitiven Verarbeitungsmöglichkeiten des getesteten Individuums anhand operationalisierter Kriterien. In der kognitiven Psychologie wird diskutiert, ob es eine generelle Intelligenz gibt (wie sie beispielsweise das im vorhergehenden Kapitel diskutierte Werk „The Bell Curve" nahe legt) oder ob nicht vielmehr von multiplen Intelligenzen auszugehen sei, die wie Module im Kopf arbeiten. Der Psychologe GARDNER spricht zum Beispiel von sechs nicht aufeinander zurückzuführende Intelligenzbereiche, einer sprachlichen, einer logisch-mathematischen, einer räumlichen, einer musikalischen, einer körperlich-kinästhetischen sowie einer inter- und intrapersonalen Intelligenz (vgl. GARDNER 1983). Neue Erkenntnisse der prähistorischen Anthropologie sowie der Primatenforschung lassen diese These multipler Intelligenzen plausibel erscheinen (vgl. MITHEN 1996). Lehrkräfte wissen um die divergierenden Fähigkeiten von Schülerinnen und Schülern – vor allem die Differenz zwischen kognitiven und sozialen Fähigkeiten wird durch diese Forschung erklärbarer. Die Psychologen TOOBY und COSMIDES vergleichen deshalb das Gehirn mit einem Schweizer Taschenmesser mit unterschiedlichen Messern für unterschiedliche Aufgaben (vgl. HORGAN 1996, S. 148).

Lernen mit allen Sinnen?

Die Impulse zur Aufnahme oder zum Löschen von neuronalen Verbindungen im Gehirn entstehen über Reize, die von Sinnesorganen an das Gehirn geleitet werden – sofern es dafür „empfangsbereit" ist.

Viele Reize wirken auf den Menschen ein, ohne dass er dafür einen Sinn entwickelt hätte, zum Beispiel Ultraschall, Magnetismus oder Radarstrahlen. Lebewesen haben nur für die Reize Sinneswahrnehmungen entwickelt, die für sie selbst in ihrem Überleben eine Bedeutung gehabt haben. So haben zum Beispiel viele Vögel einen Sinn für Magnetismus ausgebildet, um damit ihre Position orten zu können, Menschen jedoch nicht. Auch werden nur die Reizintensitäten wahrgenommen, die einen bestimmten Selektionswert hatten. Reize unterhalb dieser Reizschwellen, die innerhalb einer gewissen Bandbreite angelegt sind, lassen sich durch das entsprechende Sinnesorgan nicht mehr wahrnehmen.

Menschen können mit verschiedenen Sinnesorganen Reize empfangen:

- Sie verfügen mit den beiden **Augen** über einen Lichtsinn, der optische Informationen zugänglich macht.

- Sie verfügen über einen Schallsinn, der über das **Ohr** akustische Informationen zugänglich macht.

- Sie verfügen über zwei chemische Sinne, die über die **Zunge** den Geschmack und über die **Nase** den Geruch, also olfaktorische Reize, zugänglich machen.

- Sie verfügen über einen Temperatursinn, nämlich **Nerven in der Haut**. Diese vermitteln unterschiedliche Temperaturen.

- Sie verfügen über einen Tastsinn, der Berührungen über die **Haut** zugänglich macht und zugleich für das Gleichgewicht sorgt.

- Sie verfügen über einen Schmerzsinn, der über **freiliegende Nervenenden** Verletzungen anzeigt.

Entgegen der weit verbreiteten Formel und Forderung „Lernen mit allen Sinnen" eignen sich nicht alle Sinne für intentional angeregte Lernprozesse. Der Schmerzsinn scheidet aus grundsätzlich, moralischen Überlegungen für intentionales Lernen aus. Andere Sinne haben nur eine geringe Reichweite und können nur ein relativ geringes Spektrum von Eindrücken wiedergeben. So sind die menschlichen chemischen Sinne (mit zirka 10 – 100 bit/sec.) ziemlich undifferenziert in der Wahrnehmung und deshalb für intentionale Lernprozesse nicht besonders geeignet. Distanzen können Menschen nur mit ihren Augen (mit 3.000.000 bit/sec.) und den Ohren (mit 20.000 – 50.000 bit/sec.) überwinden. Relativ differenziert ist der Tastsinn (200.000 bit/sec.) zumindest in den Fingern, aber er bedarf der Berührung eines Objektes. Es ist deshalb kein Zufall, dass die Schule überwiegend zwei Sinne – die Augen und die Ohren – bedient. Diese beiden Sinne bieten hohe Auflösungsmöglichkeiten und ermöglichen zudem Distanzüberwindung. Die Schule zeigt sich insofern an die biologische Ausstattung von Menschen angepasst. Ohne die Bedienung der Fernsinne wäre kein Unterricht in Gruppen möglich. Und folgerichtig macht gerade die Schule das ferne Leben jenseits der eigenen Erfahrung sowie abstrakte Erkenntnisse zugänglich.

Welche Sinnesreize wahrgenommen werden, das wird durch das Sinnesorgan und über Gehirnaktivitäten – und nicht von außen – gesteuert. Die Bedeutung eines Sinnesreizes entsteht also nicht durch diesen selbst, sondern erst im Sinnesorgan im Kontext mit der Gehirnaktivität. Darum gibt es keine objektive Bedeutung eines Reizes. Häufig wird unterstellt, dass besseres Lernen besonders dann stattfinde, wenn man die Sinne miteinander kombiniere. Beispielsweise ist manchmal zu lesen, dass die Wahrscheinlichkeit sich etwas zu merken, wenn man es nur höre, bei 10 Prozent liege, bei 20 Prozent, wenn man es lese und höre etc. Es wird damit unterstellt, dass bestimmte Sinnesreize einen tieferen Eindruck hinterlassen als andere und dass die Kombination von Sinnesreizen erfolgsversprechender ist als nur einen Sinn anzusprechen. Eine solche Argumentation bedarf der Differenzierung. Schließlich wird das Gehirn nicht durch Sinnesreizungen zu neuen Verbindungen angeregt, sondern dadurch, dass Sinnesreize als Sinneseindrücke zugelassen und diese dann im Gehirn in neuronale Verbindungen umgesetzt werden – also eine Anschlussmöglichkeit an bereits bestehende Verbindungen finden. Ein afrikanisches Sprichwort macht diesen Sachverhalt metaphorisch deutlich: „Das Auge schläft, bis es der Geist mit einer Frage weckt." Nicht jeder Reiz erhält Anschluss in die komplizierten neuronalen Verbindungen; er wird dann nicht „wahrgenommen". Deshalb ist es nicht die Kombination mehrerer Sinne, die als solche zu einem besseren Lernergebnis führt, sondern bei unterschiedlichen Herangehensweisen ergibt sich eine höhere Wahrscheinlichkeit, eine Anschlussfähigkeit zu finden.

Was bleibt nun übrig von der These des „Lernens mit allen Sinnen"? Zum einen verweist diese Formel darauf, dass es wichtig ist, durch die Präsentation des Lehrangebotes unterschiedliche *Anschlussmöglichkeiten* (und nicht nur eine!) zu offerieren. Dies kann auch in der Präsentation von Reizen für unterschiedliche Sinneskanäle liegen, wenn es sich anbietet. Allerdings lassen sich viele in der Schule zu vermittelnde Inhalte, eben weil sie abstrakt sind, nur den beiden menschlichen Fernsinnen anbieten. Gerade durch die Angewiesenheit auf diese beiden Fernsinne ist es unbedingt notwendig, unterschiedliche Lernwege durch ein entsprechendes didaktisches Arrangement bereitzustellen, den Lerngegenstand aus unterschiedlichsten Perspektiven zu sehen und die Schüler zu animieren, ihre Beziehung zum jeweiligen Inhalt zu formulieren. Zum anderen verweist das Reden vom Lernen mit allen Sinnen implizit auf die Rolle des *Gefühls* beim Lernen – darauf wird weiter unten noch eingegangen.

Lernen als Umorganisation

Nimmt man die oben beschriebenen Zusammenhänge zwischen Sinnesreizen und neuronalen Aktivitäten ernst, dann wird erkennbar, dass das Gehirn keinen Zugang zur Außenwelt hat, sondern nur indirekte Verbindungen über Sinnesreize, die aber nach Maßgabe bereits bestehender Verknüpfungen im Gehirn wahrgenommen werden oder nicht. Radikal weitergedacht heißt dies, dass genau genommen nichts Neues gedacht werden kann, sondern vorhandene Neuronen-Verknüpfungen „nur" neu kombiniert werden. Die Mannigfaltigkeit der Kombinationsmöglichkeiten lässt allerdings sehr unterschiedliche Denkstrukturen entstehen. Diese Begrenzung durch das vorhandene Material und der Aufbau auf bereits Vorhandenem ist biologisch notwendig. Würde das Gehirn auf jeden Umweltreiz nach Maßgabe der Umwelt (und nicht nach der eigenen Maßgabe) reagieren, würden wir an Überlastung zu Grunde gehen und lebenswichtige Funktionen nicht aufrechterhalten können.

Die Vorstellung vom Nürnberger Trichter, man könne neues Wissen einfach in die Gehirne von Schülern einfüllen, hat deshalb endgültig ausgedient. Vielmehr verweist die Wirkweise des Gehirns auf den individuellen konstruktiven Anteil beim Lernen. Diese Erkenntnis ist der Ausgangspunkt der konstruktivistischen Didaktik (vgl. kritisch TERHART 1999). Auch die Unterrichtsforschung (zum Beispiel TIMSS) macht deutlich, dass die Organisation unterschiedlicher Zugänge zu Themen und das Zulassen vielfältiger Bearbeitungsformen für den Lernerfolg von elementarer Bedeutung sind (vgl. BAUMERT/LEHMANN 1997).

Lernen bedeutet also, neuronale Verknüpfungen zu schaffen, zu vertiefen oder zu löschen. In diesem Kontext sind mehrere Aspekte gerade für Pädagogen interessant.

Zum einen stellt sich die Frage nach dem **Anfang eines Lernvorgangs**. Wenn das Gehirn so strukturiert ist, dass es letztlich nur mit sich selbst kommuniziert sowie Eindrücke von außen nur durch die eigene Struktur bedingt wahrnimmt und einbaut, dann stellt sich die Frage, wie Lernen beginnt. Es muss Muster geben, die als Verknüpfungsgrundlagen gelten, um Neues zu integrieren. Man kann in der zunächst ähnlichen intellektuellen Entwicklung von Säuglingen und Kleinkindern beobachten, dass hier offensichtlich ein Programm abläuft, das bestimmte Lernerfahrungen hintereinander ermöglicht – die Aufnahme von Kontakten, das Sitzen- und Laufenlernen, Erkundungen der Umgebung, das Erlernen der Muttersprache und anderes mehr. Sind die entsprechenden Zeitfenster ohne Lernmöglichkeiten verstrichen – das macht die Forschung an so genannten „Wolfskindern" (vgl. die Darstellung in Kapitel 5) deutlich –, dann ist es schwierig bis unmöglich, diese Dinge später zu lernen. Ab unserer Geburt dient jede Erfahrung als Ordnungsparameter für nachfolgende. Deshalb sind es gerade Erfahrungen der Kindheit, die viele nachfolgende Erfahrungen prägen.

Daneben gibt es offensichtlich weitere Muster, wie Informationen geordnet werden. Kapitel 8 wird sich mit diesen Mustern der „spontanen Vernunft" beschäftigen.

Zum anderen wird auf die **Bedeutung des Übens** verwiesen. Das Einüben bestimmter Verbindungswege, zum Beispiel im motorischen Bereich das Erlernen des Laufens oder eines Musikinstrumentes, ist nur über die Wiederholung möglich. Das Üben in der Schule ist vor diesem Hintergrund ein wichtiger und häufig vernachlässigter Aspekt des Lernens.

Die Anpassung von Gehirnen an die Umwelt

Säuglinge kommen mit einer riesigen Anzahl von Neuronen auf die Welt. Die zunächst geringen Verknüpfungen erweitern sich erst während der Entwicklung des Kindes durch die jeweilige Struktur der Umgebung. Gehirne bieten damit die Möglichkeit, sich über diese Strukturbildung an spezifische Umwelten anzupassen. Die Struktur verfeinert sich im Laufe des Älterwerdens, kann aber mit steigendem Alter immer weniger grundlegend verändert werden. Dazu ein Beispiel: Kommt ein Kind mit einer Linsentrübung des Auges zur Welt und wird dieser Fehler nicht unmittelbar nach der Geburt operativ behoben, legen sich im Gehirn keine Neuronenverbindungen für eventuelle Lichtreize. Wird das Auge später operiert, bleibt das Kind blind – nicht, weil das Auge nicht funktionieren würde, sondern weil sich entsprechende Neuronenverbindungen nicht mehr bilden.

Die neuronale Anpassung dauert weit über die Kindheit hinaus. Es wird vermutet, dass dazu auch die Rückbildung neuronaler Verbindungen gehört, die man mit dem Eintritt in die Pubertät beobachten kann. Ist dies eine Funktion des Gehirns, das assoziative Denken des Kindes abzustellen? Man weiß es nicht genau. Auch für das Alter lassen sich Anpassungsfunktionen des Gehirns feststellen: Das altersbedingte Absterben von Neuronen wird durch Längenwachstum anderer Nervenzellen kompensiert. Wenn auf diesem Gebiet die Forschung weiter fortgeschritten ist, lassen sich sicherlich interessante Einblicke für die Pädagogik erwarten.

Lernen und „Nach"-Denken

Lernen wird meist als über Umweltreize angeregt beschrieben. Aber ist das alles? Gibt es nicht auch ein Lernen ohne jegliche Sinnesanregung? Beispielsweise durch eigenes Nachdenken?

In der Tat ist dies eines der schwierigsten und spannendsten Kapitel der Hirnforschung. Zumindest vom Menschen – aber auch von einigen Primaten – wissen wir, dass das Denken wiederum selbst gedacht werden kann. Über *Bewusstsein* kann Denken strukturiert werden; und damit wird das Nachdenken über sich selbst möglich. Menschen denken über sich selbst und ihr Handeln auch unabhängig von Sinneseindrücken nach. Gerade diese Fähigkeit ist für komplexe Lernprozesse eine notwendige Voraussetzung, um – gewissermaßen im Zwiegespräch mit sich selbst – das eigene Denken zu strukturieren. Dabei spielt die Sprache eine wichtige Rolle. Sprache vergrößert die Komplexität der umgebenden natürlichen Umwelt um ein Vielfaches und regt damit selbst zum Denken an, zum Beispiel über innere Selbstgespräche. Dieses nach innen gelegte Selbstgespräch ist außerordentlich wichtig für Lernen. Dadurch werden Sinneseindrücke gefestigt und strukturiert. Als ein inneres Sprachspiel des Bewusstseins wird über die Strukturierung hinaus Anregung für weiteres Lernen gegeben. Selbstgespräche von Schülerinnen und Schülern sind deshalb manchmal keine Unart, sondern Unterstützung und Kontrolle für gerade erst gelernte Verhaltens- und Verstehensprozesse (vgl. ausführlich BERK 1996).

Behalten und Vergessen

Das Gehirn hat klar beschreibbare Bereiche, in denen sich zum Beispiel der Geruchssinn und oder die Steuerung von Muskeln befinden. Hier lassen sich die einzelnen Körperregionen quasi wie eine kleine Landkarte wieder finden. Allerdings arbeitet kein Gebiet autonom, sondern steht in permanenter Befragung – quasi wie ein Abgleich – mit anderen Teilen des Gehirns.

Als *Gedächtnis* wird die Fähigkeit bezeichnet, sich etwas merken – behalten – zu können. Die Sprache suggeriert, dass hier Materie aufgebaut und irgendwo abgelegt wird. Wenn unser Gedächtnis so aufgebaut wäre, könnten wir uns viel zu wenig merken. Das Gedächtnis ist kein lokalisierbares Feld im Kopf, kein Eimer, in dem Memorierbares angehäuft wird. Die Fähigkeit, sich etwas merken zu können, wie Sprachen oder komplexe Bewegungsabläufe, ist im Gehirn nicht lokalisiert. Zwar gibt es ein Sprachzentrum mit der generellen Fähigkeit des Sprechenkönnens, nicht aber eine Lokalisierung einzelner Vokabeln. Es gibt auch keinen Ort, an dem ein Hund die Wiedererkennung des Geruchs seines Frauchens abspeichert. Vielmehr geht man davon aus, dass jede Erinnerung in komplexen Synapsenverbindungen verschiedener Neuronen abgelegt wird. Werden diese

Verbindungen sehr oft von Aktionspotenzialen durchlaufen, werden sie in dem Sinne durchlässiger, dass die Verbindungen schneller werden und sich stabilisieren. Verbindungen, die nicht benutzt werden, sind nur mühsam wieder zu aktivieren oder verschwinden ganz. Gleichzeitig ist es auch möglich, dass Verbindungen aufgebaut werden, die andere hemmen. Vor diesem Hintergrund wird die bereits angesprochene Bedeutung des Übens in der Schule leicht einsichtig: Verbindungen, die durch das Verstehen aufgebaut wurden, werden aktiviert.

Erinnern im Sinne von Wiederaufrufen des immer Gleichen gibt es nicht. Da Erinnern im Wiederaufnehmen einer bestandenen Verbindung besteht, werden Dinge nicht wieder aus dem Regal geholt, sondern immer wieder in neuen Kontexten aktiviert – und damit verändert. Jede Erinnerung verändert das Behaltene durch das Implizieren eines neuen Kontextes. Durch jedes Aufrufen werden Verbindungen zu weiteren Punkten gelegt und damit dieser Inhalt auch schneller abrufbar. Flüchtig gelernte Vokabeln kennt man deshalb nur, wenn sie in der Reihenfolge des Erlernens abgefragt werden, während sie nach längerer Übung, also nach häufigerem Aufrufen in unterschiedlichen Situationen, sicherer und schneller verfügbar werden.

Jonathan Winson (1996) zufolge werden vor allem auch in bestimmten Phasen des Schlafes (dem REM-Schlaf) komplexe neue Erfahrungen in bestehende neuronale Netze – unter Ausschluss unserer Motorik – eingefügt. Aus diesem Grund, das ist seine These, brauchten vor allem Kleinkinder so viel Schlaf, da sie besonders viele neue Eindrücke täglich verarbeiten müssen. Zudem wird vermutet, dass in diesen Schlafphasen Dinge wieder vergessen werden.

Das Vergessen ist für die Aufrechterhaltung von Ordnung im Gehirn von großer Bedeutung. Die Einordnung in Sinnzusammenhänge bedeutet das Vergessen vieler anderer Dinge und stellt eine große Leistung des Gehirns dar. Diese Mechanismen sind noch nicht hinreichend erforscht. Menschen, die jede Wahrnehmung behalten und keine vergessen, haben große Schwierigkeiten im alltäglichen Lebensvollzug. Es kostet dann übermenschliche Anstrengung, alle Erinnerungen und Assoziationen zu einem Zusammenhang wegzudrängen und das jeweils Relevante auszuwählen. Genug Schlaf scheint damit auch zu einer wichtigen Grundlage des Lernens zu gehören – nicht selten haben wir schon erlebt, dass unübersichtliche Situationen sich nach dem Schlaf gelichtet haben. Um lernen zu können und Gelerntes sinnvoll zu organisieren, ist ausreichend viel Schlaf notwendig; gleichzeitig ist Lernen aber auch eine äußerst aktive Tätigkeit, die nicht oder nur kaum von selbst im Schlaf passiert.

Lernen als Selektion

Es lassen sich verschiedene Ebenen des Erinnerns unterscheiden: Das Gegenwartsgedächtnis (oder auch Ultrakurzzeitgedächtnis genannt), das Kurzzeitgedächtnis und das Langzeitgedächtnis. Erst das, was im Langzeitgedächtnis abgespeichert wurde, ist auch nach längerer Zeit noch abrufbar. Insofern ist es gerade für Lehrkräfte, die über Unterricht Inhalte dauerhaft verankern wollen, wichtig zu wissen, wie Inhalte in das Langzeitgedächtnis hineinkommen können.

Im Gegenwartsgedächtnis wirken Reize nach, nachdem die Reizquelle schon wieder verschwunden ist. Es reicht in seiner Speicherkapazität kaum über eine Sekunde hinaus. Im Gegensatz dazu speichert das Kurzzeitgedächtnis über eine deutlich längere Zeit – zirka 20 Sekunden, in manchen Fällen auch mehrere Minuten. Das, was im Volksmund als Gedächtnis bezeichnet wird, ist das Langzeitgedächtnis. Dessen Speicherdauer umfasst mehrere Stunden bis hin zum ganzen Leben. Seine Speicherkapazität ist unbekannt.

Zwischen dem Informationsgehalt, den die Sinne an das Gehirn leiten, dem Ultrakurzzeitgedächtnis, dem Kurzzeitgedächtnis und dem Langzeitgedächtnis, findet eine große Selektion von Informationen statt: Sie werden gefiltert und nur wenige finden den Weg in das Langzeitgedächtnis.

Tabelle 1 (S. 88) zeigt den Informationsverlust während der Verarbeitung von Informationen im Gehirn. Die gewaltige Informationsmenge, die die Sinnesorgane an das Gehirn melden, wird überhaupt nur zu einem Bruchteil wahrgenommen. Aber auch das wenige, was aus dieser riesigen Informationsflut im Gehirn verarbeitet wird, wird immer weniger: Zum Kurzzeitgedächtnis beträgt die Differenz gegenüber dem Gegenwartsgedächtnis 1:30 und zum Langzeitgedächtnis 1:300. Der Informationsverlust ist immens – vor allem, wenn der Informationsverlust berücksichtigt wird, der zwischen den Sinnesorganen und dem Gehirn entsteht. Ein Bruchteil dessen, was im Unterricht geschieht, wird also überhaupt nur den Weg in das Langzeitgedächtnis finden.

Nach welchen Kriterien filtert das Gehirn diese riesigen Informationsmengen? Es sind die oben bereits beschriebenen Vorgänge: Ähnlichkeiten von Mustern, Wiederholungen und Anknüpfungsmöglichkeiten an bereits bestehende Informationen werden bevorzugt. So tun Lehrkräfte gut daran, diese Aspekte in ihrem Unterricht zu berücksichtigen. Da Schülerinnen und Schüler in ihrem individuellen Erfahrungshintergrund immer unterschiedlicher werden, wird es immer schwieriger, diese Möglichkeiten über die Präsentation von Inhalten zu bieten. Vielmehr scheint es häufig erfolgsversprechender, über Unterrichtsmethoden einen individuellen Zugang zum Unterrichtsinhalt legen zu wollen.

	Geschwindigkeit des Informationszuflusses	Speicherkapazität	Informationsmenge gegenüber dem Ultrakurzzeitgedächtnis
Sinnesorgane	$10^9 - 10^{11}$ bit/s		zirka $1 : 10^8$
Ultrakurzzeitgedächtnis	$15 - 20$ bit/s	$180 - 200$ bit	1
Kurzzeitgedächtnis	$0,5 - 0,7$ bit/s	$10^3 - 10^4$ bit	zirka $30 : 1$
Langzeitgedächtnis	$0,05$ bit/s	$10^8 - 10^{10}$ bit	zirka $300 : 1$

Tab. 1: *Selektionsstufen bei der Speicherung von Lernprozessen (Zahlen aus* BENESCH *1999, S. 361; vgl. auch* TREML *2000, allerdings mit anderen Grundzahlen)*

Brachliegende Hirnkapazitäten und deren Aktivierung

Manche didaktischen Konzepte, wie das der Suggestopädie, versprechen, dass durch bestimmte Methoden der Vermittlung „brachliegende Hirnkapazitäten" ausgeschöpft würden (vgl. kritisch DIETERICH 2000, S. 71).

Das menschliche Gehirn verbraucht zirka 20 Prozent aller dem Körper zugeführten Energie. Es ist damit extrem energieaufwändig und erfordert viele Kalorien. Es ist nicht anzunehmen, dass sich das menschliche Gehirn im Verlauf der Stammesgeschichte des Menschen als Energieverschwender entwickelt hat. Vielmehr kann man davon ausgehen, dass es sich als relativ Energie sparendes Körperteil entwickelt hat. Wer also davon spricht, dass bei komplexen Mathematikaufgaben „Hirnkapazitäten brachlägen", sieht nicht, dass sehr viel neuronale Kapazität für die Aufrechterhaltung des Organismus verwendet werden muss, so zum Beispiel die Atmung oder die Koordinierung von Bewegung (zum Beispiel das Sitzen während des Lösens der Mathematikaufgabe). Es ist zwar möglich, über körperliche Entspannung Kapazitäten freizusetzen. Diese darf man sich allerdings dann nicht wie frei gewordene Plätze vorstellen, sondern eher wie eine induzierende Spannung, die schnellere Verbindungen ermöglicht. Eine hundertprozentige Ausnutzung des Gehirns für einen neuen Lernstoff hätte den totalen Zusammenbruch des Organismus zur Folge. Es ist physiologisch nicht möglich, so etwas zu erreichen, da viele Bereiche des Gehirns nicht bewusst steuerbar sind.

Die Aktivierung von Hirnhälften

Schon lange ist bekannt, dass unterschiedliche Verarbeitungsmodi im Gehirn unterschiedliche Hirnhemisphären in Anspruch nehmen. Während in der rechten Hemisphäre eher eine ganzheitliche Erfassung von Zusammenhängen angesiedelt ist, wird die linke Hirnhälfte bei analytischen Operationen stärker in Anspruch genommen. Manche Pädagogen haben aus diesen beiden unterschiedlichen Modi den Grundsatz abgeleitet, dass Unterricht gleichmäßig für beide Hirnhälften Anregungen bereithalten müsste. Vor diesem Hintergrund wird gefordert, dass im Unterricht der Stellenwert bestimmter, zum Beispiel musischer Inhalte zu erhöhen sei, verbunden mit der Klage, der Unterricht sei „linkshemisphärisch" dominiert.

Solchen Formulierungen ist mit Skepsis zu begegnen. Zwar ist es sehr wahrscheinlich, dass unterschiedliche Modi unterschiedliche Gehirngegenden aktivieren; allerdings sind beide Gehirnhälften miteinander verbunden und stehen in intensivem Austausch. Die Wirkung dieses Austauschs auf die jeweiligen Hirnhälften ist nicht ganz erforscht. Außerdem ist es – vor allem bei komplexen Tätigkeiten – nicht eine Frage des *Gegenstandes*, welche Hirnhälfte aktiviert wird, sondern eine Frage des *individuellen Zugangs*.

Das Hören eines Musikstücks kann sowohl die eine Gehirnhälfte (eher „analytisches" Hören) als auch die andere (durch „Schwelgen in der Musik") aktivieren, und beide Aspekte können permanent wechseln. Es ist eine Entscheidung des Gehirns, welche Seite aktiviert wird – und nicht eine Frage des dargebotenen Unterrichtsstoffs. Auch der Umgang mit Zahlen muss nicht notwendig im analytischen Operationsmodus erfolgen.

Konsequenzen für die Pädagogik: Gibt es „gehirngerechtes" Lernen?

Was lässt sich nun aus diesen Überlegungen für die Pädagogik schlussfolgern?

Zum einen wird deutlich, dass es keine einfachen Patentrezepte für optimale Lernangebote geben kann. Didaktische Arrangements, die mit wenigen Anleitungen suggerieren wollen, gehirngerechtes Lernen zu ermöglichen, geben Anlass zu Skepsis. Stichhaltige empirische Ergebnisse, die solches beispielsweise für die Suggestopädie erwarten ließen, gibt es nicht (vgl. dazu im Überblick DIETERICH 2000). Unser Gehirn ist so komplex strukturiert, dass derartige Ergebnisse auch nicht zu erwarten sind.

Zum anderen werden aber auch Konsequenzen für **pädagogisches Handeln** erkennbar:

- Didaktisches Handeln sollte sich darum bemühen, möglichst **unterschiedliche und vielfältige Zugänge** als Anschlussmöglichkeiten an den Lehrstoff herzustellen und damit möglichst individuell unterschiedliche Lernwege anzubieten.

- Schülerinnen und Schüler müssen die Möglichkeit haben, sich **selbst** einen Zugang zum Lehrstoff zu legen, und das didaktische Arrangement muss sie dazu auffordern, dieses zu tun.

- Bereits bekannte Zusammenhänge sollten immer wieder aktiviert werden, um Neues zu integrieren. **Üben** ist deshalb von Wichtigkeit. Die Forschung der naturwissenschaftlichen Fachdidaktik macht deutlich, dass zwar naturwissenschaftliche Erkenntnisse von Schülern häufig richtig wiedergegeben werden können, diese aber nicht in ihre Alltagsvorstellungen integriert werden. Wird das bestehende Wissen im Unterricht jeweils mitaktiviert, verändert es sich und läuft nicht weiter als „altes Wissen" unverändert quasi „nebenher". Die Aktivierung des Vorverständnisses von Schülerinnen und Schülern kann deshalb ebenfalls den Lernprozess fördernd sein. Es ist daran zu erinnern, dass Denken und Lernen auch über Sprache strukturiert und anregt werden. Die **Versprachlichung** von komplexen Verstehensvorgängen, das Zulassen von Selbstgesprächen und die Aufforderung zu inneren Dialogen sind deshalb hilfreich.

Ein Blick auf die biologischen Grundlagen des Lernens betont die **Wichtigkeit des Lernens in der Kindheit** – und gerade der frühen Kindheit – für den Aufbau der neuronalen Struktur. Deshalb zieht eine gravierende Vernachlässigung von Kindern schwer wiegende Konsequenzen für deren weiteren Bildungsweg nach sich. Aus obiger Darstellung wird zudem erkennbar – was angesichts der an manchen Stellen wachsenden Armut und veränderter Ernährungsgewohnheiten nicht mehr selbstverständlich ist –, dass Schülerinnen und Schüler von ihrer *Energieversorgung* her Kapazitäten für die Anforderungen der Schule übrig haben müssen. Das Gehirn verbraucht einen großen Teil der körperlichen Energie und setzt diese zunächst für die Aufrechterhaltung der Körperfunktionen ein. Lernen ist unter dieser Perspektive Luxus. Wenn Schülerinnen und Schüler nicht gut ernährt sind, wird es für sie schwierig sein, den intellektuellen Anforderungen der Schule zu genügen.

Die wichtigste pädagogische Einsicht ist die, dass jedes Lernangebot auf individuell ausgesprochen unterschiedliche Weise verarbeitet wird. Auf diese Erkenntnis hat die didaktische Theoriebildung letztlich noch nicht hinreichend reagiert (vgl. dazu Kapitel 14). Gehirne sind selbstreferenziell geschlossene Systeme. Sie arbeiten nach strengen Regeln, die nicht durchbrochen werden können, aber in jedem entsteht ein anderes Muster!

Empfohlene Literatur zur Vertiefung

RAINER DIETERICH: *Lernen im Entspannungszustand. Göttingen: Verlag für Angewandte Psychologie 2000*
Dieses Buch räumt gründlich mit den pädagogischen Konzepten auf, die suggerieren, man könne im Schlaf lernen oder durch die bessere Aktivierung des Gehirns das Lernen erleichtern. Für alle diejenigen, die sich mit Suggestopädie beschäftigen wollen, eine Pflichtlektüre!

GERHARD ROTH: *Das Gehirn und seine Wirklichkeit. Kognitive Neurobiologie und ihre philosophischen Konsequenzen. Frankfurt/Main: Suhrkamp 1996*
Dieses Buch ist eine Einführung in die Kognitionsforschung, die Genauigkeit der Darstellung mit Lesbarkeit kombiniert.

GERHARD ROTH *(Hg.): Kopf-Arbeit. Gehirnfunktionen und kognitive Leistungen. Heidelberg: Spektrum 1996*
Der Sammelband fasst den Stand der Hirnforschung anspruchsvoll, aber auch für Laien nachvollziehbar zusammen.

8 Die steinzeitliche „spontane Vernunft"

Erkenntnisse der Soziobiologie, der Darwinischen Psychologie und der Evolutionären Erkenntnistheorie machen deutlich, dass unsere „spontane Vernunft" an die längste Periode der Menschheit, die Lebensbedingungen im Pleistozän, angepasst ist. Was uns konkret und was uns abstrakt erscheint, lässt sich mit Hilfe dieser Theorie erklären. Für die pädagogische Diskussion ist diese Theorieofferte anregend, vermag sie doch für den didaktisch so wichtigen Begriff der „Anschaulichkeit" Konkretisierungsmöglichkeiten zu bieten und zudem erklären, warum dem Menschen der Umgang mit der Komplexität der Moderne schwer fällt.

Im vorhergehenden Kapitel wurde die Frage nach der Regelhaftigkeit von Verarbeitungsmechanismen im Gehirn gestellt. Dieser Frage soll nun vertiefend nachgegangen werden.

Erkenntnisfähigkeit und die menschliche Entwicklungsgeschichte

Die zentrale These Evolutionärer Psychologie und verschiedener biologischer Forschungsrichtungen ist, dass sich die Möglichkeiten, mit denen Menschen ihre Umgebung wahrnehmen und in ihr agieren, in Anpassung an die unmittelbare Umwelt und die sich daraus ergebenden Notwendigkeiten entwickelten. Demzufolge ist das Gehirn ein Produkt der Stammesgeschichte des Menschen und hat sich entsprechend den Anforderungen der umgebenden natürlichen Umwelt entwickelt. Wenn man die Gattungsgeschichte der Menschheit in ihrer Dauer vom Beginn der Menschheit bis heute vor sich sieht, dann haben Menschen die überwiegende Zeit unter den Bedingungen von nomadisierenden Kleingruppen gelebt, die als Jäger und Sammler durch Savannen streunten. Demnach wäre die Menschheit vor allem an die Bedingungen des Pleistozän (Steinzeit) als der in der Entwicklungsgeschichte der Menschheit zeitlich längsten Periode angepasst.

Die „angeborenen Strukturmechanismen" der Verarbeitung kognitiver Prozesse, und zwar emotionaler wie rationaler Art, sind nach dieser – zum Großteil empirisch wie theoretisch gut abgesicherten Hypothese – an die Bedingungen dieser inzwischen vergangenen Umwelt angepasst. Ich nenne diese Anpassungsstrukturen deshalb spontane Vernunft, weil diese Form des Erkennens *Vorschläge* unseres Gehirns sind – aber keine feste Strukturen. Die Dinge, deren Erkenntnis uns leicht fällt, da sie in ihrer Erscheinung der Struktur unseres Erkenntnisvermögens ähnlich sind, erscheinen uns konkret, während die Dinge, die dies in ihrer Struktur nicht sind, uns abstrakt erscheinen. Menschen können mit solchen angeborenen „Erkennensrastern" flexibel umgehen; abstraktes Denken erfordert dagegen Schulung und Übung. Auch unser Problemlöseverhalten entwickelte sich in der Steinzeit und ist an deren Bedingungen angepasst. Da sich die Welt seit dem Pleistozän inzwischen durch das Handeln des Menschen vor allem in den letzten eintausend Jahren radikal verändert hat, ist es nicht immer leicht, mit den kognitiven Vorschlägen von gestern die Welt von morgen zu gestalten.

Dieser Theorieansatz wird besonders von der Evolutionären Erkenntnistheorie vertreten. Die Frage, wie Anschauung und Erkennen miteinander zusammenhängen, durchzieht die gesamte Geschichte der Philosophie – nicht zuletzt die Auseinandersetzung zwischen den so genannten Empiristen und Rationalisten im 18. Jahrhundert. Der Biologe KONRAD LORENZ hatte, angeregt durch die Schriften KANTS, in einer seiner frühen Schriften vermutet, dass „apriorische Kategorien" möglicher menschlicher Erkenntnis ein Produkt der Evolution seien (vgl. LORENZ 1941). Damit legte er den Grundstein für die Evolutionäre Erkenntnistheorie, wie sie unter anderem vom Biologen RUPERT RIEDL und dem Philosophen GERHARD VOLLMER entwickelt wurde.

Abb. 5:
Diese Zeichnung verweist auf die grundlegende Hypothese der Evolutionären Psychologie, wonach die menschliche Erkenntnisfähigkeit im Verlauf der Evolution des Menschen entstand.

Erkenntnisfähigkeit und Mesokosmos

Unser Erkenntnisapparat hat sich zur Lösung der Probleme entwickelt, die von überlebenswichtiger Bedeutung waren. Unsere Sinneswahrnehmung hat sich so entwickelt, dass sie für die größte Zeit der Menschheitsgeschichte optimale Überlebensfähigkeiten bot. Unsere Sinne sind an die Umweltreize angepasst, die für das damalige Überleben von Relevanz waren. So sind unsere Ohren beispielsweise an das Hören in der Luft optimal angepasst, während wir im Wasser nur sehr ungenau zu hören vermögen. Sie hören in den Frequenzen, in denen für das Überleben relevante Informationen, etwa die Mitteilungen von Mitmenschen, übermittelt wurden. Wir sehen bis zum Horizont und erkennen gerade noch Größen der Dicke unserer eigenen Haare; kleinere Dinge können wir nicht mehr wahrnehmen. VOLLMER (1975) nennt dies den *Mesokosmos* unserer Erkenntnis. Dieser lässt sich in etwa so bestimmen, wie in Tabelle 2 dargestellt.

Größe	Untergrenze	Obergrenze
Zeiten	Sekunden (z. B. Herzschlag)	Jahrzehnte (z. B. Lebensdauer)
Abstände	Ruhe	Kilometer (z. B. Horizont 20 km, Tagesmarsch 30 km)
Geschwindigkeiten	Millimeter (z. B. Staub, Haare)	zirka 36 km/h (z. B. schnellste Laufleistung des Menschen)
Beschleunigungen	gleichmäßige Bewegung, keine Beschleunigung	zirka $10 m/s^2$ (z. B. Sprinter, freier Fall)
Massen/Gewichte	Gramm	Tonnen (z. B. Felsen, Tiere, Bäume)
Temperaturen	zirka $-10\,°C$ (z. B. Gefrierpunkt)	zirka $100\,°C$ (z. B. Siedepunkt des Wassers)

Tab. 2: Mesokosmos der Erkenntnis (zitiert nach VOLLMER *1985, S. 7)*

Das Nachdenken über Dinge, die im Mesokosmos verankert sind, ist uns anschaulich. Das, was außerhalb dieses Mesokosmos liegt, erscheint uns unanschaulich. Unser Reflexionsvermögen empfindet deshalb die Dinge als anschaulich, die sich innerhalb des sinnlich erfahrbaren Raumspektrums bewegen und sich ohne künstliche Hilfsmittel erkennen, rekonstruieren, identifizieren und bewältigen lassen. Anschaulich sind für Menschen Abstände und Zeiten, die per Fußmarsch zurückgelegt werden können, und Zusammenhänge, die sich handlungsorientiert in zirka fünf bis zehn Unterprobleme zerlegen lassen (und damit der Problemlösekapazität des Kurzzeitgedächtnisses entsprechen). Demzufolge werden im Allgemeinen sehr kleine Abstände und kurze Zeiten (wie Elektronen oder Quarks), sehr große Entfernungen (wie im Universum oder Schwarze Löcher), sehr große Geschwindigkeiten (wie sie durch die Spezielle Relativitätstheorie beschrieben werden) sowie komplexe Systeme mit vielfältigen Beziehungen untereinander und Rückkoppelungseffekten (wie die Weltgesellschaft) als unanschaulich empfunden. Die Grenzen des menschlichen Mesokosmos sind nicht einheitlich anzugeben.

Spontane Vernunft

Unser Erkenntnisapparat geht von Sinneseindrücken im Mesokosmos aus, andere kamen ja schließlich in der menschlichen Evolution nicht vor. Müssen wir spontan den Bremsweg bei einem schnell fahrenden Auto einschätzen, dann gehen wir häufig von Bremswegen aus, die eher einem schnellen Laufen denn einem rasenden Auto angemessen wären. Schreckliche Autounfälle sind manchmal die Folge. Die Gewohnheit an Geschwindigkeiten spielt hier keine Rolle; denn dieser Fehler passiert auch, wenn wir schon mehr als einmal mit dem Auto schnell gefahren sind. Dennoch: Es ist nicht zwangsläufig, dass wir diesen Fehler machen und Bremswege zu kurz einschätzen. Wir können lernen, nicht zu weit aufzufahren. Dazu müssen wir uns abstrakt klarmachen, warum die Bremswege bei hohen Geschwindigkeiten so lang sind, und wir benötigen dazu Hilfskonstruktionen (Leitpfähle). Wir können uns also auch anders – angemessen an das schnelle Auto – verhalten. Nur: Es wird uns immer wieder erstaunen, wie lange dieser Bremsweg ist. Er ist uns unanschaulich, und unser Gehirn wird uns immer wieder den Vorschlag machen, doch weiter aufzufahren. Die Unfallstatistik belegt dies. Unsere spontane Vernunft ist aber kein zwingendes Programm; wir können uns anders verhalten, und dies ist in einer technisierten komplexen Welt unabdingbar.

Erkenntnisfähigkeit und soziale Regelhaftigkeit

Menschen haben die überwiegende Zeit ihrer Gattungsgeschichte in nomadisierenden Kleingruppen zusammengelebt. Die Forschungsergebnisse zu den Gruppengrößen schwanken zwischen 12 bis 150 Menschen (vgl. ausführlich DUNBAR 1996, S. 92 ff.). Diese Gruppen waren eng aufeinander angewiesen. Das Leben in Gruppen hatte Nachteile: Krankheiten, Streit und Konkurrenz. Vorteilhaft war es für den gemeinsamen Nahrungserwerb und die gemeinsame Bewältigung von Schwierigkeiten, etwa die aufwändige Kinderaufzucht. Hier konnte man sich untereinander helfen.

Das Leben in der Gruppe bedingte die Evolution der Sprache, um die vielfältigen sozialen Beschwichtigungen und Absprachen genau ausüben zu können. Unser Kommunikationsverhalten ist offensichtlich in übersichtlichen Gruppen von bis zu 150 Menschen evolviert. Hier entwickelten sich unterschiedliche Formen der Kommunikation zwischen den Geschlechtern (vgl. Kapitel 11). Hier wurde zudem der menschliche Kommunikationsradius geprägt, der offensichtlich keinen intensiven Kontakt zu beliebig vielen Menschen zulässt, sondern noch deutliche Spuren des Lebens in einer überschaubaren Gruppe trägt.

Die Psychologen JOHN E. TOOBY und LEDA COSMIDES (1992) äußerten die Vermutung, dass die menschliche Erkenntnisfähigkeit sich im Laufe der Evolution in besonderer Weise auf die Überprüfung und Einhaltung sozialer Regeln spezialisiert habe. In Gruppen war eine hohe wechselseitige Kooperation von Nöten, um das Leben gemeinsam bewältigen zu können. Eine Gruppe war darauf angewiesen, dass die jeweilige Kooperation auch wechselseitig gegeben war. Jeder Mensch versucht allerdings mit dem geringst möglichen Aufwand davonzukommen. Deshalb ist zu vermuten, dass es für diese Gruppen äußerst wichtig war, Trittbrettfahrer, die nur profitieren, nicht aber selbst investieren wollten, zu entlarven und zu bestrafen.

Die empirischen Untersuchungen des Forscherpaars belegen diese Vermutung. Unsere Vernunft arbeitet offensichtlich kontextabhängig und besonders genau, wenn es um die Einhaltung sozialer Regeln in konkreten Gruppen des Nahbereichs geht. Sobald soziale Regeln aber konkrete Kontexte verlassen, erscheinen sie uns weniger anschaulich, beispielsweise wenn es etwa darum geht, sozialverträgliche Regeln im Weltwirtschaftssystem zu etablieren. Wir empfinden die Entlassung eines Menschen, den wir kennen und schätzen – beispielsweise aus dem Dorfladen um die Ecke –, als ungerecht, wenn er aus Profitdenken des Besitzers entlassen wird. Werden aus denselben Gründen, nämlich der Gewinnerhöhung von Anteilsnehmern, in einem internationalen Konzern Entlassungen ausgesprochen, ist dies eine Frage wirtschaftlicher Rationalität und keine Frage des „Gerechtigkeitsgefühls". Es wird dem Dorfladenbesitzer, der seine Angestellten kennt und ihrem persönlichen Schicksal in der Kirche oder beim Dorffest begegnen wird, sehr viel schwerer fallen, einen solchen Schritt um des eigenen Profits willen auszuführen, als einem fernen Aufsichtsrat, der seine Angestellten nie persönlich zu Gesicht bekommen hat. Unser Verantwortungsgefühl korrespondiert also nicht mit der Handlungstiefe, sondern mit einem konkreten Bezug auf eine alltagspraktische soziale Regel einerseits und persönlicher Bekanntschaft andererseits.

Gibt es eine „sozietäre Moral"?

Gibt es einzelne moralische Postulate, die sich auf das Verhalten in Gruppen beziehen und quasi als natürlich oder gar als angeboren zu bezeichnen sind? Kann man Verhalten von Tieren in Analogieschlüssen als ein biologisch erprobtes und damit bewährtes oder gutes Verhalten auf Menschen normativ übertragen? Der Erziehungswissenschaftler FELIX VON CUBE verfolgt in seinem Werk diese Argumentationslinie und spricht in diesem Zusammenhang von „sozietärer Moral" (vgl. V. CUBE/ALSHUTH 1993; V. CUBE 1999). Er meint, in Tiergruppen Zuverlässigkeit, Wahrhaftigkeit und Gerechtigkeit durchgehend beobachten und von dort aus auf verhaltensbiologische Grundlagen einer Werterziehung für Menschen schließen zu können.

Biologische Theorien können zu solchen Analogieschlüssen verführen, die Orientierung in einer unübersichtlichen Welt verheißen und das vermeintlich richtige Verhalten aufzeigen wollen. Allerdings verkennen solche Kurzschlüsse die Komplexität der Wechselwirkung zwischen der natürlichen Umwelt und menschlichem sowie tierlichem Verhalten (vgl. die ausführliche Kritik bei BRUMLIK 1993).

Menschen wie Tiere passen sich durch ihr Sozialverhalten an die jeweiligen natürlichen Umwelten an. Selbst Lügen und Betrug sind umweltangepasste Strategien und lassen sich sowohl bei Tieren als auch bei Menschen beobachten. Solche, die Natur idealisierenden und leider sehr populären Vorstellungen eines aus der Biologie erklärbaren „richtigen Sozialverhaltens" fallen weit hinter die Argumentationsstruktur der Biologie selbst zurück: Verhalten ist hochgradig flexibel und dient der genegoistischen Fitnesssteigerung. Zudem ist es unzulässig, von der Beobachtung einer bestehenden Ordnung auf eine Norm zu schließen – der klassische Fall eines naturalistischen Fehlschlusses.

Die Unterscheidung zwischen Fremdem und Vertrautem

Da sich unsere Vernunft in Kleingruppen entwickelte, könnte es vorschnell nahe liegen, die Entstehung von Fremdenfeindlichkeit als biologisch angepasst erklären und legitimieren zu wollen. Gerade die Anthropologie hat einen solchen Kurzschluss immer wieder produziert und damit einem wissenschaftlichen Rassismus Vorschub geleistet.

Die Fähigkeit von Menschen, Fremdes und Vertrautes voneinander unterscheiden zu können, ist in der Vergangenheit evolutionär begünstigt worden. Die Unterscheidung zwischen der vertrauten Mutter und anderen Menschen können bereits Säuglinge treffen. Die hohe Bedeutung von Verwandtschaften und langandauernden Beziehungen für die Entstehung von Kooperationen (vgl. dazu Kapitel 12) machte es vorteilhaft, Fremde von Vertrauten unterscheiden zu können, um dem verschlungenen Netz gegenseitiger Kooperationen Dauer zu verleihen. Menschen, die gar nicht oder nur sehr kurz in das Netz von Kooperationen eingebunden sind bzw. deren reziprokes Engagement bisher nicht überprüft werden konnte, könnten sich potenziell als Trittbrettfahrer erweisen. Gleichzeitig könnte es aber ebenso gut sein, dass Fremde Lösungen für selbst nicht gelöste Probleme bereitstellen und somit den eigenen gesellschaftlichen Variationspool erweitern. Diese evolutionäre Wurzel der Unterscheidung zwischen Fremdem und Vertrautem ist durch die vergleichende Verhaltensforschung und die Ethnologie gut gesichert.

Eine negative – fremdenfeindliche – Bewertung des Fremden ist damit aber nicht gegeben. Vielmehr hängt es von der ökologischen Situation – also der Umwelt – ab, wie diese Unterscheidung bewertet wird. Hier lässt sich wieder das komplexe Zusammenspiel zwischen Anlage und Umwelt erkennen: Die Unterscheidung zwischen Fremdem und Vertrautem ist universal, die Bewertung dessen, was fremd oder vertraut ist, ist jedoch eine individuelle Entscheidung in einer bestimmten Umwelt. Zudem sind die Kriterien, was jeweils als fremd oder vertraut identifiziert wird, flexibel und damit ebenfalls von der jeweiligen Situation abhängig.

> **Kriterien für die Bewertung von Fremdheit?**
>
> Die Bewertung dessen, was fremd und was vertraut ist, ist hochgradig individuell und hängt von vielen sozialen und kulturellen Faktoren ab. Aus der Biowissenschaft können zwei Forschungsergebnisse zur Diskussion gestellt werden.

Immunologische Fremdheit und Vertrautheit lässt sich über die vom Gehirn automatisch vorgenommene Bewertung von Körpergerüchen wahrnehmen: Die spezifische Struktur des Immunsystems äußert sich über den Körpergeruch. Je komplementärer ein fremdes Immunsystem dem eigenen gegenüber ist, desto angenehmer wird der Geruch des jeweiligen Gegenübers empfunden (vgl. WEDEKIND u. a. 1995). Je ähnlicher ein Immunsystem dem eigenen ist, desto unangenehmer erscheint der Körpergeruch. Dieses Unterscheidungskriterium, das (immunologische) Fremdheit prämiert, ist hochgradig individuell ausgeprägt. Es spielt für die Partnerwahl von Frauen eine wichtige Rolle; denn es erfüllt eine wichtige Funktion im Hinblick auf die Auswahl potenzieller Geschlechtspartner. Je fremder (d. h. zum eigenen Immunsystem komplementärer) das Immunsystem des Partners ist, desto größer ist die Wahrscheinlichkeit, dass die mit diesem Partner gezeugten Kinder über ein stabiles Immunsystem verfügen. Frauen können deshalb ihren Partner meistens besonders gut riechen – und fühlen sich zu übermäßig parfümierten Männern weniger stark hingezogen, geht von jenen doch die Gefahr aus, immunologisch hinters Licht geführt zu werden (vgl. Kapitel 11).

Ein weiteres Kriterium für die Bewertung von Fremdheit ist die Übereinstimmung der Sprache. Der Wunsch, Fremde unterscheiden zu können, führte nach den Forschungsergebnissen des Biologen ROBIN DUNBAR (1998, S. 213 ff.) beispielsweise zur (kulturellen) Ausprägung von regionalen, schichtspezifischen und gruppenbezogenen Dialekten. Die soziale Gruppe, in der wir aufwachsen, lässt sich von einer anderen nur durch ihre Sprache, respektive dem Dialekt, unterscheiden – eine ganz subtile Form der mundartlichen Prägung, die sich zudem schnell verändert und damit auf aktuelle Gruppenzugehörigkeit verweist. Durch diesen sprachlichen Erkennungscode ließen sich in der Vergangenheit der Menschheitsgeschichte Zugehörigkeiten sicher erkennen. Die Aussprache schwieriger holländischer Wörter war beispielsweise im zweiten Weltkrieg eine sichere Methode, um in den Niederlanden spionierende deutsche Soldaten identifizieren zu können. In einer durch Migration und Globalisierung gekennzeichneten Weltgesellschaft, in der die Zugehörigkeit zu Gruppen über Gesellschaftsverträge geschlossen wird, ist ein solches Unterscheidungsmerkmal der sprachlichen Übereinstimmung als Gruppendefinition eher dysfunktional. Dennoch muss man erwarten, dass Menschen aufgrund ihres evolutionären Erbes ein irrationales Gewicht auf sprachliche Übereinstimmung

> legen, das heißt beispielsweise auf unvertraute Dialekte oder Sprachfärbungen abweisend reagieren. Freilich – darauf wurde schon an vielen Stellen hingewiesen – sind solche biologischen Erklärungen für Verhalten nicht deren Legitimation. Vielmehr werden die besonderen Erziehungsherausforderungen erkennbar, denn in einer multikulturellen Gesellschaft kann man sich solche archaischen Gefühle nicht leisten.

Der Wunsch, Fremdes von Vertrautem zu unterscheiden, hat also vermutlich evolutionäre Wurzeln. Die Frage hingegen, was man jeweils als fremd und vertraut bezeichnet und wie man dieses bewertet, hängt von den jeweiligen Umwelteinflüssen ab. Fremdenfeindlichkeit kann damit nicht mit biologischen Argumenten legitimiert werden. Dieses wäre ein klassischer naturalistischer Fehlschluss. Biologische Forschung macht aber (neben anderen Forschungen aus der Soziologie und der Psychologie) darauf aufmerksam, dass das Entstehen von Fremdenfeindlichkeit nicht ausgeschlossen werden kann. Damit kann diese Forschung pädagogischen Handlungsbedarf, etwa im Bereich der Spracherziehung, erkennen lassen. Konsequenzen könnten beispielsweise sein, Kinder und Jugendliche in einer Einwanderungsgesellschaft schon früh mit Begegnungssprachen zu konfrontieren, um den emotionsfreien Umgang mit Anderssprachigkeit und Dialekten zu fördern und darauf zu achten, jungen Migranten durch eine gute Sprachförderung die Chance auf Zweisprachigkeit zu ermöglichen.

Erkenntnisfähigkeit und lineare Kausalitätsvorstellungen

Vor jeder Erfahrung – so die Hypothese – stehen angeborene kognitive Verarbeitungsmuster, die zwar nicht starr und zwingend sind und beispielsweise durch Lernen verändert werden können, die aber als „Arbeitshypothesen unseres Erkennens" quasi ein Sonderangebot der kognitiven Verarbeitung darstellen. Diese – auch phylogenetische Vorurteile genannten (vgl. RIEDL 1982; 1992; kritisch VOLLMER 1982) – Muster haben sich in Millionen von Jahren evolutionär bewährt. In vielen alltäglichen Situationen bewähren sie sich auch heute noch. Sie sind aber heute nicht mehr in allen Situationen menschlichen Daseins hilfreich. Diese phylogenetischen Vorurteile sind es auch, die uns den Umgang mit einer globalisierten Weltgesellschaft erschweren.

Die Vorstellung eines Tat-Folge-Zusammenhangs

Problemlösungen waren über Jahrtausende hinweg durch einen unmittelbaren Tat-Folge-Zusammenhang gekennzeichnet, und diesen unterstellen wir auch heute: Ein Tier greift an, und Menschen fliehen oder verteidigen sich. Wer keine Nahrung finden oder für schlechte Witterungsperioden nicht vorsorgen kann, darbt oder verhungert. Wer tüchtig sammelt oder jagt, kann viele Kinder versorgen oder zur Ernährung der Gruppe beitragen. Wer in der Gruppe ausgleichend wirkt, ist beliebt und hat ein hohes Sozialprestige – sein Rat und seine Entscheidung werden gehört, und er verfügt damit über Macht.

Der Kontext, in dem Menschen heute leben, ist nur noch zum Teil so einfach und überschaubar. Gerade im Hinblick auf die globalen Probleme sind der unmittelbare Tat-Folge-Zusammenhang sowie deren sinnliche Wahrnehmung verloren gegangen: Das Abholzen des Regenwaldes in Malaysia mag dem unmittelbaren Vorteil einer kleinen dortigen Oberschicht und den Umsatzinteressen verschiedener Konzerne dienen. Die negativen Folgen dieses Handelns im Hinblick auf mögliche weltweite Klimaveränderungen und die ökologischen Konsequenzen in der Region (Bodenerosion, Versteppung, Artensterben und anderes mehr) wird die verursachende Gruppe kaum selbst zu spüren bekommen. Oder: Eine autofahrende Person verändert auf diesem Globus kaum etwas; was passiert aber, wenn dieses Verhalten von Milliarden Menschen kopiert wird? Mit Nebenwirkungen von Nebenwirkungen umzugehen haben Menschen bisher wenig üben können und so sind ihre spontanen Problemlösefähigkeiten darauf nicht eingestellt. Eine individualisierende, an persönliche Verantwortung appellierende Ethik greift angesichts solcher unübersichtlichen individuellen Zuschreibungsmöglichkeiten zu kurz.

Erfahrungen als Entscheidungsgrundlage

Menschen handeln – so hat es der Physiker DÜRR einmal genannt – als „Rückspiegel-Realisten": Sie fällen Entscheidungen vor dem Hintergrund bereits erlebter Entscheidungen und Erfahrungen. Neue Lerninhalte werden auf alte zurückgeführt oder von diesen abgegrenzt. Das wird beispielsweise im interkulturellen Vergleich deutlich: Andere kulturelle Muster sehen wir vor dem Hintergrund des eigenen kulturellen Musters und können auf dieser Folie Bekanntes und Unbekanntes unterscheiden. Auch das Unbekannte hängt in menschlicher Wahrnehmung als „Nichtbekanntes" strukturell mit dem Bekannten zusammen. Solange die soziale und ökologische Umwelt stabil ist, ist diese Verhaltensweise und Erkenntnisform Erfolg versprechend und rational; deshalb konnte sie sich auch über Jahrtausende stabilisieren. Problematisch ist, dass damit für neue Qualitäten keine Begriffs- und Vorstellungsmöglichkeiten vorhanden sind, denn es fällt Menschen außerordentlich schwer, sich diese kognitiv antizipierend vorzustellen. Im Hinblick auf den Umgang mit der ökologischen Krise – und damit im Umgang mit einer sich sehr schnell verändernden Umwelt – ist diese Falle menschlicher Vernunft fatal: Nur weil sich die Wachstumsstrategie über Jahrtausende bewährt hat, glauben wir, dass sie sich auch weiter bewähren müsse. Dies ist aber nicht wahrscheinlich.

Vorstellung begrenzter Ursachen

Es bereitet große Schwierigkeiten, die Welt als ein vernetztes System zu erkennen und entsprechend zu agieren. Menschliche Erkenntnis verkürzt häufig spontan unzulänglich auf lineare Ursachen und Wirkungen und berücksichtigt nicht oder nur mit Mühe komplizierte Wechselwirkungen. Ferner wird häufig davon ausgegangen, dass es eine Begrenzung der Ursachen gäbe, und die Ursache der Ursache wird vernachlässigt. Diese Aspekte spielen für das eigene Verhalten kaum eine Rolle – denn es reicht zumeist, eine Ursache anzunehmen, da im Alltag die Eingriffstiefe unseres Handelns begrenzt ist. Bei der Steuerung komplexer Probleme – sei es in der Politik, in der Wirtschaft oder in der Ökologie – werden solche Vorstellungen den jeweiligen Eingriffsmöglichkeiten allerdings nicht gerecht. Bereits um den schnellen sozialen Wandel um uns herum nur zu verstehen, benötigen wir anspruchsvollere Modelle als die Vorstellung begrenzter Ursachen.

Den Mesokosmos durch Lernen überwinden?

Das Pleistozän liegt hinter uns, und seit dieser Zeit hat der Mensch die Erde sehr verändert. Wir haben uns aus dem räumlichen Mesokosmos durch Technik und Wissenschaft entfernt; wir fliegen durch das All, betreiben Spezielle Relativitätstheorie und Molekulargenetik. Multikulturelle Gesellschaften sind Realität, und unserer Handeln muss sich in Horizonten bewegen, für die unser „Gerechtigkeitsgefühl" nicht mehr ausreicht. Die Probleme, mit denen wir heute umgehen, sind nicht mehr nur durch lineare Kausalität geprägt, vielmehr spielen hier eine Vielzahl von Nebenfolgen und unterschiedlichen Ursachen eine dominierende Rolle.

Die globale Krise im Hinblick auf Umwelt und Entwicklung, die große Herausforderung der Einen Welt im 21. Jahrhundert, lässt sich vor diesem Hintergrund als eine *Lernkrise* der Menschheit interpretieren. Nicht der fehlende gute Wille scheint das primäre Problem zu sein, sondern die kognitiven Schwierigkeiten, auf diese Herausforderungen angemessen zu reagieren. Deshalb ist nicht eine Erhöhung der moralischen Oktanzahl die angemessene Reaktion auf diese Herausforderung, sondern vielmehr ein intensiver Lernprozess. Denn durch Sprache und die damit verbundene abstrakte Reflexionsfähigkeit können Menschen den sinnlich erfahrbaren Mesokosmos verlassen und über den unmittelbar erfahrbaren Tat-Folge-Zusammenhang hinausdenken. Menschen können durch Sprache und Nachdenken lernen, mit den Begrenztheiten der spontanen Vernunft umzugehen. Sie können lernen, komplexe Probleme, die auf den ersten

Blick nicht lösbar scheinen, zu verstehen und entsprechend zu lösen. Allerdings bedarf dies der Anstrengung des Begriffs, der Anstrengung, sich von sinnlich erfahrbaren Evidenzen zu lösen und diese zu hinterfragen, sowie der sprachlichen Arbeit und der Anstrengung von Abstraktheit.

Konsequenzen für die Pädagogik

Diese Theoriebildung bietet für Erziehungswissenschaftler vielfältige Anschlussmöglichkeiten.

Sie regt an, neu über ein altes didaktisches Prinzip – die Anschaulichkeit – nachzudenken. Zwar ist die Anschaulichkeit der unterrichtlichen Präsentation nicht erst seit COMENIUS eine grundlegende Forderung; was aber Anschaulichkeit ausmacht und welche Funktion sie hat, bleibt in der didaktischen Diskussion seltsam verschwommen. Hier könnten die Anregungen durch eine naturwissenschaftliche Theorie eventuell die Impulse geben, die für ein theoretisches **Konzept didaktischer Anschaulichkeit** von Nutzen sein könnten.

Eine didaktische Anschaulichkeitstheorie wäre auch angesichts der rasant ansteigenden Lernanforderungen – gerade hinsichtlich abstrakter Kausalitätsverbindungen – von Nutzen. Die meisten Herausforderungen des 21. Jahrhunderts sind durch enorme Komplexität gekennzeichnet; eine Komplexität, die nicht mehr anschaulich ist, sondern abstrakten Nachdenkens bedarf. Die ökologische Krise der Menschheit ist deshalb vor allem eine Lernkrise (vgl. SCHEUNPFLUG 1997). Die Komplexität der Herausforderungen des 21. Jahrhunderts sprengt unsere bisherigen Erfahrungen dessen, was wir mit unserer spontanen menschlichen Vernunft erfassen können. Gerade deshalb ist es nötig, Unterricht anzubieten, der in **komplexe abstrakte Operationen** einüben hilft. Deshalb hat der naturwissenschaftliche Unterricht einen so bedeutenden Stellenwert, da er in abstrakte Operationen einführt. Ebenso müsste eine anspruchsvolle sozialwissenschaftliche Theoriebildung selbstverständlicher Teil des Unterrichts sein. Hier ist diese Offerte für eine Theorie Globalen Lernens und weltgesellschaftlicher Entwicklung außerordentlich fruchtbar (vgl. SCHEUNPFLUG/SCHRÖCK 2000).

Ausgehend von einer Theorie der Anschaulichkeit hätte man so eventuell die Chance, eine **Didaktik des Abstrakten** – und zwar sowohl als Theorie wie auch als Praxis – weiterentwickeln zu können. Eine Didaktik des Abstrakten würde sowohl ein Nachdenken über den Umgang mit Komplexität und die Vermittlung dieses Umgangs beinhalten – zum Beispiel auch durch Computersimulationen –, wie auch Berührungs- und Anregungspunkte für eine Theorie des interkulturellen Lernens als eine Theorie weltbürgerlicher Erziehung bieten. Wir sind es gewohnt, dass naturwissenschaftlicher Unterricht etwas schwieriger zugänglich und abstrakt ist. Für sozialwissenschaftliche Theoriebildung aber – gerade im Hinblick auf den Umgang mit Fremdheit – neigen wir dazu, den Nahbereich überzustrapazieren. Fremdheit wird über Einzelschicksale und Biographien vertraut gemacht und Verständnis über Empathie hergestellt. Eine abstraktere Theoriebildung, die gleichzeitig Eigennutz und gegenseitige Achtung über Spielregeln kultiviert, könnte den beschriebenen Zusammenhängen dienlich sein.

Für die pädagogische Praxis sind diese Erkenntnisse von unmittelbarer Relevanz. Das Wissen um die stammesgeschichtliche Prägung unserer Denkvorgänge erleichtert es, Lernschwierigkeiten zu verstehen. Diese Theorie macht misstrauisch vor dem „gesunden" Menschenverstand und warnt vor unmittelbar einleuchtenden Darstellungen. Sie zeigt, dass Anschaulichkeit unbedingt notwendig ist, da sie unserer evolutionären Prägung entspricht. Sie verdeutlicht aber ebenso eindringlich, dass gerade angesichts der ökologisch, ökonomisch und vor allem sozial schwierigen Situation einer globalisierten Weltgesellschaft **abstrakte Kognitionsfähigkeit** von hoher Bedeutung ist. Anschaulicher Unterricht lässt sich mit Erfahrung, Einfühlungsvermögen und Kreativität gut gestalten; das Verstehen dessen, was Anschaulichkeit ausmacht, erleichtert einen solchen Unterricht und hilft gleichzeitig, Abstrakta einzuüben.

Empfohlene Literatur zur Vertiefung

WILLIAM F. ALLMAN: *Wie das Erbe der Evolution unser Denken und Verhalten prägt. Heidelberg/Berlin/Oxford: Spektrum 1996*
Dieses Buch stellt übersichtlich viele Forschungsergebnisse der Evolutionären Psychologie zusammen.

LEDA COSMIDES/JOHN E. TOOBY: *Cognitive Adaption for Social Exchange.* In: BARKOW, JEROME H./COSMIDES, LEDA/TOOBY, JOHN E. *(Hg.): The Adapted Mind. Evolutionary Psychology and the Generation of Culture. New York/Oxford: Oxford University Press 1992, S. 163–228*
Ein anspruchsvoller Aufsatz, der gründlich und anhand vieler empirischer Belege in die in diesem Kapitel dargestellten Zusammenhänge einführt.

9 Lernen mit Gefühlen

Für Lernprozesse sind, das ist die Erfahrung einer jeden Lehrkraft, Gefühle von großer Bedeutung. In diesem Abschnitt wird zunächst die Bedeutung von Gefühlen für Lernprozesse geklärt. Anschließend werden einige Gefühlslagen hinsichtlich ihres biologischen Substrats, das heißt im Hinblick auf ihre hormonelle Grundlage reflektiert. Vor diesem Hintergrund werden Anregungen für pädagogische Arrangements erkennbar.

Lernen mit Kopf, Herz und Hand

Das Diktum PESTALOZZIS vom Lernen mit Kopf, Herz und Hand wird in der Pädagogik häufig verwendet, wenn man auf die Bedeutung von Emotionen in Lernprozessen aufmerksam machen möchte. Dieses Zitat führt – so, wie es heute häufig verwendet wird – auf eine falsche Fährte, da es den Anschein erweckt, dass Wissen, Gefühle und Handeln an drei unterschiedlichen Orten angesiedelt seien. Lange Zeit dachte man in der Tat, dass das Herz der Sitz von Gefühlen sei. Gefühle wie auch Handlungsvollzüge werden aber durch das Gehirn gesteuert.

Die Bedeutung von Gefühlen für das Lernen wird oft unterschätzt. Ein Blick auf deren hirnphysiologische Grundlagen erklärt, welche wichtige Funktion Gefühle erfüllen.

Gefühle werden überwiegend über das Zwischenhirn gesteuert. Das Zwischenhirn koordiniert lebenswichtige Körperfunktionen wie das Wachen und Schlafen oder die Atmung, aber auch Aggressionen, Wut, Liebe und andere Gefühle. Diese werden weitgehend nicht durch das Bewusstsein kontrolliert. Sie sind ihm entzogen. Das Zwischenhirn ist entwicklungsgeschichtlich älter als der Neokortex (das Vorder- oder Endhirn, in dem sich das Bewusstsein überwiegend reguliert). Die unterschiedlichen Teile des Gehirns stehen in permanentem gegenseitigem Kontakt; unsere Gefühlswelt steht in Wechselbeziehungen mit dem, was wir als rational empfinden. Da Gefühle im älteren Teil des Gehirns angesiedelt sind, ist deren Kontrolle schwieriger als das bewusste Steuern von Denkprozessen.

Gefühle tauchen einfach auf. Sie beeinflussen Lernvorgänge, werden aber auch durch diese beeinflusst. Zum Beispiel löst das Gefühl der Befriedigung, eine Aufgabe richtig gelöst zu haben, einen Anstieg des Bluttestosteronspiegels aus, der zu weiteren Aktivitäten motiviert.

Gefühle haben die Aufgabe, Sinneseindrücke schnell zu bewerten und das nachfolgende Verhalten zu steuern. Sie haben sich in der Stammesgeschichte entwickelt, um bei Veränderungen in der Umwelt sofort bewährte Reaktionsmuster zur Hand zu haben.

> **Gefühle als schnelle Reaktionen auf Umwelteindrücke**
>
> Gefühle zu haben ist uns angeboren. Gefühle erfordern eine äußerst feine Abstimmung mit den verarbeiteten Sinnesreizen und der Selbstregulierung des Bewusstseins. Sie ermöglichen schnelle Reaktionen auf Umwelteindrücke. Werden wir zornig, strömt Blut in unsere Hände (um verteidigungsbereit zu sein), der Puls nimmt zu, und ein Adrenalinstoß sorgt für Energie. Furcht zieht das Blut in die Beine, damit man schneller weglaufen kann (und lässt das Gesicht daher blass erscheinen), und versetzt den Körper in einen allgemeinen Alarmzustand. Gleichzeitig sind wir in erhöhter Aufmerksamkeit, um die optimale Reaktion angesichts der Gefahr wählen zu können. Glücksgefühle hingegen beruhigen den Körper bzw. regen ihn an, und erlauben mit Begeisterung neue Ziele anzustreben und viele Aufgaben zu erledigen. Gefühle zu haben, hat sich in der Stammesgeschichte des Menschen (und von Tieren) bewährt. Gefühle erfüllen deshalb für die Bewältigung des Alltags eine wichtige Funktion. Bei komplexen Aufgaben in unübersichtlichen Situationen (beispielsweise in einer globalisierten Welt) können sie allerdings dysfunktional wirken.

Gefühle stehen in einer äußerst feinen Abstimmung mit den verarbeiteten Sinnesreizen und der Selbstregulierung des Bewusstseins.

Wie die Wechselbeziehungen zwischen Erkenntnis und Gefühlen organisiert sind, ist noch nicht ausreichend erforscht (ein theoretischer Entwurf beispielsweise bei CIOMPI 1997). Egal, wie diese Wechselbeziehungen konkret ausschauen: Dass beide Aspekte sich beeinflussen, ist unbestritten. Der in der Pädagogik häufig aufgebaute Gegensatz von Denken und Fühlen macht deshalb keinen Sinn. Gefühle bewerten. Denken und Lernen sind immer von Gefühlen als bewertende Instanz begleitet. Was jeweils dominiert, wird durch das Gehirn selbst fein gesteuert und gegeneinander abgewogen. Die Angemessenheit der gegenseitigen Abstimmung zu üben und zu lernen, ist gerade in der kindlichen Entwicklung wichtig. GOLEMAN (1997) spricht nicht umsonst von „emotionaler Intelligenz".

Gefühle und Hormone

Gefühle sind Ausdruck von Bewertungen, die im Gehirn vorgenommen werden. Häufig induzieren diese Gehirnentscheidungen, die sich zum großen Teil unserer willentlichen Einflussnahme entziehen, weitere körperliche Reaktionen auf hormoneller Basis. Die hormonellen Reaktionsmöglichkeiten auf Bewertungen des

Gehirns sind äußerst vielfältig und zum Teil sehr kompliziert, da sie sich gegenseitig bedingen und zum Teil auch mit weiteren körperlichen Reaktionen in Zusammenhang stehen. Im Folgenden sollen deshalb nur einige wenige, für Lernvorgänge aber recht wichtige Zusammenhänge exemplarisch und kursorisch dargestellt werden.

Adrenalin oder die Verhinderung des Lernens unter Stress

Ungewohnte, mit Aufregung und Angst verbundene Situationen lösen eine körperliche Reaktion aus, deren Muster tief in der Entstehungsgeschichte des Menschen verankert ist. Während der Hominisation waren gefährliche und angstbesetzte Situationen überwiegend überraschende Zusammentreffen mit gefährlichen Tieren oder mit Feuer. In einer solchen Situation ist es äußerst hilfreich, sich so schnell wie möglich aus der Gefahrenzone zu begeben.

Im Laufe der Evolution bildete sich ein Mechanismus heraus, der genau diese Reaktion programmierte. In dem Moment, in dem im Gehirn ein sinnlicher Eindruck als Gefahr oder als angstbesetzt identifiziert wird, löst das Zwischenhirn einen Hormonausstoß von Adrenalin und Noradrenalin aus. Diese Hormone versetzen den Körper mit einem Schlag auf Höchstleistungsniveau. Der Blutdruck wird erhöht, und Fett- sowie Zuckerreserven werden mobilisiert. Gleichzeitig unterbinden diese Hormone die Aktivierung von Neuronenverbindungen im Gehirn. In der Situation einer plötzlichen Gefahr ist langes Nachdenken und abwägendes Verhalten kontraproduktiv; vielmehr ist es angebracht, sich selbst schnell aus dieser Situation hinauszubringen und sich von ihr zu entfernen. Durch diese Reaktion wird dem Körper ein schnelles und konditionsstarkes Flucht- oder Abwehrverhalten ermöglicht.

Dieser einstmals so funktionale Mechanismus wird in einer technisierten Gesellschaft zunehmend dysfunktional. Wir müssen uns nur noch selten durch körperliche Anstrengung aus Gefahren begeben. Vielmehr sind es häufig Situationen des Leistungsvergleichs in der Schule und im Beruf, die Stress hervorrufen, oder die Schnelligkeit des Straßenverkehrs. Diese Art von Stressfaktoren, die in der Steinzeit in dieser Form nicht vorkamen, rufen dieselben körperlichen Reaktionen hervor wie damals gefährliche Tiere oder Waldbrände. Für die Bewältigung heutiger Stresssituationen kann diese körperliche Reaktion allerdings fatal sein. Eine Auflösung vieler heutiger Stresssituationen entsteht nicht durch körperliche Höchstleistung, sondern durch intensives Nachdenken und strategisches, nicht spontanes Handeln. Leistungen im Beruf werden heute häufig am PC erbracht, und der Stress einer Prüfung in der Schule verlangt das Abrufen gelernter Inhalte oder das konzentrierte Anwenden abstrakter Regeln etwa beim Lösen einer Mathematikaufgabe. Gerade diese Anforderungen werden durch die Hormonausschüttung allerdings nicht unterstützt; vielmehr ist das Gehirn ja geradezu darauf programmiert, in solchen stressbesetzten Situationen Nachdenken zu unterdrücken! Vielmehr wird der Körper durch den Fett- und Blutzuckerabbau „warm und bewegungsorientiert bzw. unruhig", (vgl. VESTER 1978, S. 74 ff.).

Für manche Schülerinnen und Schüler ist diese Situation beim Sprechen vor der Klasse oder in Prüfungen schwierig. Sie empfinden sich häufig als hilflos und haben in der Situation nur wenig Verhaltensalternativen. Allerdings kann der Umgang mit solchen Situationen gelernt werden. Die eine Möglichkeit ist, präventiv zu arbeiten und langfristig auf Prüfungssituationen zuzugehen. Lehrkräfte können dazu sehr viel beitragen, indem sie Prüfungssituationen nicht dramatisieren, sondern vielmehr zu einer entspannten und konzentrierten Situation beitragen. Dazu gehört auch, eine Prüfungssituation transparent zu gestalten, sodass die Anforderungen im Vorfeld klar sind. Zudem kann mit Schülerinnen und Schülern der Umgang mit Prüfungssituationen geübt werden, damit diese eine solche Situation zwar als Anstrengung und Anspannung, nicht aber als plötzliche Gefahr interpretieren. Schüler können Entspannungstechniken lernen, damit sie sich in einer solchen Situation wieder fangen (und durch Entspannung zu einem Adrenalinrückgang beitragen).

Der Adrenalinausstoß in Gefahrensituationen ist auch für Lehrkräfte ein Problem. Dann nämlich, wenn sie selbst Situationen im Unterricht als Gefahr interpretieren. Dies können Situationen beim Wandertag sein, wenn sich ein Kind in plötzliche Gefahr begibt, oder Unterrichtssituationen, die zum Beispiel über Disziplinkonflikte eine Gefahr für die eigene Person darstellen. Auch Lehrkräfte können das ausgeschüttete Adrenalin nicht über Flucht abbauen. Sie empfinden bei Konflikten mit Schülern oder mit der Schulleitung Leere im Kopf. Man kann lernen, mit solchen Situationen umzugehen, indem man sie im Kopf durchspielt und damit als vertraute – da antizipierbare – Situationen empfinden kann.

Die genannten Hormone werden vor allem über Bewegung abgebaut. Wenn Kinder nicht genügend Bewegung haben, kann die Leistungsanforderung in der Schule Lernen beeinträchtigen. Bewegung ist aus vielerlei Gründen für Kinder äußerst wichtig (vor allem zur Ausbildung der Motorik bzw. deren Koordinierung im Gehirn). Eine Rolle spielt sicherlich auch, dass über Bewegung Adrenalin und Noradrenalin- abgebaut werden und damit Neuronenverbindungen freigegeben werden. Gleiches gilt für gestresste Lehrkräfte. Eine über lange Zeit andauernde erhöhte Adrenalin- und Noradrenalindosis schwächt zudem den Körper, da dauernde körperliche Hochleistung simuliert wird. Damit sind gestresste Menschen anfälliger für Krankheiten und für Verschleißerscheinungen zum Beispiel am Herzen.

Testosteron oder Erfolge spornen an

Für jeden Erfolg werden Menschen über eine hormonale Ausschüttung belohnt. Das zufriedene Gefühl, etwas sehr gut geschafft zu haben, oder das leichte Gefühl des glücklichen Schwebens werden durch einen Anstieg des Bluttestosteronwertes ermöglicht. Nach erfolgreichem Bestehen einer Prüfung oder dem Sieg in einem Sportturnier wurde durchgängig bei Probanden ein Anstieg des Bluttestosterons festgestellt. Diese Veränderung führt dazu, dass man sich gut fühlt und das subjektive Selbstwertgefühl gefestigt wird. Beim Durchfallen durch eine Prüfung oder bei einer Niederlage im Sport stellt sich das Gegenteil ein: Der Hormonspiegel sinkt ab (vgl. EIBL-EIBESFELDT 1999, S. 104).

Ein im Vergleich zum individuellen Durchschnitt angestiegener Testosteronspiegel setzt Energien und Gefühle frei, eine solche Aufgabe wieder anzugehen. Ein unter dem individuellen Durchschnitt liegender Testosteronwert vermittelt jedoch das Gefühl: „Probiere es nicht wieder, du schaffst es sowieso nicht. Es ist nur verschwendete Energie." Diese Hormondosen sollen Menschen vor unnützer Energieverschwendung schützen und die Tätigkeiten belohnen, die eine ganz besondere Genugtuung versprechen.

Im Pleistozän war diese Verhaltensweise funktional. Es gab keine Prüfungen und Examina. Hingegen waren die Prüfungen, die das Alltagsleben bereithielt, für diese Verhaltensweise optimal.

An vielen Stellen ist dieser Mechanismus auch heute noch funktional. Anstrengung, die in die Bewältigung einer Aufgabe mündet, befriedigt. Für Pädagogen ist dies eine wichtige Erkenntnis. Lustgewinn erhält man eben nicht nur durch Spaß, sondern durch angstfreie konzentrierte Anstrengung und die damit verbundene Bewältigung von Aufgaben. Ein gutes pädagogisches Arrangement kann dieses Erlebnis vermitteln und damit wichtige Grundlagen für eine selbstständige Arbeitshaltung legen.

Diese körperlich induzierte Verstärkung kann allerdings auch zu Problemen führen. Lehrkräfte beispielsweise können in ihrer Berufsbiografie in eine Spirale geführt werden, in der sie so lange nicht mehr aufhören zu arbeiten, bis sie erschöpft zusammenbrechen. Die positive Verstärkung führt dazu, dass Menschen manchmal ihre Leistungen nach oben nur wenig zügeln und kontrollieren können. Immer höher, immer weiter, immer mehr Wachstum – letztlich sind diese Verhaltensweisen, die sich auch im gesamtgesellschaftlichen Kontext beobachten lassen, im menschlichen Hormonzyklus mitbegründet.

Ähnlich wirkt diese Hormonregulation in der Verarbeitung von Negativerlebnissen. Die Verhaltensweise, sich bei Misserfolgen einem anderen Gegenstand zuzuwenden bzw. von dieser Materie abzulassen, kann der Einstieg in den leistungsbezogenen Abstieg in einer Schulkarriere sein. Durch ein Misserfolgserlebnis werden hormonell weitere Misserfolgserlebnisse wahrscheinlicher, die wiederum dazu führen, noch weniger zu lernen.

Diesen Teufelskreis aufzubrechen, erfordert erhebliche Energien. Letztlich muss ein gestecktes Ziel nahe liegend erscheinen, um zu motivieren. Zudem sollte es auch erreicht werden können, um zu einer positiven Veränderung des Hormonspiegels zu führen. Diese Zusammenhänge bestätigen die pädagogische Erfahrung, dass manche negative Schulkarrieren nicht mit Durchhalteparolen, sondern nur mit Erfolgserlebnissen umzudrehen sind. Wie alle genetisch programmierten Verhaltensweisen ist auch dieses Verhalten abhängig von Umwelteinflüssen. Diese können in pädagogischen Situationen bewusst geplant werden.

Hilft Medizin?

Ein oberflächliches Nachdenken über die physiologischen Grundlagen des Lernens auf hormoneller Basis könnte zu dem Schluss kommen, dass sich hier ein weites Feld für die Pharmaindustrie auftue. Davor ist aber – sieht man von gravierenden Fällen, die durch Mediziner fachlich betreut werden, ab – eindringlich zu warnen. Die dargestellten Regelkreise sind sehr individuell und sehr fein gesteuert. Blitzschnell wird auf unterschiedliche Situationen – zum Beispiel Stress oder Freude – reagiert. Doping – nichts anderes ist ein solcher Eingriff – ist im Hinblick auf so komplizierte Prozesse wie Lernen und Verstehen ein viel zu grobes Instrument. Nebenfolgen für den gesamten Körper sind zu erwarten. Gerade da der menschliche Körper auf Umwelteinflüsse so sensibel reagiert und sehr anpassungsfähig ist, ist es deutlich erfolgversprechender, die Lernsituation einfühlsam zu verändern. Übungen zum Stressabbau, gegenseitige Körpermassage im Unterricht, das Strukturieren von Aufgaben, transparente Leistungsanforderungen und eine fröhliche und entspannte Lernatmosphäre und anderes mehr – alles dieses sind weitaus bessere und effektivere Möglichkeiten, Lernerfolge wahrscheinlicher zu machen, als die Selbstmedikation zum Abbau von Prüfungsangst oder zur Leistungssteigerung.

Endorphinausschüttung

Menschliche Gruppen umfassten im Pleistozän zirka 150 Personen. Das Leben in einer Gruppe war eine wirksame Methode, sich gegen tierliche Fressfeinde zu schützen. Gleichzeitig war es aber auch ein erheblicher Stressfaktor. Krankheiten können sich leichter ausbreiten. Das Leben in Gruppen bedingt einen größeren Konkurrenzkampf um Nahrung, um Schlafstellen und um Geschlechtspartner.

Die Abfederung dieser Konkurrenzsituation ist äußerst wichtig, andernfalls würde sich der Vorteil, in einer Gruppe zu leben, gegenüber den damit verbundenen Nachteilen aufheben. Subhumane Primatenarten, wie Paviane, Makaken und Schimpansen, die ebenfalls in Gruppen leben, verbringen etwa zehn bis zwanzig Prozent des Tages damit, sich gegenseitig zu kraulen. Dies ist eine große Zeitinvestition vor dem Hintergrund, dass diese Affen zur Suche von Futter sehr viel Zeit aufwenden müssen. Lange hielt man dieses Kraulen ausschließlich für gegenseitige Hygiene (zur Entfernung von Ungeziefer an unzugänglichen Körperstellen); heute weiß man, dass es eine Hormon- und Gefühlsregulierung bewirkt, die auch für Menschen bedeutsam ist.

Das Kraulen hat eine leicht entspannende Wirkung. Bei körperlicher Berührung wird der Puls ruhiger, und manche Tiere schlafen sogar dabei ein. Das liegt daran, dass über die Hautreizung durch Kraulen Endorphine (körpereigene Opiate) freigesetzt werden. Diese körpereigenen Opiate wirken schmerzlindernd, entspannend und beruhigend (proximate Ursache dieses Verhaltens). Die ultimate Ursache des Kraulens ist eine andere: Es dient der Festigung freundschaftlicher Bindungen.

Hätten unsere menschlichen Vorfahren im Pleistozän ihre Gruppenbeziehungen ebenfalls mit Kraulen geregelt, würden sie dafür – aufgrund der durchschnittlichen Gruppengröße – zirka neun Stunden täglich aufwenden müssen. Diese soziale Zuwendung ließe allerdings kaum Zeit für andere wichtige Tätigkeiten, etwa das Sammeln von Nahrung. Dem Biologen ROBIN DUNBAR zufolge entwickelte sich aus diesem Grund die menschliche Sprache zur Regelung von Sozialbeziehungen als ein funktionales Äquivalent zum Kraulen. Seine Hypothese lautet kurz und bündig: „Sprache ist entstanden, damit wir tratschen können". (DUNBAR 1998, S. 105). Nicht sachliche Mitteilungen stehen häufig im Zentrum von sprachlichen Äußerungen, sondern Beziehungsaussagen, also der Tratsch.

Mit dem Ersatz des Kraulens durch die Sprache ist zwar ein Problem der Evolution gelöst, nämlich die Ermöglichung von Bündnissen, allerdings ein erheblicher Nachteil entstanden: Reden bewirkt keinen Endorphinausstoß. Die beruhigende und stressabbauende Wirkung des Kraulens unserer Vorfahren konnte so nicht mit entwickelt werden, sondern ging mit der Erfindung der Sprache verloren. Allerdings ist dafür in der menschlichen Evolution eine Ersatzfunktion gefunden worden: das Lachen. Lachen regt ebenfalls die Endorphinproduktion an und wirkt entspannend, stressabbauend und schmerzlindernd. Mit dem Lachen wird es Menschen ermöglicht, auf Distanz zu kraulen (vgl. DUNBAR 1996, S. 242 ff.). Gleichzeitig haben Menschen sich das Kraulen erhalten; denn gegenseitiges Streicheln und Körperkontakt entspannen. Haben Kinder sich wehgetan, so suchen sie Körperkontakt bei einer vertrauten Person.

Konsequenzen für die Pädagogik

Diese Erkenntnisse bekräftigen viele in der Pädagogik schon lange bekannte Einsichten.

Gefühle sind dominante Faktoren für das Gelingen von Lernprozessen. Wer rationale Inhalte wie beispielsweise die des Mathematikunterrichts losgelöst von der Atmosphäre der Lernsituation oder den durch Vorerfahrungen bedingten Emotionen sieht, verkennt die dominante Rolle, die Gefühle im Lernprozess spielen.

Eine **entspannte, vergnügte Atmosphäre** ist die beste Ausgangssituation, um neugierig neue Zusammenhänge kennen zu lernen. Lachen entspannt. Lachen im Unterricht ist für eine entspannte Lernatmosphäre eine wichtige Komponente. In diesem Zusammenhang sollte auch über Möglichkeiten von Körperkontakt im Unterricht nachgedacht werden. Manche Grundschulen haben gute Erfahrungen damit sammeln können, dass Schülerinnen und Schüler sich gegenseitig mit Igelbällen im Unterricht massieren.

Erfolgserlebnisse motivieren (auch physiologisch!) zu weiteren Aktivitäten. Eine Aufgabe wird umso wahrscheinlicher angegangen, je klarer ein Erfolgserlebnis vor Augen scheint. Im Unterricht sollten deshalb die Aufgaben in überschaubare und dem jeweiligen Alter und Kenntnisstand der Schüler angepasste Teilschritte zerlegt werden, um Erfolge sichtbar zu machen. Vor diesem Hintergrund ist es in der Schule zudem äußerst wichtig zu lernen, wie man Aufgaben strukturiert, um sich selbst durch kleine, überschaubare Schritte Lernerfolgserlebnisse auch bei größeren Aufgabenstellungen ermöglichen zu können. Anstrengung vermittelt dann auch intensive Lustgefühle.

Gleichzeitig verhindern Situationen, die als **Gefahr** interpretiert werden oder angstbesetzt sind, das strukturierte Nachdenken. Stressbelegte Situationen führen zu körperlichen Reaktionen, die im Unterricht dysfunktional sind: Sie verhindern Nachdenken und begünstigen körperliche Bewegung. Deshalb ist es wichtig, Unterricht und vor allem Prüfungssituationen so zu organisieren, dass sie nicht als Gefahr oder als besonders angstbelastet interpretiert werden. Körperliche Bewegung trägt zum Stressabbau bei und begünstigt damit Lernen bzw. aktiviert das Gehirn.

Zudem wurde deutlich, dass die evolvierten Verhaltensweisen zu einer Art **Hilflosigkeit** führen kann. Die negativen Selbstverstärkungen bei Misserfolgserlebnissen können – wenn einem nicht von außen Erfolgserlebnisse vermittelt werden – nur durch abstrakte Kognitionen und die Selbstorganisation von Lernprozessen durchbrochen werden. Deshalb ist es in der Schule so wichtig, das Lernen zu lernen.

Aus dieser Perspektive wird auch die Bedeutung vielfältiger unterschiedlicher Lernangebote durch die Schule erkennbar. Die **Vielfalt** schulischer Unterrichtsfächer und schulischer Sozialerfahrungen streut das Risiko rein negativer Erlebnisse. Da positive Erfahrungen insgesamt das Selbstwertgefühl steigern und damit neue Aufgaben energischer anpacken lassen, kann mit einer Fächervielfalt das Risiko negativer Erfahrungen gemindert werden.

Empfohlene Literatur zur Vertiefung

DANIEL GOLEMAN: *Emotionale Intelligenz. München: Deutscher Taschenbuch Verlag 1997*
Dieser Bestseller beschreibt die Bedeutung von Gefühlen für die kognitive Bewältigung von Anforderungen.

ERNST PÖPPEL: *Lust und Schmerz. Über den Ursprung der Welt im Gehirn. München: Goldmann 1995*
Dieses Buch führt über das hier angeschnittene Thema hinaus. Im Mittelpunkt steht die bewertende Leistung des Gehirns. Der Autor geht von der These aus, dass menschliches Erleben stets lust- oder unlustbetont ist und diese Bewertungen Erfahrungen steuern.

Teil III

Die Natur pädagogischer Beziehungen

10 Eltern, Kinder und Familie

Die Beziehung zwischen Eltern und ihren Kindern ist für Lernprozesse äußerst wichtig. Eltern zeigen ihren Kindern viele Dinge. Über diese intentionalen Lernprozesse hinaus lernen Kinder im Lauf der Sozialisation implizit von ihren Eltern. Viele Pädagogen messen dem Elternhaus beispielsweise im Hinblick auf den schulischen Erfolg eine dominante Bedeutung bei. Vor dem Hintergrund biologischer Forschung scheint diese dominante Bedeutung der familiären Sozialisation allerdings in Frage zu stehen. Vielmehr wird auf die unterschiedlichen Interessen zwischen Eltern und ihren Kindern verwiesen und der Generationenkonflikt in den Vordergrund gestellt. Empirische Untersuchungen wie auch evolutionäre Theoriemodelle verweisen auf den Einfluss der Gleichaltrigengruppe. Zudem scheint die Familienkonstellation, das heißt die Geschwisterfolge und die mit ihr verbundenen ökologischen Nischen, ein Erklärungsmuster für die Individualentwicklung zu geben.

Dass Kinder Eltern haben, ist eine biologische Grundtatsache, die selbst im Zeitalter der Reproduktions-, das heißt Fortpflanzungsmedizin, ungeschmälert weiter gilt. Sie ist uns so selbstverständlich, dass darüber kaum nachgedacht wird. Warum bekommen Menschen Kinder? Unter vormodernen Bedingungen (ohne Verhütungsmittel) sind Kinder eine Konsequenz einer physiologisch geregelten Triebhaftigkeit, die Lustgewinn verspricht. Menschen werden zudem durch das kulturelle Normverständnis ihrer Gesellschaft dazu motiviert, und sie verspüren häufig einen psychologisch verankerten Wunsch nach Kindern.

Diese proximaten Gründe für einen Fortpflanzungswunsch lassen viele Fragen offen. Warum haben Menschen unterschiedlich viele Kinder? Warum wollen manche Menschen gar keine Kinder und haben auch keine? Warum scheuen manche Menschen für die Erfüllung ihres Kinderwunsches weder Kosten noch persönliche Mühen? Warum gibt es harmonische Eltern-Kind-Beziehungen? Und warum gibt es in der Eltern-Kind-Beziehung immer wieder tief greifende Konflikte? Wer Aussagen über das Verhältnis zwischen Eltern und ihren Kindern und die mit dieser Beziehung verbundenen Lernchancen treffen will, muss sich derart grundsätzlichen Fragen stellen.

Die Biowissenschaft sucht nach funktionellen Zweckursachen für Verhalten

Die Ideologisierung des Eltern-Kind-Verhältnisses

Biologen – nicht nur im Kontext des Nationalsozialismus – sprachen in der Vergangenheit von einem „Fortpflanzungstrieb". Wer sich nicht fort-

> pflanzte, wurde diffamiert, Elternschaft als „natürlich" geadelt. Das Eltern-Kind-Verhältnis wurde häufig ideologisiert. Frauen wurden im Hinblick auf ihre Mutterschaft in ganz bestimmte Rollenklischees gepresst und Verhaltensweisen, die diesen Erwartungen nicht entsprachen (zum Beispiel die Erwerbstätigkeit von Müttern) negativ beurteilt. Damit stellte sich diese Wissenschaft in den Dienst eines nicht zu akzeptierenden Frauen- und Gesellschaftsbildes. Die heutige Biologie hat diese Ideologie überwunden und weist weitaus differenziertere Argumentationsmuster auf.

(nach ultimaten Gründen), die proximaten Gründen nicht widersprechen, aber ein umfassenderes Verständnis menschlichen Sozialverhaltens ermöglichen (vgl. Kapitel 3). Die Kernthese für das Verständnis des Verhältnisses zwischen Eltern und Kindern lautet, dass alle Lebewesen reproduktive Interessen verfolgen, die in bestimmten Umwelten bestimmte Verhaltensweisen bedingen. Was ist darunter zu verstehen?

Menschen als Reproduktionsstrategen

Die Funktionslogik biologischer Entwicklung ist durch drei Systemeigenschaften der Lebenswelt charakterisiert, nämlich die Begrenzung von Fortpflanzungsmöglichkeiten, die Verschiedenartigkeit von Individuen und die genetische Vererbung. Diese Faktoren ziehen zwangsläufig Anpassungsprozesse nach sich, die zur Angepasstheit von Organismen an ihre Lebensbedingungen führen. Organismen sind deshalb biologisch auf die unter den jeweiligen Lebensumständen maximale Reproduktion eingerichtet. Der Biologe HUBERT MARKL spricht von diesem mit der Wirkweise der Evolution erklärbaren Lebenszweck der Genreplikation als „biogenetischem Imperativ" (MARKL 1983). Dieser evolvierte Mechanismus der maximalen Genreplikation ist eine konditionale Strategie, die die jeweiligen Umweltbedingungen sorgfältig kalkuliert. Es geht nicht darum, möglichst viele Genreplikate zu schaffen, sondern möglichst viele Genreplikate, die wiederum die Chance auf Genreplikate haben. Idealtypisch gibt es hier unterschiedliche Strategien: Man kann möglichst viele Genreplikate in die Welt setzen und hoffen, dass irgendeiner irgendwie überlebt (etwa im Laich von Fischschwärmen). Man kann wenige Genreplikate hervorbringen und diesen durch besondere Brutpflegefürsorge gute Chancen des Weiterlebens ermöglichen (z.B. bei Säugetieren). Manchmal ist es eine erfolgreichere Strategie, keine eigenen Nachkommen zu haben, sondern die eigenen Genreplikate in Nichten, Neffen und der weiteren Verwandtschaft zu unterstützen (dieses Verhalten lässt sich bei Vögeln, Säugetieren und Menschen beobachten). Ein Reproduktionsstratege zu sein, heißt also nicht zwangsläufig, viele eigene Nachkommen zu haben, sondern sich in einer bestimmten Umwelt genreproduktiv zu verhalten.

Alle Lebewesen – auch Pflanzen und Bakterien – verhalten sich als *Reproduktionsstrategen*. „Reproduktionsinteressen" sind allerdings – und das ist für das Verständnis der biologischen Perspektive auf Elternschaft sehr wichtig – kein Interesse im Sinne bewusster Absichten. Das Interesse auf Reproduktion wird nicht bewusst und planvoll umgesetzt. Vielmehr verhalten sich Menschen – als eine Spezies, die über ein sehr ausdifferenziertes Bewusstsein verfügt – so, als ob sie Reproduktionsinteressen verfolgten. Das spontane Empfinden, sexuelle Lust, Präferenzen in der Hilfestellung gegenüber Anderen, Verhaltenstoleranzen, das Interesse am anderen Geschlecht und die physiologischen Möglichkeiten zur Reproduktion haben sich so entwickelt, dass sie im Hinblick auf die Genreplikation effizient zusammenspielen. Das Wort „Reproduktionsinteresse" ist insofern irreführend, als es ein bewusstes Interesse unterstellt. Vielmehr ist hier eine theoretische Figur eines komplexen Zusammenspiels unterschiedlicher Verhaltensweisen gemeint, die eine solche Verhaltensrichtung ergibt, *als ob* Lebewesen ein solches Interesse ihrem Verhalten zu Grunde legen würden. Auf diese Sprachformen der Biologie wurde bereits mehrfach hingewiesen. Als-ob-Figuren sind in der Philosophiegeschichte eine häufig angewendete Möglichkeit, Dinge zu beschreiben, für die die Sprache keine eigene Begrifflichkeit bereithält (vgl. VAIHINGER 1927). Solche Metaphern ermöglichen das Verständnis von sprachlich schwer zu fassenden Zusammenhängen. Allerdings sind sie, da sie Metaphern sind, auch potenziell missverständlich.

Das Reproduktionsinteresse wird nun von ganz unterschiedlichen Aspekten geprägt – und von daher wird auch das Verhalten sehr unterschiedlich sein. Männer und Frauen haben ganz unterschiedliche Reproduktionsinteressen, da sie unterschiedlich viel in Kinder investieren, und werden sich von daher in vielen Verhaltensweisen unterscheiden (vgl. Kapitel 11). Eltern haben andere Reproduktionsinteressen als ihre Kinder und Kinder andere als ihre Eltern. Das Verhalten von Großeltern wird anders sein als das von Eltern und das von Stief- und Adoptionseltern anders als das von leiblichen Eltern. Viele menschliche Verhaltensweisen sind also durch unterschiedliche Reproduktionsstrategien je nach Lebenslage geprägt. In den nachfolgenden Kapiteln zum Geschlechterverhalten sowie den zwei für menschliches Verhalten grundlegenden Möglichkeiten von Kooperation und Konkurrenz werden deshalb auch konditionale Reproduktionsstrategien im Mittelpunkt stehen.

Brutpflege als Investment

Menschen kommen ausgesprochen unselbstständig als so genannte Traglinge auf die Welt. Sie bedürfen als Säugling und als Kleinkind intensiver Pflege. Dem hohen Preis des elterlichen Aufwandes steht die enorme Lernleistung des Menschen gegenüber. Gerade weil der Mensch so unfertig auf die Welt kommt, kann und muss er im Laufe der Kindheit und Jugend vieles lernen.

Das Aufziehen von Kindern fordert von Eltern ein erhebliches Investment an Kraft, Zeit, Geld, Liebe und Fürsorge. Eltern investieren in Kinder so viel, wie sie – zumindest im statistischen Durchschnitt – in keine anderen Personen investieren. Der Aufwand zahlt sich aus: Kinder bringen Eltern Nutzen. Sie bringen insofern Nutzen, als sie als Genkopien ihrer Eltern weiterleben und potenziell weitere Genkopien produzieren. Jedes einzelne Kind bedeutet für die Eltern Kosten, die sie speziell für dieses Kind eingehen. Gleichzeitig verspricht jedes Investment einen Nutzen – wiederum keinen generalisierbaren, sondern einen Nutzen, der sich auf die spezifische Situation dieses einen Kindes bezieht. „Aus der Verrechnung dieser beiden Konten resultiert eine Nettobilanz, die über den adaptiven Wert eines möglichen Investments entscheidet" (PAUL/VOLAND 1997, S. 126). Die Entscheidung für oder gegen ein Kind ist damit eine adaptive Strategie. (Diese Position ist eine gänzlich andere als die oben dargestellte Mutterschafts-Ideologie, die lange Zeit ein Argument einer biologisierenden Debatte war.) In Kinder zu investieren kann damit als „genegoistische Strategie" verstanden werden.

Interessenkonflikte zwischen Eltern und ihren Kindern

Eltern wünschen sich ein harmonisches Miteinander mit ihren Kindern. Dennoch machen sie die Erfahrung, dass das Aufwachsen von Kindern häufig mit Konflikten und auch mit enttäuschten Erwartungen verbunden ist. Im Eltern-Kinder-Verhältnis sind drei Konfliktlinien zu erwarten: Konflikte zwischen Eltern und ihren Kindern, differenzielles Elterninvestment sowie unterschiedliches Verhalten zwischen Müttern und Vätern.

Eltern-Kind-Konflikte

Auch Kinder sind Genegoisten. Es ist möglich, dass der Genegoismus des Kindes nicht mit dem seiner Eltern (bzw. eines Elternteils) übereinstimmt. Schließlich hat ein Kind nur jeweils 50 Prozent seiner Gene von je einem Elternteil, während jedes Elternteil mit sich selbst zu 100 Prozent verwandt ist. Beide Elternteile sind mit ihren Kindern gleich verwandt. Hingegen teilt jedes Kind mit seinen Vollgeschwistern im statistischen Mittel nur 50 Prozent seines Erbguts. Aus Sicht eines Kindes ist es von daher vor dem Hintergrund seiner eigenen genegoistischen Interessen in gewissen Grenzen vorteilhafter, wenn Eltern in seine Person investieren und nicht etwa in Geschwister. Aus Sicht von Biologen sind deshalb innerfamiliäre Eifersucht und Konkurrenz zwangsläufige Folgen. Recht gut erforscht ist vor diesem Hintergrund der *Entwöhnungskonflikt* bei Säugetieren. Jedes Säugerweibchen wird sein Kind so lange stillen, wie der Nutzen dieses Verhaltens eine eventuelle Einbuße am eigenen Lebensreproduktionserfolg überwiegt. Sobald das Kind alt genug ist, um sich anders ernähren zu können, wird das Muttertier das Säugen einstellen und mit dem Investment in ein weiteres Kind beginnen. Der Säugling wird hingegen auf weiterem Investment (d. h. weiteres Stillen) bestehen. Erst wenn die Kosten dafür den Nutzen doppelt übertreffen, werden seine Forderungen aufhören. Wenn der Säugling dann immer noch Milch verlangt, würde schließlich auch die eigene Fitness beschädigt; denn auch Geschwister tragen durch die gemeinsame Abstammung zur Verbreitung eigener Gene bei. Darum wäre es nicht förderlich, die Mutter am Gebären weiterer Kinder zu hindern – alleine der Zeitpunkt wird von beiden unterschiedlich bemessen, und in dieser Phase findet der bei allen Säugern zu beobachtende Entwöhnungskonflikt statt.

Auch bei Menschen lässt sich dieser Entwöhnungskonflikt mit derselben Logik feststellen. Biologen interpretieren die Beobachtung, nach der rund 20 bis 30 Prozent der Ein- bis Dreijährigen nachts nicht durchschlafen, sondern – obwohl ihnen objektiv nichts fehlt – ihre Eltern durch Schreien mit Regelmäßigkeit wecken, vor diesem Hintergrund. Das nächtliche Wecken führt zu verlängertem und regelmäßigerem Stillen. Dies zögert (durch die ovulationshemmende Wirkung des durch Brustkontakt stimulierten Prolactins) eine weitere Schwangerschaft der Mutter hinaus und erhöht die kindliche Überlebenswahrscheinlichkeit und zu erwartende Zuwendung mit der Zunahme der Geburtenabstände (vgl. ausführlich. PAUL/ VOLAND 1997, S. 144 ff.). Bis das Kind etwa drei Jahre alt ist, trägt das nächtliche Schreien zur Erhöhung seiner eigenen Fitnessbilanz bei.

Der Entwöhnungskonflikt ist vergleichsweise einfach. Hier kommt es zu einem Schlagabtausch zwischen Eltern und Kind, und eine der beiden Gruppen setzt ihre Interessen durch. Komplizierter sind die Konflikte, in denen es um den Grad des innerfamiliären Altruismus geht. Für Eltern ist es von Vorteil, wenn sich zumindest ein Teil ihrer Kinder altruistisch verhält und die Reproduktionsbemühungen der Eltern unterstützt (und nicht die eigenen). Diesen Konflikt können Eltern nicht spontan, sondern nur in langen Auseinandersetzungen gewinnen. Bei Vögeln kann zum Beispiel beobachtet werden, dass Väter ihre Söhne so lange am Bau eines eigenen Nestes hindern, bis diese schließlich entnervt aufgeben und die Reproduktionsinteressen des Vaters unterstützen. Auch beim Menschen gibt es Verhaltensweisen, die dieser Logik folgen. Teile der Nachkommenschaft werden dahingehend manipuliert, dass sie (häufig verbunden mit Kinderlosigkeit) in eine Helferrolle für die Eltern oder die Kinder der Geschwister gedrängt werden. Die Rolle kann unterschiedlich ausfallen: Töchter können als Hilfe im eigenen Haushalt an den heimischen Herd gebunden und entsprechend der elterlichen Interessen verheiratet werden, oder Söhne können durch Hilfeleistungen im Dorf den Sozialstatus (und damit die Reproduktionsfähigkeiten) ihrer Väter erhöhen. Diese Rollenzuweisung erfolgt dann besonders effektiv, wenn die Helfer am Nest diese Rolle freiwillig und ohne unmittelbaren Druck ausüben. Dies gelingt nur durch eine lang andauernde subtile Manipulation des kindlichen Verhaltens. Soziobiologen interpretieren diesen Eltern-Kind-Konflikt als Ausgangspunkt für die Evolution des Gewissens und sprechen deshalb vom „Gewissen als Instrument elterlichen Parasitismus" (VOLAND/VOLAND 1999, S. 199 ff.). Ob diese Interpretation das Phänomen Gewissen hinreichend beschreibt, soll hier nicht diskutiert werden. Deutlich wird aber, dass diese Position kaum noch etwas mit den harmonisierenden Beschreibungen eines vorgeblich „natürlichen" Mutter-Kind-Verhältnisses zu tun hat.

Differenzielles Elterninvestment

Es ist zu erwarten, dass verschiedene Kinder die Interessen ihrer Eltern (bzw. eines Elternteils) unterschiedlich gut bedienen. In Familien wird es deshalb bevorzugte und weniger bevorzugte Kinder geben. Dieser Vorgang entzieht sich dem Bewusstsein – vielmehr wird das unterschiedliche Verhalten so interpretiert, *als ob* diesem unterschiedliches Elterninteresse unterlegt werden könnte. Eltern haben viele Möglichkeiten, ihre Kinder unterschiedlich zu behandeln: von der intrauterinen Versorgung von Feten und Embryonen, Abtreibung und Kindstötung, über nachgeburtliches Fürsorgeverhalten, die Ermöglichung von Bildung, bis hin zur Ausstattung mit sozialen Chancen und der materiellen Ausstattung im Zuge von beispielsweise Heiratsausstattung (Aussteuer) oder auch Erbschaftszahlung (vgl. ausführlich VOLAND 2000, S. 47 ff.).

Die Soziobiologen TRIVERS und WILLARD erwarten, dass Eltern, die über überdurchschnittlich viele Ressourcen verfügen, eher in Söhne investieren, während Eltern mit begrenzten Möglichkeiten eher Töchter bevorzugen. Diese Erwartung wird vor dem Hintergrund formuliert, dass Reichtum und Macht die Reproduktionsmöglichkeiten von Männern steigern (vgl. eine ausführlichere Begründung im nachfolgenden Kapitel 11). Von der natürlichen Selektion wird dann eine Söhne bevorzugende Fürsorge belohnt, wenn sich bereits die Lebenssituation der Eltern – also deren Einkommen und Sozialstatus – auf deren späteren Fortpflanzungserfolg auswirkt. Da der Reproduktionserfolg der Töchter unabhängig vom Sozialstatus der Eltern ist, sollten diese besonders bei einem niedrigen Status der Eltern bevorzugt werden, da über sie dann ein größerer Reproduktionserfolg zu erwarten ist (vgl. ausführlicher Kapitel 11).

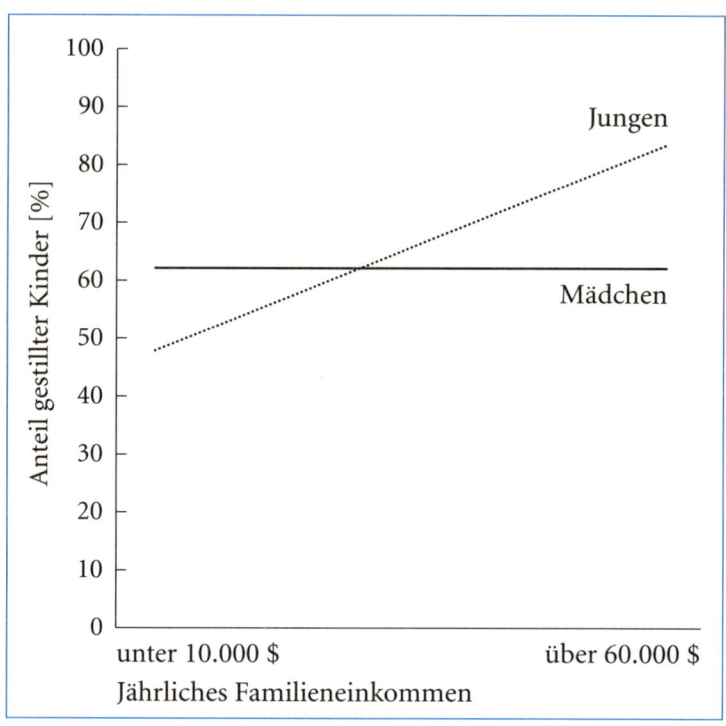

Abb. 6: *Anteil gestillter Söhne und Töchter nach Familieneinkommen in den USA nach* GAULIN *und* ROBBINS *1991, nach* VOLAND *2000, S. 275*

Für dieses differenzielle Elterninvestment gibt es viele empirische Belege (vgl. VOLAND 2000, S. 248 ff.). Hier soll ein Beispiel näher dargestellt werden, nämlich die Investition in das Stillen. In den USA konnte 1991 durch GAULIN und ROBBINS empirisch nachgewiesen werden, dass das mütterliche Investment – gemessen an der Wahrscheinlichkeit, als Säugling gestillt zu werden – bei Söhnen mit dem Sozialstatus der Mutter korrelierte. Je höher der Sozialstatus der Mutter, desto wahrscheinlicher wurde der Sohn gestillt. Für Töchter ließ sich keine Abhängigkeit der Stillwahrscheinlichkeit vom Sozialstatus feststellen – die Wahrscheinlichkeit lag für alle Sozialschichten bei einem ähnlichen Wert. Soziobiologen interpretieren dieses unterschiedliche Mütterinvestment mit dem erwarteten Ertrag des Fortpflanzungsverhaltens bzw. mit dem Versuch, dieses zu maximieren. Je höher der familiäre Sozialstatus eines heranwachsenden Sohns, desto stärker lohnt sich unter dieser Perspektive die mütterliche Investition. Bei Töchtern spielt die soziale Herkunft für ihre Reproduktionserwartung eine geringere Rolle, deshalb bleibt die Stillwahrscheinlichkeit über alle Sozialgruppen gleich. Setzt man die Stillwahrscheinlichkeit mit Aufmerksamkeit gleich, so erhalten Söhne in Familien mit geringem Sozialstatus weniger mütterliche Aufmerksamkeit als Töchter, während hoher Sozialstatus zur Bevorteilung von Söhnen gegenüber Töchtern führt. Auch in Gesellschaften mit einem Männer dominant bevorzugendem Sozialsystem, wie beispielsweise in Indien, nimmt der relative Vorteil, ein Sohn zu sein, mit dem Sozialstatus zu (vgl. ausführlich VOLAND 2000, S. 274). Das differenzielle Elterninvestment je nach Geschlecht des Kindes und Sozialstatus der Eltern ist auch an anderen Beispielen sowohl aus der Ethnologie als auch der Tierwelt belegt (vgl. VOLAND 2000, S. 265–278).

Genauso differenziert sich das elterliche Investment im Hinblick auf die Vitalität der Kinder (vgl. VOLAND 2000, S. 260 ff.). Schon in der Embryogenese wird durch den mütterlichen Körper laufend die Lebenstauglichkeit überprüft. Nach Schätzungen werden 50 bis 70 Prozent aller menschlichen Konzeptionen spontan vom Körper ausgestoßen. Es gibt offensichtlich einen Filtermechanismus, der Frauen davor bewahrt, hohe Investmentkosten (Schwangerschaft, Geburt, Stillen und anderes mehr) einzugehen, wenn die Gefahr besteht, dass der heranwachsende Keim selbst nicht überlebensfähig wäre. Dieses differenzierte physiologische Investment setzt sich nach der Geburt auf der Verhaltensebene fort.

Behinderung und der naturalistische Fehlschluss

Gerade diese Forschungen über das Risiko behinderter Kinder, von ihren Eltern vernachlässigt oder gar umgebracht zu werden, sind vor Missinterpretationen nicht sicher. Leider wird soziobiologische Forschung zu diesem Thema zum Teil von Rassisten missbraucht; aber auch Behindertenverbände entrüsten sich gegenüber dieser Art von Forschung, da sie in der Aufklärung von Gründen elterlicher Vernachlässigung eine Rechtfertigung derselben sehen.

Diese Forschungen, die ein biologisches Erklärungsmodell für die statistisch häufigere Misshandlung dieser Kinder durch ihre Eltern liefern, rechtfertigen dieses Verhalten mitnichten. Aus biologisch erklärbaren Verhaltensmustern lassen sich keine Verhaltensnormen ableiten (vgl. das Problem des naturalistischen Fehlschlusses). Vielmehr helfen diese Forschungen auf den besonderen Unterstützungsbedarf, den Eltern mit behinderten Kindern benötigen, hinzuweisen und entsprechende Maßnahmen von der Gesellschaft einzufordern.

Nach amerikanischen Forschungen ist für Kinder, die mit angeborenen Fehlbildungen (Spina bifida, Kiefer-Gaumen-Spalte) oder einem Down-Syndrom zur Welt kommen, das Risiko von ihren Eltern vernachlässigt, misshandelt oder umgebracht zu werden, doppelt so hoch wie für körperlich unauffällige Kinder.

Ferner scheint das Fürsorgeverhalten in einer Abhängigkeit von der Vitalität des Säuglings zu stehen. Man könnte meinen, dass bei Zwillingspaaren der kränkere und schwächere Zwilling die meiste mütterliche Zuwendung empfängt; denn schließlich scheint hier der größere Bedarf für diese Zuwendung zu bestehen. Auch wenn die empirische Basis klein ist, ist das Untersuchungsergebnis an dieser Stelle eindeutig (vgl. MANN 1992): Die Mütter von frühgeborenen untergewichtigen Zwillingen wenden sich dem vitalen Kind stärker zu. Auch an dieser Stelle ist wieder vor einem naturalistischen Fehlschluss zu warnen, der an den Irrweg der Eugenik des Dritten Reiches erinnert. Vielmehr ist es wichtig zu wissen, dass sich im Laufe der Evolution bestimmte Verhaltensweisen – unter anderen auch, das eigene Investment konditional, das heißt nach bestimmten Bedingungen, zu dosieren – als vorteilhaft stabilisiert haben. Biologische Aufklärung kann dazu beitragen, diese Verhaltensmuster kennen zu lernen, zu durchschauen und ihnen – aus ethischen Gründen – bewusst entgegenzusteuern. Zudem zeigt diese Art von Forschung immer nur den statistischen Durchschnitt. Dass es viele Eltern gibt, die sich rührend engagiert bis zur Selbstaufgabe um ihre schwachen oder kranken Kinder kümmern, dürfte nicht in Zweifel stehen.

Unterschiedliches Elternverhalten: Mütter und Väter

In der Regel kümmern sich Mütter deutlich intensiver um ihre kleinen Kinder als die jeweiligen Väter (vgl. PAUL/VOLAND 1997, S. 132 ff.). In einer kulturanthropologischen Überblicksstudie, die das Vater-Kind- und Mutter-Kind-Verhältnis in 80 traditionellen Kulturen zusammentrug, gab es nur in vier Prozent der untersuchten Kulturen eine enge Beziehung zwischen Vätern und ihren Kleinkindern (bis zu zwei Jahren). Auch in unserer Kultur gibt es signifikant mehr Frauen, die das Erziehungsjahr für sich in Anspruch nehmen, als Männer. Aber es gibt auch andere Verhaltensweisen: Bei den Aka-Pygmäen ist das Fürsorgeverhalten der Väter größer als bei irgendeiner anderen Kultur, und viele kennen engagierte Väter, die sich mehr als eine Stunde täglich ihren Kleinkindern intensiv zuwenden.

Wie ist solches Verhalten aus Sicht von Biologen zu erklären? Auch das Fürsorgeverhalten von Männern und Frauen ist eine konditionale Strategie, die von den jeweiligen Bedingungen abhängt. Es gibt also kein „natürliches" männliches oder weibliches Aufzuchtverhalten, das in irgendeiner Form genetisch fixiert wäre. Allerdings können nur Frauen stillen. Zudem gibt es kleine Fähigkeitsunterschiede, die eine genetische Prädisposition nahe legen (so sind Männer unabhängig von ihrer Erfahrung sehr viel weniger in der Lage, kindliche Emotionen aufgrund von Gesichtsausdrücken zu erkennen und zu deuten). Davon abgesehen, verfügen Menschen über sehr variable Verhaltensmöglichkeiten. Vor diesem Hintergrund ist gleichermaßen ein männliches wie weibliches Aufzuchtverhalten erwartbar. Verhaltensmuster folgen aber einer evolvierten Strategie der Bilanzierung. Die prinzipielle Vaterschaftsunsicherheit ist ein wichtiger Baustein der Bilanzierung. Eine weitere Rolle spielen die Arbeitsbedingungen aufgrund der ökologischen Umwelt (bei den Aka-Pygmäen gibt es kaum Unterschiede zwischen der Arbeit von Männern und Frauen). Zudem ist die Frage von Bedeutung, ob die Unterstützung der Mutter zur Fitnessmaximierung des Vaters beiträgt. Väterliche Hilfe bei der Aufzucht von Kindern wird dann umso häufiger sein, wenn es sich für die Väter (in Fitnesseinheiten) auszahlt. Dabei spielt es auch eine Rolle, inwieweit das väterliche Engagement nicht zu verbesserten Chancen bei den Müttern führt. Investment in die Kinder dient dann der Stabilisierung der Beziehung zum Partner. Wie bereits mehrfach beschrieben, sind diese Zusammenhänge keine bewussten Verhaltensweisen, sondern die Interpretation von Verhalten vor dem Hintergrund teleonomer, untergründig zweckgerichteter Verhaltensstrukturen, die sich dem bewussten Zugriff entziehen.

Geschwister

Neben den Eltern spielen die Geschwister eine große Rolle in der Familie. Geschwister können äußerst unterschiedlich sein. Dafür ist zum einen die genetische Ausstattung verantwortlich. Geschwisterkinder teilen *im Durchschnitt* 50 Prozent ihrer Gene miteinander. Dieser statistische Durchschnittswert wird aussagelos, wenn es um ein individuelles Geschwisterpaar geht. Jedes Kind hat je 50 Prozent seiner Gene von je einem Elternteil. Unter Geschwistern könnte nun – idealtypisch – eines genau diejenige Hälfte eines jeden Elternteils erwischt haben, die das andere Geschwisterkind nicht hat. In diesem Fall gäbe es keine genetische Übereinstimmung der Geschwisterkinder untereinander. Diese Vorstellung trägt nur als Modell; festzuhalten ist, dass Geschwisterkinder einander genetisch mehr oder weniger ähnlich sind.

Darüber hinaus wachsen Geschwisterkinder in unterschiedlichen Umwelten auf. Dies mag erstaunen, wirkt eine Familie von außen doch relativ homogen und geschlossen. Aus der Perspektive eines Kindes jedoch ist seine Welt verglichen zum Geschwisterkind radikal anders. Das Elterninvestment dürfte ein anderes sein, je nach der Situation, in die das Kind hineingeboren wird.

Kinder werden von ihren Eltern schon deshalb unterschiedlich behandelt, weil sie unterschiedlich alt sind. Der *Geburtsrang* scheint eine Einflussgröße der Kindheit zu sein. FRANK SULLOWAY hat 1997 eine empirisch gesättigte Theorie der Geschwisterrivalität vorgelegt. Wenn auch seine empirischen Daten nicht unumstritten sind (vgl. z. B. CHASIOTIS 1999, S. 69 ff; HARRIES 2000, S. 532 ff.), scheint die von ihm entwickelte Theorie doch von einiger Erklärungskraft zu sein. Danach sind das Temperament, die Innovationsfähigkeit und der Grad der Rebellion gegen die Eltern eine Form des Ausdrucks des Bemühens um eigene Fitness. Auf Erstgeborenen und Einzelkindern ruhen die reproduktiven Erwartungen der Eltern in besonderem Maße, und sie haben deshalb von ihren Eltern materielle und immaterielle Unterstützung zu erwarten. Sie neigen dazu, sich mit dem Weltbild und den Strategien ihrer Eltern zu identifizieren. Für Spätgeborene bleibt immer weniger übrig (man denke nur an das Ungleichgewicht hinsichtlich der Säuglingsphotos!), sodass hier ein Grund für latente Unzufriedenheit und zudem der Anlass zu unkonventionellem Verhalten und alternativen Lebensentwürfen entsteht. Dieses geschieht häufig in erbittertem Wettbewerb mit dem Erstgeborenen. Dessen Verteidigungsaktion bleibt nicht aus. Letztere nutzen ihren Altersvorsprung und setzen häufig auf autoritär-dominante Abwehr. Nach SULLOWAY nimmt die Persönlichkeitsentwicklung ihren Anfang in der Geschwisterrivalität – und damit auch die Offenheit für Innovationen oder die Verwurzelung im Besitzstandsdenken. Die Bedeutung der Geschwisterreihenfolge für die Persönlichkeitsentwicklung wird allerdings häufig überschätzt (vgl. KAGAN 2000, S. 183 ff.).

Gleichaltrige oder: die Unwahrscheinlichkeit familiärer Sozialisation

In Kapitel 6 ist bereits deutlich geworden, dass die Entwicklung eines Menschen als genzentriert interpretiert werden kann. Offensichtlich wird die Umwelt nach Maßgabe der genetischen Information selektiert. Diesen Mechanismus der genzentrierten Entwicklung lohnt es, vor dem Hintergrund der näheren Bestimmung des Verhältnisses zwischen Eltern und ihren Kindern nochmals zu reflektieren.

Geschwister erleben in ihrer Familie zum einen Teil dieselbe Umwelt. Dazu gehören etwa die soziale Schicht, die Wohnumgebung, der Erziehungsstil der Eltern oder das sprachliche Milieu („geteilte Umwelt"). Ein anderer Teil der Umwelt von Geschwistern ist hingegen grundverschieden, so beispielsweise die persönlichen Erfahrungen eines jeden Geschwisterkindes in der Schule, individuelle Krankheiten, Freunde, das elterliche Investment oder die Geschwisterrangfolge und damit die Situation im Familiengefüge und anderes mehr („ungeteilte Umwelt"). Über eine Vielzahl empirischer Studien an Geschwistern wie Zwillingen konnte der amerikanische Psychologe ROWE (1997) zeigen, dass für die Entwicklung besonders die ungeteilten Umwelten von Bedeutung sind. Die geteilten Umwelten treten demgegenüber in den Hintergrund; allerdings seien sie dann von besonderer Relevanz, wenn sie emotionale oder körperliche Narben hinterlassen, also in das negative Extrem tendieren.

Dieser Zusammenhang wird damit erklärt, dass Kinder mit ihren Eltern ohnehin bereits ihre Gene teilen. Der Vorteil von Lernprozessen liegt ja gerade darin, dass sie von der genetischen Information abweichende Einstellungen, sozusagen eine Feinabstimmung der Umweltanpassung, ermöglichen (vgl. Kapitel 5). Gerade die Dominanz des Lernens in der menschlichen Entwicklung sei es, die die Bedeutung der geteilten Umwelt, also der Familie, in den Hintergrund treten lasse: „Es ist unwahrscheinlich, dass sich irgendwelche Gene in den menschlichen Populationen etabliert haben, die nur das Lernen durch elterliches Vorbild zulassen; die Allgegenwärtigkeit des Lernens verringert den familiären Einfluss" (ROWE 1997, S. 261). Deshalb wird die Gleichaltrigen-Gruppe für Jugendliche von dominantem Einfluss, der vor allem in bestimmten Lebensphasen den der Eltern weit übertrifft.

Die Evolution prämiert Vielfalt. Es wäre der Natur auch möglich zu klonen (wie dies bei einigen Tier- und Pflanzenarten passiert). Klonen ist hocheffizient, führt aber durch die Gleichheit der Lebewesen zu hoher Anfälligkeit gegenüber Parasiten. Vielfalt und Unterschiedlichkeit einer Population lässt breite Anpassungsmöglichkeiten an unbestimmte Umwelten und Zukünfte zu. Lernfähigkeit ist die Weiterführung der zweigeschlechtlichen Vermehrung unter der Perspektive von Anpassungsmöglichkeiten an unbestimmte Lebenssituationen. Würden Kinder nun vor allem von ihren Eltern lernen, würde relativ wenig Variation ermöglicht werden (vgl. auch Kapitel 5). Darum ist die Neigung, von Gleichaltrigen und nicht verwandten Menschen zu lernen, eine durch die Evolution eingebaute Garantie für gesellschaftliche Innovationen.

Zudem ist diese eingebaute Neigung, von Dritten zu lernen, schon deshalb wichtig, weil Kinder menschheitsgeschichtlich betrachtet nicht sicher damit rechnen können, mit ihren Eltern aufzuwachsen. Dies ist nicht nur heutzutage angesichts von Scheidungsfamilien in Europa und Nordamerika und Aids im Afrika südlich der Sahara der Fall, in denen viele Kinder notgedrungen mit nur einem oder ohne leiblichen Elternteil aufwachsen. Auch in Wildbeutergesellschaften, in denen Menschen die längste Zeit ihrer Geschichte lebten, ist die Wahrscheinlichkeit, mit beiden Eltern aufzuwachsen, aufgrund der Sterblichkeit und des Zerbrechens von Partnerschaften nicht sehr groß. Anthropologen berichten, dass bei heutigen Wildbeutergesellschaften nur etwa jedes dritte zehnjährige Kind noch mit beiden biologischen Eltern zusammenlebt (vgl. CHAGNON 1992, S. 217). Von daher ist es auch für das eigene Überleben günstig, möglichst frühzeitig anzufangen, sich weiteren Menschen gegenüber lernfähig zu zeigen.

Die familiäre Umwelt kann für Kinder als eine Reihe unterschiedlicher Mikroumwelten interpretiert werden: Die einzelnen Geschwister, die Eltern wie auch die Gleichaltrigengruppe offerieren Angebote, die vom Subjekt selbstreferenziell, das heißt auf sich selbst bezogen und nach Maßgabe eigener Vorgaben, wahrgenommen und organisiert werden.

Familiäre Sozialisation ist also wichtig, darf aber in ihrer Bedeutung nicht zu hoch eingeschätzt werden. Geschwister aus ein und derselben Familie, also ähnlichen Milieukontexten, können völlig unterschiedliche Entwicklungswege nehmen. Elterliche Erziehung hat vor allem die Funktion, Möglichkeiten ungeteilter Umwelten zur Verfügung zu stellen. Der erweiterte Phänotyp braucht Wahlmöglichkeiten zu seiner Entfaltung, und diese Umwelt wird einen hohen Einfluss auf die Entwicklung haben. Es sind in besonderem Maße Gleichaltrige, die erzieherischen Einfluss auf Kinder und Jugendliche ausüben (vgl. ausführlich HARRIES 1995; 2000).

Konsequenzen für die Pädagogik

Kinder wie Eltern sind genegoistische Lebenschancenoptimierer. Ihr Verhältnis ist ein dauerndes Austarieren unterschiedlicher Interessen. Beide Parteien versuchen dabei auf ihre Kosten zu kommen. Für Eltern ist dabei ihre eigene reproduktive Fitness, die sie durch ihre Kinder gewahrt sehen, ein wichtiger funktionaler Hintergrund für das erhebliche Investment, das sie für ihre Kinder betreiben. Aus der Sicht der Soziobiologie ergeben sich hier für Erziehungswissenschaftler interessante Perspektiven.

Eltern verfügen nicht über eine ‚natürliche' Elternschaft oder Ähnliches. Vielmehr ist das Investment von Eltern in ihre Kinder als eine **konditionale Strategie** zu verstehen, die jeweils durch die Umweltbedingungen des Aufwachsens bedingt ist. Es ist immer damit zu rechnen, dass es Eltern geben wird, die ihre Kinder vernachlässigen. In Sozialsystemen, in denen ein solches Verhalten nicht durch eine einspringende Großfamilie kompensiert wird, ist die Gesellschaft gefordert. Dieses Einspringen ist allerdings nicht unproblematisch: Auf der einen Seite ist es um der Kinder willen unabdingbar, als Gesellschaft tätig zu werden. Auf der anderen Seite können mit einer solchen Unterstützung – unbewusst! – das minimale elterliche Investment legitimiert und die Eltern so aus der Verantwortung entlassen werden.

Das Verhältnis zwischen Eltern und Kindern wird im Rahmen des hier vorgetragenen Interpretationsmusters nicht als harmonisches Miteinander, sondern als ein **struktureller Interessenkonflikt** interpretiert. Interessenkonflikte müssen – soll nicht die eine oder die andere Partei die Überhand gewinnen – in ein Gleichgewicht gebracht werden. Es gibt Eltern, die man vor diesem Hintergrund zu stärkerer Durchsetzungskraft gegenüber ihren Kindern ermuntern müsste, ebenso wie jene Eltern, die Ermutigung brauchen, ihren Kindern Freiräume zuzugestehen. Interessenkonflikte neigen vor allem dann, wenn sie moralisch verbrämt werden, zur Eskalation. Von daher bieten an dieser Stelle transparente Absprachen und regelhafte Gegenseitigkeit Möglichkeiten für einen Ausgleich (vgl. ausführlich Kapitel 12). Vor dem Hintergrund des unterschiedlichen Elterninvestments bekommt die mit der Schule verbundene Vision der **Chancengerechtigkeit** eine neue Perspektive. Es ist wahrscheinlich, dass Lehrkräfte ihr Engagement für die ihnen anvertrauten Kinder nicht in der Form differenzieren, wie dies von Eltern zu erwarten ist. Darum kann der Schule vor allem bei geringem Elterninvestment eine kompensierende Funktion zukommen.

Behinderte Kinder bedürfen einer ganz besonderen Aufmerksamkeit, die manche Eltern – aus den dargelegten Gründen – überfordert bzw. die sie nicht zu erbringen bereit sind. **Förderschulen** und **Fördereinrichtungen** kommt deshalb eine besondere Bedeutung zu.

Es wäre interessant zu untersuchen, ob **Lehrkräfte**, da sie sich mit den Kindern ihrer Klasse ja auch identifizieren, nicht ähnliche Strategien des differenzierten Investments oder der Konfliktaustragung ausbilden wie Eltern.

Die Bedeutung der **Gleichaltrigengruppe** für den Lernprozess von Kindern und Jugendlichen entlastet Eltern in mancher Hinsicht, entlässt sie aber nicht aus der Verantwortung. Elterninvestment hat große Auswirkungen auf den Lebensweg der Kinder, doch sind diese geringer als oft unterstellt. Kinder nehmen im Prozess des Heranwachsens eine aktive Rolle ein. Sie suchen sich ihre Gleichaltrigengruppe und lernen von dieser. Sie sind es, die über ihre **eigene Vitalität** das Investment der Eltern beeinflussen. Sie organisieren ihren Lernprozess selbstständig (in einer bestimmten Umwelt).

Dieser Blick wirft ein neues Licht auf manche in der Pädagogik diskutierte Fragen. Durch diesen theoretischen Zugang wird die aus der Schulpädagogik bekannte Bedeutung des **Schulklimas** für den Lernprozess (vgl. exemplarisch RUTTER 1979 als die erste der Studien zu diesem Thema) bestätigt. Wenn in einer Klasse ein positives Lernklima herrscht, dann lernen die Kin-

> der auch deshalb mehr, weil sie voneinander Strategien übernehmen, die dem Lernen zugewandt sind. Umgekehrt erklären diese Untersuchungen den fatalen Effekt einer dem Lernen nicht zugewandten Schulkultur, da die Schüler sich hier untereinander in ihrer negativen Lernhaltung bestätigen. Zudem wird die Sprache in hohem Maße auch über die Mitschüler gelernt. Die Chancen eines Migranten, Deutsch zu lernen, steigen in dem Maße – das ist schon fast eine Binsenweisheit –, in dem seine Mitschülerinnen und Mitschüler Deutsch sprechen.

📖 Empfohlene Literatur zur Vertiefung

SARAH BLAFFER HRDY: *Mutter Natur. Die weibliche Seite der Evolution.* Berlin: Berlin Verlag 2000
> Dieses Buch beschreibt – weit über die in diesem Kapitel beschriebenen Zusammenhänge hinaus – Mutterschaft aus evolutionärer Perspektive. Dabei wird mit einigen Ideologien gründlich aufgeräumt und die aktive Interaktion zwischen Säugling und Mutter beschrieben.

JUDITH RICH HARRIS: *Where Is the Child's Environment? A Group Socialization Theory of Development.* In: Psychological Review 1995, Vol. 102, H. 3, S. 458–489

JUDITH RICH HARRIS: *Ist Erziehung sinnlos? Die Ohnmacht der Eltern.* Reinbek: Rowohlt 2000
> Für ihren Artikel in „Psychological Review", der den Einfluss der elterlichen Erziehung vor dem Hintergrund der darwinischen Theoriebildung hinterfragt, erhielt die Autorin einen Preis der American Psychological Association. Dieser interessante Artikel wurde für ein Buch auf 670 Seiten ausgearbeitet, das nun auch auf Deutsch erschienen ist. Das Buch mag für viele – aufgrund der Sprache – leichter lesbar sein als der Artikel. Allerdings neigt es an manchen Stellen zur Geschwätzigkeit, Ungenauigkeit und unzulässiger Verallgemeinerung. Am besten liest sich beides nebeneinander!

ANDREAS PAUL/ECKART VOLAND: *Eltern-Kind-Beziehungen im evolutionären Kontext.* In: KELLER, HEIDI (Hg.): Handbuch der Kleinkinderforschung. Bern/Göttingen, Huber 1997, S. 121–147
> Dieser Handbuchaufsatz stellt einen Teil der hier beschriebenen Zusammenhänge detaillierter dar und weist deren empirische Quellen genau nach.

11 Verhalten von Frauen und Männern

Dass Frauen und Männer körperlich unterschiedlich sind, daran besteht kein Zweifel. Schwieriger wird die Diskussion im Hinblick auf die Frage, ob sich biologische Unterschiede auch in anderer Hinsicht – zum Beispiel im Verhalten oder im Denken – niederschlagen. Die moderne Gender-Forschung betont die kulturelle Bedingung von Unterschieden und steht biologischen Theorien äußerst skeptisch gegenüber.
Gerade die soziologische Forschung kann zu dieser Debatte neue Erkenntnisse beitragen. Einige davon werden im Folgendem kurz dargestellt und hinsichtlich ihrer pädagogischen Konsequenzen diskutiert.

Lange Zeit lieferte die Biologie Argumente gegen die Frauenemanzipation. So wurde etwa aus dem geringeren Gehirngewicht von Frauen gefolgert, dass Frauen Männern „naturgegeben" geistig unterlegen seien. Mit solchen Argumenten wurde Unterdrückung gerechtfertigt und der Ausschluss von Frauen aus dem Bildungswesen legitimiert. Diese Art von biologischer Forschung konnte von einer modernen Sozialforschung nicht ernst genommen werden. Letztere hat mit dazu beigetragen, dass Geschlechterunterschiede, sobald sie über rein körperliche Merkmale hinausgehen, heute dominant sozialisations- und erziehungsbedingt interpretiert werden. Man spricht heute von „Gender"-Forschung, um die soziale Zuschreibung der Geschlechterrolle zu betonen. Biologische Unterschiede spielen in Deutschland in der aktuellen Debatte kaum eine Rolle. Diese Distanz zu biologischen Argumentationsmustern ist – obwohl verständlich – bedauerlich, kann doch die moderne Soziobiologie der letzten 20 Jahre mit einer Fülle interessanter Forschungsergebnisse aufwarten, die zur Kenntnis zu nehmen lohnt.

Biologen nehmen die Unterschiede zwischen Männern und Frauen zum Ausgangspunkt ihrer Überlegungen (vgl. CHASIOTIS/VOLAND 1998, S. 565). Da die Geschlechter genetisch voneinander unterschieden sind, haben sie zwangsläufig unterschiedliche Interessen und somit auch unterschiedliche Verhaltensneigungen, die sowohl die „Grundlage der (taktischen) Kooperationsbereitschaft als auch die des immer währenden Krieges der Geschlechter" bilden (ebd., S. 567). Ähnlich wie die feministische Forschung fragt die Evolutionsbiologie unter anderem, wie Männer Macht über Frauen ausüben; sie fragt darüber hinaus, warum Männer machtorientiert sind. Sie fragt nach den evolutionsbiologischen Gründen für die Evolvierung von Geschlechterunterschieden und sie fragt, warum es überhaupt Geschlechter gibt und warum gerade zwei (vgl. ausführlich PAUL/VOLAND 1998).

> **Homosexualität**
>
> Lange Zeit leisteten Biologen einer Diskriminierung von weiblicher und männlicher Homosexualität Vorschub. Inzwischen ist nicht nur Homosexualität im Tierreich hinreichend beobachtet, sondern auch eine Diskussion über die biologische Funktionalität von Homosexualität in Gang gekommen. Da dieses Thema zwar von Wichtigkeit ist, die hier behandelten Zusammenhänge nur am Rande berührt, sei hier auf die weiterführende Literatur verwiesen (vgl. Sommer 1990; LeVay/Hamer 1996).

Unterschiedliche Reproduktionsinteressen

Für erziehungswissenschaftliche Zusammenhänge interessant ist die Tatsache, dass Männer und Frauen aufgrund ihrer unterschiedlichen genetischen Ausstattung unterschiedliche Reproduktionsinteressen haben, die zu einer Reihe unterschiedlicher Verhaltensstrategien führen (vgl. Kapitel 11). Schon Darwin postulierte, dass neben der natürlichen Selektion (dem Überleben in einer bestimmten ökologischen Situation) die geschlechtliche Selektion (die Fähigkeit eines Individuums, in Konkurrenz zu seinen gleichgeschlechtlichen Partnern einen Geschlechtspartner für sich zu gewinnen) eine große Rolle spielt. Viele Merkmale von Lebewesen sind nicht an das bloße Überleben angepasst, sondern dienen der Anziehung und Gewinnung von Partnern.

Bei allen Säugetieren ist das elterliche Investment in Nachkommen zwischen den Geschlechtern sehr unterschiedlich. Während männliche Tiere nur ein bisschen Sperma investieren müssen, bedeutet Elternschaft für Frauen zumindest die Investition in eine energetisch aufwändige Eizelle, in eine neunmonatige Schwangerschaft, eine Geburt und eine sehr energieaufwendige Stillphase. Dieses unterschiedliche Investment führt zu unterschiedlichen geschlechtlichen Reproduktionsinteressen und damit verbunden zu unterschiedlichen Verhaltensstrategien.

Diese Unterschiede lassen sich auch bei Menschen beobachten. Frauen zeigen sich tendenziell und im statistischen Durchschnitt aufgrund ihres hohen Investments anspruchsvoll bei der Wahl des Vaters ihrer potenziellen Kinder und setzen auf Qualität. Sie bevorzugen zum einen Männer, die gute Gene für ein mögliches Kind mitbringen und diesem damit gute Überlebenschancen eröffnen. Frauen suchen Männer, die Lebenstüchtigkeit, Gesundheit und Stärke signalisieren und achten – über den Geruch – auf ein zu ihrem eigenen Immunsystem genetisch unterschiedenen männlichen Immunsystem, um die eigenen Kinder möglichst gegen viele Pathogene zu schützen (vgl. Wedekind u. a. 1995). Zweitens bevorzugen Frauen Männer, die gute Ressourcen (also Landbesitz, Geld, Sozialstatus) bieten und damit das Investment der Mutter potenziell unterstützen können. Sie versuchen zudem, das Investment des Partners dauerhaft an ihre Beziehung zu knüpfen. Da sich häufig diese guten Eigenschaften nicht in einer Person finden, stehen Frauen bei der Partnerwahl vor Dilemma-Entscheidungen.

Männer hingegen investieren wenig und setzen von daher tendenziell eher auf Quantität. Männer bevorzugen Frauen, die verheißen, fruchtbar zu sein, und setzen damit auf junge und attraktive Frauen. Gleichzeitig tendieren sie dazu, mehrere Partnerinnen – sei es gleichzeitig, sei es hintereinander – für sich zu gewinnen. Männer achten stärker auf reproduktive Erfolgsmerkmale, während Frauen soziale Erfolgskriterien präferieren (ausführlich dazu Buss 1994).

Aus diesen unterschiedlichen Strategien resultieren nicht nur unterschiedliche Dilemmata der Partnerwahl, vielfältige Tragödien sowie gegenseitige Kontroll- und Unterdrückungsmechanismen, sondern auch unterschiedliche Verhaltensweisen. Kaum eine Frau braucht kinderlos zu bleiben, während Männer immer damit rechnen müssen. Dies lässt sich kulturell und gattungsgeschichtlich universell nachweisen; Männer haben eine deutlich höhere Reproduktionsvarianz als Frauen. Die sich aus den unterschiedlichen Reproduktionsinteressen ergebenden Verhaltensstrategien lassen sich bei vielen Tierarten und über alle menschlichen Kulturen hinweg nachweisen. Welche unterschiedlichen Verhaltensweisen könnten dadurch bedingt sein (vgl. dazu im Überblick Chasiotis/Voland 1998; Skamel/Voland 2000)?

Widersprechen sich Annahmen zu Sozialisationseffekten und biologisch bedingten Unterschieden?

Gerade die Gender-Forschung geht von einer hohen Kulturabhängigkeit von Geschlechterunterschieden aus. Sie tritt an, um die Chancen von Frauen, beispielsweise im Bildungssystem oder im Berufsleben, zu stärken. Vor diesem Hintergrund erscheint eine biologische Argumentation suspekt, da sie bei oberflächlichem Hinsehen naive Unveränderbarkeit suggeriert und vermeintlich denjenigen Argumentationshilfe liefert, die die Vormacht von Männern ausbauen möchten und Frauen nach wie vor diskriminieren.

Es wurde bereits wiederholt darauf hingewiesen, dass die moderne Biologie naivem genetischen Determinismus nicht das Wort redet. Vielmehr wird von Verhaltensstrategien in bestimmten Umwelten und der evolvierten Selektivität der Gen-Umwelt-Beziehung gesprochen. Anthropologen konnten zudem zeigen, dass Sozialisationspraktiken mit Reproduktionsstrategien von Geschlechtern korrelieren. Je polygamer eine Gesellschaft ist, umso stärker tendieren Erziehungsvorstellungen für Jungen zu Werten wie Aggressivität, Tapferkeit und Selbstständigkeit, hingegen bei Mädchen zu Gehorsamkeit und Fleiß. Je mehr ökonomische Macht Frauen haben und je monogamer eine Gesellschaft ist (was wiederum durch die Gleichverteilung der Ressourcen in einer Gesellschaft bedingt ist), desto wahrscheinlicher sind Ehrgeiz und Durchsetzungsvermögen als Erziehungsziele auch für Töchter. Natur und Kultur sind voneinander nicht zu trennen. Erkenntnisse aus der Sozialisationsforschung schließen Erkenntnisse aus der Soziobiologie nicht aus und umgekehrt. Sozialisationseffekte sind vielmehr proximate Erklärungen desselben Phänomens (zum Unterschied zwischen ultimaten und proximaten Erklärungen; vgl. Kapitel 3 und 6; vgl. im Hinblick auf das Verhalten der Geschlechter ausführlich LENZ 1999).

Anlage hier – Umwelt dort, diese schlichten Unterscheidungen tragen im Lichte moderner biologischer Forschung nicht (vgl. Kapitel 6). Da es nicht möglich ist, Menschen ohne Umwelteinflüsse aufwachsen zu lassen, ist ein einfacher empirischer Beweis für angeborene Verhaltensstrategien nicht möglich. Mit komplizierten Designs, zum Beispiel über geteilte und ungeteilte Umwelten bei gleicher oder ähnlicher genetischer Information, wird hier eine bessere Schärfentiefe erreicht (vgl. Kapitel 6). Die Soziobiologie versteht sich selbst als eine Theorie, die vielfältige empirische Ergebnisse erklären kann. Eine Theorie, die die vorhandenen empirischen Ergebnisse konsistenter erklären könnte, ist im Moment in meinen Augen nicht in Sicht.

Männer und innergeschlechtliche Konkurrenz

Aus der hohen männlichen Reproduktionsvarianz resultiert eine intensive innergeschlechtliche Konkurrenz für Männer, die über unterschiedlichste Verhaltensweisen ausgedrückt wird. So ist das direkte kommunikative Konkurrenzverhalten schärfer, zum Beispiel in der mündlichen Kommunikation, aber auch andere Verhaltensweisen unterscheiden sich signifikant von denen der Frauen.

Da Männer mit hohem Sozialprestige bessere Reproduktionschancen haben als solche mit geringem, streben sie ein hohes Sozialprestige an. Welche Karriere angestrebt wird, hängt wiederum von den konkreten Möglichkeiten ab. Oftmals macht es Sinn, ökologische Verhaltensnischen zu besetzen: Männer entwickeln in ihren Verhaltensweisen eine größere Varianz als Frauen. So gibt es deutlich mehr

Männer als Frauen, die in ihrem Sozialverhalten von der Norm abweichen; es gibt mehr männliche Künstler, Kriminelle, Förderschüler oder Überflieger als weibliche. Gerade in den Jahren der Geschlechtsreife neigen junge Männer zu riskantem Verhalten (vgl. auch im Hinblick auf die Folgen für Gewalt EULER 1997). Vor dem Hintergrund, dass Männer bei der Partnerwahl das Risiko tragen, leer auszugehen, war es für sie in der Geschichte der männlichen Evolution vorteilhaft, neben dem kommunikativen Konkurrenzverhalten eine hohe Risikobereitschaft zu entwickeln. Unternehmenslust und Risikobereitschaft werden in dieser Konkurrenzsituation evolutionär belohnt. Zudem wird die geschlechterspezifisch hochsignifikante männliche Gewaltbereitschaft als ein Ausdruck innergeschlechtlicher Konkurrenz interpretiert.

Männer schließen sich in Gruppen zusammen, um sich gegenseitig zu unterstützen. Je weniger Männer an sozialer Achtung zu erwarten haben, um bei Frauen Eindruck zu schinden, umso wahrscheinlicher ist es, dass sie miteinander in Gruppen kooperieren, um gemeinsam auf sich aufmerksam zu machen.

Männer erleben durch diese in der innergeschlechtlichen Konkurrenz um Frauen entwickelten Verhaltensweisen, gerade was den Zugang zu gesellschaftlicher Macht und beruflichen Karrieren angeht, erhebliche Vorteile. Dafür müssen sie eine deutlich negative Bilanz in der Lebenserwartung hinnehmen: Der höhere Alltagsstress (Konkurrenz ist anstrengend!) von Männern führt in fast allen Kulturen zu einer signifikant geringeren Lebenserwartung als der von Frauen. Zudem scheint der höhere Testosterongehalt im Körper (der für die innergeschlechtliche Konkurrenz Vorteile bringt) im Hinblick auf die langfristige Gesundheit erhebliche Nachteile mit sich zu bringen (Herz-Kreislauf-Erkrankungen etc.). Darüber hinaus bedingt die innergeschlechtliche Konkurrenz im Vergleich zu Frauen höhere Todesraten in jungen Jahren (Unfälle aufgrund von riskantem Verhalten und Gewalttaten).

Schweigende lächelnde Frauen

Verglichen mit der männlichen Ontogenese verläuft die weibliche störunanfälliger. Biologen nennen das weibliche Geschlecht deshalb auch das „buffered sex", und drücken damit die im Vergleich zu Männern deutliche Abpufferung gegenüber Umweltvarianzen aus. Frauen bedürfen weniger Konkurrenzstrategien. Wenn sie jung genug sind, um für Männer attraktiv zu sein, genügt es, wenn sie lächelnd den Kampf der Männer beobachten und dann den für sie attraktivsten wählen. Dem männlichen Wettbewerb (male competition) steht die weibliche Wahl (female choice) gegenüber. Der Biologe ROBIN DUNBAR untersuchte das Sprachverhalten von Männern und Frauen in gemischtgeschlechtlichen Gruppen. Er interpretierte das aus der Geschlechterforschung bekannte Verhalten, dass Frauen in Männergruppen schweigen, während Männer sich in diesen Situationen erst richtig entfalten, vor dem Hintergrund der Evolutionsbiologie als einen Jahrmarkt der Möglichkeiten, den Frauen lächelnd anheizen, um für sich selbst die besten Partnerwahlmöglichkeiten zu schaffen (vgl. DUNBAR 1996). Was sich an Verhaltensstrategien freilich für die Partnerwahl funktional in Millionen von Jahren stammesgeschichtlich bewährt hat, ist für die Vergabe von Arbeitsplätzen und Karrierechancen der Neuzeit eher hinderlich.

Frauen brauchen sich im Hinblick auf die Partnerwahl nicht so risikoreich und unternehmungslustig zu verhalten wie Männer. Gleichzeitig bedürfen sie nicht im selben Maße der Unterstützung sozialer Gruppen. Sie sollten sich aus evolutionärer Perspektive vorsichtiger, aber auch unabhängiger als Männer verhalten. Es ist wahrscheinlich, dass sie seltener als Männer im Verlauf ihrer Sozialisation lernen, sich Kooperationsnetze zu bauen und sich strategisch zu unterstützen. Sie werden sich auch im Hinblick auf die beste Freundin wählerisch zeigen und dazu neigen, bei Konflikten nachtragend zu sein.

Gibt es „natürliches" und „unnatürliches" weibliches bzw. männliches Verhalten?

Evolutionstheorie ist eine deskriptive und interpretative Theoriebildung, aus der sich keine normativen Aussagen über „natürliches" oder „unnatürliches" Verhalten ableiten lassen. Wird in diesem Text das Wort „sollte" verwendet, so ist deshalb die präskriptive und nicht die normative Bedeutung gemeint.

In der Vergangenheit haben Biologen dazu beigetragen, ihre eigenen Erkenntnisse normativ zu interpretieren, indem sie „natürliches" weibliches bzw. männliches Verhalten zu identifizieren glaubten (zum Beispiel in der Mutterschaft bei Frauen und körperlicher Ertüchtigung bei Männern) und aus dieser Perspektive andere Verhaltensweisen (etwa Berufstätigkeit bzw. akademische Karrieren von Frauen) verurteilten. Gerade der Ausschluss von Frauen aus dem Bildungssystem kennt eine lange Tradition solcher biologisierender Argumentationen, sodass aus dieser historischen Erfahrung Skepsis gegenüber biologischer Theoriebildung und ihrer Instrumentalisierung durchaus angebracht ist.

Die Soziobiologie geht davon aus, dass Verhalten eine adaptive genegoistische Strategie ist. Während der Reproduktionsmechanismus starr festgelegt ist (Frauen bekommen die Kinder), sind Verhaltensweisen konditionale Strategien in einer bestimmten Umwelt. „Natürliches" geschlechtsspezifisches Verhalten kann es aus dieser Perspektive nicht geben. Vielmehr ist individuelles Verhalten immer von der jeweiligen ökologischen Situation abhängig, die sehr unterschiedlich sein kann.

Aus einer evolutionären Theoriebildung lassen sich keine normativen Aussagen darüber ableiten, wie das Verhalten von Männern und Frauen sein sollte. Vielmehr werden Verhaltenstendenzen über eine große Anzahl von Personen erwartbar (die keine Aussagen über das Verhalten Einzelner erlauben). Zudem wird durch diese Theorie auch der Blick auf Dilemmata, zum Beispiel zwischen unseren Vorlieben aus der Stammesgeschichte in der Partnerwahl und den beruflichen Anforderungen in einer modernen Industriegesellschaft, möglich.

Unterschiede im Hinblick auf kognitive Fähigkeiten

Neben den unterschiedlichen Reproduktionsinteressen von Männern und Frauen und ihren Konsequenzen für das Sozialverhalten wird in der Evolutionsbiologie diskutiert, ob es Unterschiede in verschiedenen kognitiven Verarbeitungsstrukturen zwischen Männern und Frauen gibt. Die Entwicklungsgeschichte menschlichen Denkens vollzog sich über einen langen Zeitraum und hat sich durch Anforderungen der Umwelt herausgebildet (vgl. Kapitel 8). Da Frauen und Männer sich durch ihre unterschiedlichen Reproduktionsmöglichkeiten und -interessen unter unterschiedlichen Bedingungen entwickelten, ist zu vermuten, dass sich ihre kognitiven Verarbeitungsmuster auch an unterschiedlichen Umwelten orientiert haben und dementsprechend heute voneinander unterschieden sind. Dabei ist zu beachten, dass diese Unterschiede sich auf sehr spezifische Fähigkeiten beziehen, nicht aber auf so generelle Fähigkeiten, wie sie etwa mit dem Konstrukt des Intelligenzquotienten angegeben werden. Die Forschung liegt zu diesen Fragen erst in den Anfängen, doch es lohnt sich schon jetzt, einen Blick auf diese zu werfen.

Räumliche Wahrnehmung

Am bekanntesten zu diesem Thema sind wohl Untersuchungen zum räumlichen Orientierungs- und Erinnerungsvermögen. Gleichzeitig ist dieses Thema auch relativ gut erforscht. Untersuchungen zum räumlichen Vorstellungsvermögen kommen zu sehr unterschiedlichen Ergebnissen: Je nach Art der Untersuchungsaufgabe unterscheiden sich die Ergebnisse erheblich – mal sind es Frauen, die besser abschneiden, in den meisten Fällen aber Männer (vgl. MAIER 1999). Evolutionspsychologen sind der Meinung, dass diese unterschiedlichen Ergebnisse von Unterschieden in der Aufgabenstellung abhängen; denn Männer und Frauen erfassen Räume unterschiedlich (vgl. SILVERMAN/EALS 1992; Choi/Silverman 1996). In einem Experiment wurden Frauen und Männer beispielsweise durch ein Labyrinth geschickt. Während Frauen sich an örtlichen Gegebenheiten, etwa Rissen in der Wand oder am Fußbodenmuster orientierten, skizzierten Männer tendenziell eher eine Art Reiseroute im Kopf – ein Stück geradeaus, dann rechts ... Dies hatte zur Folge, dass Frauen sich verliefen, wenn entsprechende Orientierungspunkte entfernt wurden, hingegen Männer die Orientierung verloren, wenn das Labyrinth verzerrt wurde. Zeigte man Versuchspersonen Fotos aus dem Labyrinth, konnten Frauen diese signifikant häufiger einem Ort zuordnen. Hingegen konnten Männer häufiger die Grundstruktur des Labyrinths auf einer Zeichnung wieder erkennen. Frauen merken deshalb auch potenziell schneller als Männer, dass sie sich verlaufen (oder verfahren) haben. Diese unterschiedliche räumliche Vorstellungskraft ist offensichtlich ein Produkt der Evolution, da Frauen und Männer über eine sehr lange Zeit als Jäger oder Sammlerin in Kleingruppen lebten. Die Arbeitsteilung führte bei sammelnden Frauen zur Förderung eines Gehirns mit potenziell gutem räumlichen Erinnerungsvermögen. Für jagende Männer, die hinter ihrer häufig die Orte wechselnden Beute herzogen, sah der Evolutionsdruck anders aus: Sie brauchten ein Gehirn, das gut in der Lage war, räumliche Beziehungen zu verarbeiten. Zudem war es vorteilhaft, schnell sich bewegende Objekte scharf sehen zu können – und in der Tat können auch heute Männer dies besser als Frauen. Geht es also um die räumliche Verteilung von Objekten und um die Erinnerung an Dinge im Raum, sind Frauen im Vorteil, ebenso bei Aufgaben der Wahrnehmungsgeschwindigkeit; fordern die Aufgaben die Beschreibung räumlicher Beziehungen, dann sind bessere Ergebnisse von Männern zu erwarten, ebenso in der Wahrnehmung sich schnell bewegender Objekte. Diese Unterschiede sind offensichtlich zum Teil nicht nur entwicklungspsychologisch, sondern auch hormonell bedingt (vgl. KIMURA 1996) und lassen sich auch bei Tieren nachweisen (vgl. CASIOTIS/VOLAND 1998).

Sozio-kommunikative Fähigkeiten

Die auch aus der Frauenforschung bekannte Affinität von Frauen für positiv gefärbte emotionale Beziehungen lässt sich aus Forschungen der Soziobiologie bestätigen. Junge Primatenweibchen beispielsweise orientieren sich im Sozialverhalten an älteren Weibchen (und nicht an ihren Vätern oder Brüdern). Sie lernen dabei das für ihre spätere Mutterschaft so wichtige Fürsorgeverhalten. Auch kulturvergleichende Untersuchungen bei Menschen kommen zu dem Schluss, dass die Orientierung an gleichgeschlechtlichen Interaktionspartnern, die bei Kindern etwa im Alter von zwei Jahren einsetzt, für die Ausbildung des Sozialverhaltens eine wichtige Rolle übernimmt. Auch bei Völkern, in denen Kinder ohne Unterschied des Geschlechts vollkommen gleich erzogen werden (wie beispielsweise bei den Buschleuten), bilden sich gleichgeschlechtliche Spielgruppen, die sich in ihrem Spielverhalten deutlich unterscheiden. Während Mädchen Tanz- und Ballspiele sowie Mutter-Kind-Spiele bevorzugen, spielen Jungen Wettkampfspiele. Interessanterweise zeigen in einer Vergleichsuntersuchung mit Kindern aus den USA diese sehr ähnliche Spielpräferenzen, was für ein kulturell unabhängiges Verhaltensprogramm spricht (vgl. CHASIOTIS/ VOLAND 1998). Frauen schneiden in Tests zur Wahrnehmung von Verhalten signifikant besser ab; KIMURA vermutet hier einen Selektionsvorteil für die Frauen, die dazu neigten, das Verhalten ihrer Kinder zum Beispiel im Hinblick auf mögliche Krankheiten genau im Auge zu behalten, und deshalb diese Fähigkeiten entwickelten.

Motorische Fähigkeiten

KIMURA stellte in ihren Tests schon bei kleinen Kindern erhebliche geschlechterspezifische Unterschiede in der feinmotorischen Koordination wie auch in zielgerichteten grobmotorischen Fähigkeiten fest. Während Frauen offensichtlich in der feinmotorischen Koordination im statistischen Durchschnitt besser sind als Männer, können Männer offensichtlich besser zielgerichtet werfen. Selbstverständlich gibt es hervorragende Werferinnen einerseits und Goldschmiede andererseits – der statistische Durchschnitt motorischer Fähigkeiten lässt allerdings deutlich geschlechterspezifische Unterschiede erkennen. KIMURA interpretiert diese Ergebnisse wiederum stammesgeschichtlich. Gutes Zielen bei der Jagd und damit gute Jagdergebnisse waren für Männer von Vorteil – vermutlich weniger im Hinblick auf das unmittelbare Überleben, sondern eher im Hinblick auf die sexuelle Selektion (und damit das mittelbare Überleben ihrer Gene). Aufgrund ethnologischer Vergleichsuntersuchungen ist zu vermuten, dass die kontinuierliche Ernährung der Familie stärker durch das Sammelergebnis von Frauen denn durch die Jagd von Männern sichergestellt wurde. Männliche Jagdergebnisse wirkten sich aber in Hinsicht auf deren Reproduktionsmöglichkeiten (also ihre Chancen, eine Frau für sich zu gewinnen) vermutlich vorteilhaft aus.

Konsequenzen für die Pädagogik

Forschungsergebnisse der Soziobiologie erweitern die Perspektive bisheriger feministischer Geschlechterforschung. Traditionell steht in letzterer Wissenschaftsrichtung das männliche Patriarchat mit den Folgekosten für die Frauen im Vordergrund. Soziobiologische Geschlechterforschung sieht diese auch; erweitert aber den Blick auf die aktive Rolle (und die Gewinnerseite) der Frauen und zeigt auch die Nachteile männlicher Verhaltensweisen für Männer. Was können Erziehungswissenschaftler und Lehrkräfte nun mit diesen Erkenntnissen anfangen?

In der Schule ist aus soziobiologischer Sicht nicht das gleiche **Verhalten von Mädchen und Jungen** zu erwarten. Vielmehr ist mit Folgendem zu rechnen:

- Für Jungen entsteht ein erheblich höheres Risiko, delinquent zu werden oder im unteren Leistungsbereich angesiedelt zu sein. Die Schulstatistiken belegen, dass unter Förderschülern ca. 65 Prozent Jungen und 35 Prozent Mädchen sind, ähnlich die Verteilung von Schulabgängern ohne Hauptschulabschluss, und auch in Hauptschulen sind 55 Prozent der Schüler männlich und 45 Prozent weiblich. Gewalt an Schulen ist hochsignifikant männlich.

- Aus soziobiologischer Sicht ist nicht zu erwarten, dass Jungen und Mädchen sich in der Schule gleich verhalten, vielmehr sollten Jungen stärker konkurrenzorientiert, risikobereiter und aggressiver sein, Mädchen hingegen konzentrierter, gruppenunabhängiger und fürsorglich. Zudem ist zu erwarten, dass männliches Konkurrenzverhalten mit der Konkurrenzsituation innerhalb einer Schule oder einer Gesellschaft korreliert.

- Jungen dürften strategische Netze besser knüpfen können und in der Wahl ihrer Freundschaften weniger wählerisch sein als Mädchen. Gerade die Untersuchungen zu den Netzwerken von Männern bei der Platzierung im Berufsleben zeigen, dass Frauen hier strategische Nachteile erleben.

- Jungen dürften im statistischen Durchschnitt bessere grobmotorische Fähigkeiten haben und in bestimmten Aufgaben des räumlichen Vorstellungsvermögens und den damit verbundenen Aufgabenstellungen zum Beispiel in der Geometrie besser abschneiden. Es ist ferner zu erwarten, dass Mädchen im statistischen Durchschnitt im schnellen Erkennen von Einzelheiten und genauer Wiedergabe, in der räumlichen Erinnerung, der Wahrnehmung nonverbaler Signale und feinmotorischer Arbeit bessere Ergebnisse im schulischen Alltag bringen dürften.

- Zudem ist eine höhere Risikoneigung bei Jungen als bei Mädchen zu erwarten.

Was heißt dies aber für pädagogisches Handeln? Sollen Jungen deshalb in der Schule zu weniger Sozialverhalten erzogen und Mädchen weiterhin ihre guten Schulabschlüsse nicht karriererelevant werden lassen? Sicherlich nicht. Biologische Erklärungen für Verhaltensweisen legitimieren diese nicht. Die aus funktionalen und humanitären Gründen nicht umkehrbare Perspektive der Chancengleichheit der Geschlechter und den gleichen Zugangsmöglichkeiten zeigt vielmehr einen besonderen Bedarf an Förderung und Problembearbeitung. Die im Lehrpersonal weiblich dominierte „Sitzschule" bietet vor allem Jungen wenig Raum zu **kalkuliertem Risikoverhalten**. In dem Maße, wie durch bauliche Maßnahmen Brachflächen verschwinden und die Möglichkeiten von Erfahrungen außerhalb der Schule schwinden, in dem Maße wird Schule angefragt, diese Möglichkeiten zu bieten – und zwar auch im Interesse der Mädchen. Schulversuche, die **geschlechterspezifische Lernangebote** offerieren, werden durch die Soziobiologie gestärkt. Es ist zu erwarten, dass Mädchen potenziell längere Übungszeiten im Umgang mit der Maus am PC brauchen als Jungen, und diese sollten ihnen eingeräumt werden. Jungen sollten hingegen lernen, nonverbale Signale wahrzunehmen, feine Unterschiede zu erkennen und unaggressive Kommunikation erfahren.

Soziobiologische Forschung macht deutlich, dass viele Verhaltensmuster in anderen Lebenssituationen, als wir sie heute antreffen, evolviert wurden. Aufklärung über Geschlechterunterschiede gerade im Kommunikationsverhalten und Übungen dazu sind deshalb für einen entspannten Umgang der Geschlechter miteinander von Bedeutung, gerade hinsichtlich des **sprachlichen Verhaltens** in Gruppen. Die Erkenntnis, dass das eigene Verhalten durch Anpassungswerte aus der Steinzeit beeinflusst wird, macht es psychisch leichter, ein solches Verhalten angesichts veränderter sozialer Situationen kognitiv zu beeinflussen. Männer mögen sich unwohl fühlen, ein Gespräch nicht als Wettkampf zu führen, da sie dies vielleicht als langweilig empfinden; Frauen empfinden, dass sie sich unangemessen in den Vordergrund drängen, wenn sie es wagen, in einer größeren Runde das Wort zu ergreifen. Wenn man lernt, dass diese Gefühle für die Partnerwahl funktional, aber für die Karriere oder die Teamarbeit dysfunktional sind, ist es wahrscheinlich leichter, diese Gefühle bewusst zu machen, sie, wo erforderlich, zu überwinden und quasi rational zu agieren. Zudem wächst das Verständnis für das jeweilige Verhalten des anderen Geschlechts.

Soziobiologische Erkenntnisse verweisen zudem auf die ökologische Funktion von Verhalten. Rahmenbedingungen sollten für die Veränderung von Verhaltensweisen wichtiger sein als moralische Appelle. Die Debatte um das Schulklima könnte aus dieser Perspektive Rückenstärkung erfahren. Soziobiologische Forschung macht aber auch deutlich, dass Verhaltensgleichheit zwischen Männern und Frauen nicht erreicht werden wird, da beide zu unterschiedlich sind. Sie stärkt hingegen die Perspektive, **ausgewogene Lebensbilanzen** zwischen den Geschlechtern anzustreben.

Empfohlene Literatur zur Vertiefung

DAVID BUSS: *Die Evolution des Begehrens. Geheimnisse der Partnerwahl.* München: Kabel 1994
Dieses Buch beschreibt anschaulich und journalistisch geschrieben biologische Grundlagen der Partnerwahl.

MICHAEL LENZ: *Geschlechtersozialisation aus biologischer Sicht. Anlage und Erziehung.* Stuttgart: Ibidem 1999
LENZ stellt die wichtigsten Ergebnisse zur Geschlechterforschung aus biologischer Perspektive – explizit vor einem erziehungswissenschaftlichen Hintergrund – zusammen.

12 Kooperation und Konkurrenz

Kooperation und Konkurrenz sind Grundstrategien tierlichen und menschlichen Sozialverhaltens. In diesem Kapitel sollen Grundlagen der biologischen Interpretation von Sozialverhalten dargestellt werden. Dabei geht es gleichermaßen um soziales Wetteifer und konkurrierendes Verhalten wie um Kooperation und unterschiedliche Formen von Altruismus. Biologische Forschung kann einige Muster für Verhaltensstrategien zeigen, die in unterschiedlicher Weise für Lehrkräfte interessant sein könnten: Wenn Konflikte und Kooperationen nicht auf Moral und Einstellung der handelnden Personen, sondern auf deren Bilanzen zurückgeführt werden, verändern sich Anknüpfungspunkte für pädagogisches Handeln. Lassen sich vor diesem Hintergrund Strategien entwickeln, die kooperatives Handeln ermöglichen? Auch aus der Spieltheorie ergeben sich interessante Erkenntnisse, die für Lehrerhandeln im Unterricht anschlussfähig sein könnten.

Der biologische Blick auf Sozialverhalten war lange auf das Konkurrenzverhalten konzentriert: Der Überlebenskampf und die Formel vom „Survival of the fittest" – häufig missverstanden als Überleben des Stärkeren (und nicht das Überleben des am besten Angepassten) – standen im Vordergrund. Kritiker monierten diese Konkurrenzlastigkeit biologischer Theoriebildung. Mit der neueren Soziobiologie, beginnend mit den Forschungsergebnissen von EDWARD O. WILSON (1975), können vielfältige Strategien des Sozialverhaltens, vor allem unterschiedliche Formen der Kooperation, beschrieben und erklärt werden. Die Erklärung und Beschreibung von Kooperation war eines der theoretischen Schlüsselprobleme der Soziobiologie; es wird von daher nötig sein, einige grundlegende Annahmen vorweg zu klären. Für die Interpretation von Konkurrenz und Kooperation aus biologischer Perspektive ist signifikant, dass sie Sozialverhalten nicht mit moralischen und ethischen Kategorien beschreibt und erklärt, sondern mit Prinzipien des Eigennutzes und des Lebens bzw. Überlebens in einer bestimmten ökologischen Situation.

Genegoistische Interessen und die Begrenztheit der Ressourcen

Die Entstehung von Kooperation und Konkurrenz als soziale Verhaltensweise ist durch die physisch-chemische Grundstruktur der Replikation des Lebens über die Gene und durch die grundsätzliche Begrenztheit der Ressourcen bestimmt.

Die natürliche Selektion setzt – das wurde bereits im Kapitel 3 geklärt – an der Variabilität der Phänotypen an. Das Genom stellt die Kontinuität des Lebens dar;

denn es wird weitervererbt, das heißt repliziert. Der Phänotyp (also das jeweilige Individuum) ist aus der Perspektive des Genoms nur ein kurzlebiges Vehikel mit dem Zweck, ein optimales Medium für seine eigene Genreplikation zu liefern. Evolution ist ein genzentriertes Prinzip. Im Zentrum steht jeweils die Weitergabe des spezifischen Genoms.

> **Das egoistische Gen**
>
> Dieses genzentrierte Prinzip der Evolution wird missverständlich auch als „Genegoismus" bezeichnet. Dieser Begriff geht auf RICHARD DAWKINS zurück, der ihn mit seinem 1976 erschienenen Buch „The Selfish Gene" (deutsch 1978/1982/überarbeitet 1994) prägte. Der Begriff – bzw. dessen deutsche Übersetzung in egoistisch – ist missverständlich, da er, anthropomorph geprägt, ein Bewusstsein des Gens suggeriert. Dieses wäre natürlich Unsinn. Gene haben kein Bewusstsein und keinen Willen und können demzufolge nicht egoistisch handeln. Wahrscheinlich wäre es treffender gewesen, nicht vom egoistischen, sondern vom selbstbezogenen Gen zu sprechen.
>
> Dieses Problem weist auf eine grundsätzliche Schwierigkeit der soziobiologischen Terminologie hin, die bereits mehrfach beschrieben wurde: Es ist schwierig, mit unserer durch menschliches Denken und Handeln bestimmten Sprache die Wirkweise von Genen (Reproduktionsinteressen als Eltern, Mann oder Frau) angemessen auszudrücken. Die Wirkung von Genen ist einem ablaufenden Programm verdankt, und sie bekommt aus diesem ihre Richtung. Gene sind weder egoistisch, noch haben sie einen Willen. Ihre Struktur bedingt vielmehr das Ablaufen bestimmter auf sie selbst bezogener Programmmöglichkeiten. In LUHMANN'scher Diktion würde man sagen: Gene sind selbstreferenzielle und autopoietische Systeme. Oder in der Sprache der Philosophie: Gene bedingen teleonome, aber keine teleologischen Strukturen. Aber da solche Beschreibungen doch etwas voraussetzungsreich sind, werden eher vermenschlichende Beschreibungen (wie etwa das „egoistische Gen") verwendet, auch auf die Gefahr hin, missverständlich zu werden.

Das Genom hält Verhaltensstrategien vor, die eine möglichst gute Genreplikationschance eröffnen. An dieser Stelle kommt nun eine Besonderheit der Lebewesen ins Spiel, die sich zweigeschlechtlich fortpflanzen: Jedes Allel im Genom einer befruchteten Eizelle trägt 50 Prozent Wahrscheinlichkeit, die Kopie eines Allels des einen oder des anderen Elternteils zu sein. Dieses Verhältnis bezeichnet man als Verwandtschaftskoeffizienten. Das Ich, das mit sich selbst und seinem eineiigen Zwilling zu 100 Prozent verwandt ist, ist mit seinem Kind zu 50 Prozent verwandt und mit dem Enkel zu 25 Prozent. Vollgeschwister haben eine Wahrscheinlichkeit genetischer Ähnlichkeit von 1/2, Halbgeschwister von 1/4 und Cousinen und Cousins untereinander von 1/8. Die eigenen Genreplikationschancen werden also nicht nur gesteigert, wenn das Ich in seine eigenen Nachkommen investiert, sondern auch durch die Unterstützung der genetisch verwandten Großfamilie. Es ist deshalb wahrscheinlich, dass Verhaltensstrategien sich im Hinblick auf Verwandtschaft – und soziale Nähe (da Verwandtschaft nicht immer zweifelsfrei klar erkennbar ist) – unterscheiden. Die unterschiedliche genetische Übereinstimmung ist von daher die erste Ausgangsbasis für unterschiedliches Sozialverhalten.

Die zweite Bedingung für die Entstehung von Kooperation wie auch Konkurrenz liegt in der Begrenztheit der natürlichen Ressourcen. Lebewesen streben danach, ohne größere Anstrengung so viele Ressourcen wie eben möglich für sich zu dominieren. Sie brauchen Nahrung für sich und ihre Nachkommen und möchten dafür möglichst wenig Energie investieren. Da die umgebenden Ressourcen allerdings begrenzt sind, kommt es hier notwendigerweise zu Konflikten.

Konkurrenz

Konkurrenz ist ein allgemeines und häufiges Kennzeichen des Sozialverhaltens von Menschen und Tieren. Konkurrierendes Verhalten kennt unterschiedliche Formen. „Kampf" scheint ein Leitmotiv der darwinistischen Vorstellungswelt zu sein. Tiere jagen und fressen zur Nahrungsbefriedigung. Primaten führen regelrechte Feldzüge untereinander, die tödlich enden können. Geschlechtsgenossen, etwa Hirsche, kämpfen um die Gunst eines Weibchen und demonstrieren damit ihre Stärke. Kriege zu führen, zu morden und zu vergewaltigen sind offensichtlich nicht das traurige Privileg der Menschheit, sondern auch in der Tierwelt beobachtbar.

Konkurrenz bedeutet aber nicht nur kämpferische Auseinandersetzung. Unter Konkurrenz werden alle Verhaltensweisen subsumiert, die auf Wettbewerb untereinander zurückführbar sind. Konkurrierendes Verhalten sind beispielsweise *Werbestrategien* eines männlichen Tieres, um die Gunst eines Weibchens zu gewinnen. Hier findet unter den Bewerbern ein „stummer Kampf" statt, der den Weibchen die Möglichkeiten der Wahl des verheißungsvolleren Kandidaten einräumt. *Täuschungsmanöver* und *Betrug* sind Methoden, andere zu übervorteilen, die im Tierreich und unter Menschen gleichermaßen gang und gäbe sind. Eine weitere Form konkurrierenden Verhaltens ist, mit den eigenen Fähigkeiten *anzu-*

geben und damit Stärke zu demonstrieren. Hier werden, beispielsweise über körperliche Merkmale oder andere Merkmale wie Körpersprache, Stimmlautstärke, Schmuck oder Kleidung Signale kommuniziert. Kommunikationspartner checken damit ihre jeweiligen Stärken und Schwächen, bevor sie in direkten Kontakt treten. Ein solches Verhalten lässt sich im Tierreich genauso feststellen wie unter Menschen. Starke Gazellen nehmen körpersprachlichen Kontakt mit ihren Jägern, zum Beispiel mit Löwen auf, obwohl sie dadurch Zeit und Energie zur Flucht verlieren. Sie signalisieren damit quasi: „Komm doch, wenn du Lust hast, Zeit zu verschwenden! Du bekommst mich ja doch nicht!" Wirkt das körpersprachliche Signal überzeugend, lassen Löwen in der Regel von der Jagd ab (vgl. ZAHAVI/ZAHAVI 1999). Ist dieses Angeben unbegründet und durchschaut der Löwe das Spiel der Gazelle, dann kann die zu späte Flucht für die Gazelle allerdings tödlich ausgehen. Die Gazelle muss den Zeitverlust durch das Angeben, ihre Überzeugungskraft und ihre tatsächliche körperliche Fitness also gut gegeneinander abwägen, ebenso der Löwe seine Kraftreserven, die Überzeugungskraft der Gazelle und seine Vermutung über deren tatsächlichen Kräfte. Welches Verhalten dann jeweils präferiert wird, resultiert aus einer höchst individuellen, gegenseitigen Verrechnung unterschiedlichster Parameter.

Konkurrenzverhalten ist durch eine individuelle Bilanzierung der jeweiligen Rahmenbedingungen bedingt. Der Streitwert des Begehrten, die Chance, eine Auseinandersetzung zu gewinnen, sowie die vermuteten Kosten, die durch eine Auseinandersetzung entstehen, werden sorgfältig gegeneinander abgewogen und bedingen die Wahl der Handlungsstrategie.

Kooperation

Lange Zeit war es für Biologen unklar, warum Tiere und Menschen untereinander kooperieren und dafür sogar persönliche Nachteile in Kauf nehmen. Warum stützen Delfine einen kranken Artgenossen, damit dieser Luft zum Atmen bekommen kann? Warum gibt es Menschen, die einander aufopfernd helfen? In den letzten Jahren ist die Forschung hier ein großes Stück vorangekommen. Es lassen sich verschiedene Formen der Kooperation *idealtypisch* im Hinblick auf ihre Kosten und Nutzen unterscheiden.

Die erste Form der Kooperation ist die Form der *mutuellen Kooperation*. Bei dieser Form der Kooperation entstehen den Kooperationspartnern nur so genannte Opportunitätskosten; keiner muss direkt investieren. Opportunitätskosten sind die Kosten, die durch entgangenen Gewinn entstehen, aber keine eigens aufgebrachten Energien darstellen. Sie entstehen dadurch, dass man in der für die Kooperation aufgebrachten Zeit nicht etwas anderes, was vielleicht netter wäre, machen kann. Mutuelle Kooperationen führen zum allseitigen Vorteil aller Beteiligten. Verhaltensziele können durch sie gemeinschaftlich leichter und effizienter erreicht werden als allein. Beispielsweise sind klassenübergreifende Treffen der Lehrkräfte eines Jahrgangs an einem Nachmittag in der Woche solche Formen mutueller Kooperation. Jeder Lehrer muss seine Unterrichtsvorbereitung ohnehin machen, und von einer gemeinsamen Vorbereitung können alle – etwa durch die Zeitersparnis bei der Erstellung von Arbeitsblättern – profitieren. Jeder profitiert sogar dann, wenn die Gruppe sehr unterschiedlich ist und einige mehr Ideen in die Gruppe einbringen als andere; denn auch die Engagierten müssten Zeit allein zu Hause investieren, um den Unterricht vorzubereiten. Erst wenn in die Gruppe mehr Zeit investiert werden muss als für die häusliche Vorbereitungszeit nötig, beginnt die Situation zu kippen.

Diese Form der Kooperation ist auch im Tierreich sehr häufig zu beobachten; viele Tiere scheinen kompliziert angelegte Kooperationsnetze zu pflegen (zum Beispiel durch das Leben in größeren Sozialverbänden oder Schwärmen) und damit ihre eigene Fitness nicht unerheblich zu erweitern.

Während mutuelle Kooperation keine Kosten entstehen lässt, sind diese bei *reziprokem Altruismus* durchaus erkennbar. Ein reziproker Altruist stellt seine persönlichen (Reproduktions-)Möglichkeiten zugunsten Dritter in den Hintergrund. Er wird dadurch entschädigt, dass seine Haltung bei anderer Gelegenheit durch eine Hilfeleistung bzw. Unterstützung erwidert wird. Die Nettobilanz ist – sieht man sie über einen gewissen Zeitraum – bei allen Beteiligten damit positiv und gleicht mindestens die für altruistisches Verhalten entstandenen Kosten aus. Reziproker Altruismus rechnet sich also erst über einen gewissen Zeitraum.

Ein Beispiel für reziproken Altruismus ist die gegenseitige Übernahme von Pausenaufsichten bei Lehrkräften. Die Pausenaufsicht einer anderen Lehrkraft wird dann übernommen, wenn damit gerechnet werden kann, dass einem selbst auch bei entsprechender Gelegenheit beigesprungen wird.

Nepotistischer Altruismus bezeichnet altruistische Hilfe, bei der der Helfende investiert, ohne einen Vorteil – auch keinen sozialen – zu erwarten. Im Gegensatz zum reziproken Altruismus wird mit der Rückzahlung der Investition nicht gerechnet. Dieses Verhalten wird, und das ist aus empirischer Forschung gut belegt, umso wahrscheinlicher, je näher die jeweiligen Personen miteinander verwandt sind und damit der eigene direkte Fitnessverlust für die indirekte Fitness der eigenen Gene beiträgt (vgl. DAWKINS 1994, S. 154 ff.). Am effektivsten ist es für die eigene Reproduktion, Energie in die Aufzucht der eigenen Kinder zu stecken. Hier sind Eltern – aus genegoistischen Gründen – zu erheblichen Investitionen bereit. Lehrkräfte können die große Energie von Eltern, den eigenen Sprössling im Leben erfolgreich sehen zu wollen, häufig in anstrengenden Auseinandersetzungen erfahren. Es kann aber im Sinne des eigenen Genegoismus durchaus auch effektiv sein, in die eigenen Nichten, Neffen oder andere Verwandte zu investieren und dafür die eigene Fitness zu beschneiden. Nepotistischer Altruismus lässt sich in vielen Tierkulturen und bei Menschen in ausgeklügelten Helfer- und Unterstützungssystemen (etwa in der Rolle der Verwandtschaft beim Hausbau oder in der Landwirtschaft) erkennen. In der modernen Organisation der Schule dürfte sie allerdings keine dominante Rolle spielen. Die Erhöhung der indirekten Fitness durch Verwandtenunterstützung erklärt allerdings die hohe Bedeutung verwandtschaftlicher Beziehungen in manchen Schülerpopulationen. Gerade die Gruppen, die beispielsweise durch Migration, Arbeitslosigkeit oder andere Ereignisse Erfahrungen hoher Unbeständigkeit von Umweltbedingungen gemacht haben, dürften – zur Erhöhung der eigenen Fitness – an der Ausprägung von Verwandtschaftsverhältnissen besonderes Interesse zeigen.

Diese drei Formen von kooperierendem Verhalten sind idealtypische, durch theoretische Perspektiven gekennzeichnete Unterscheidungen. In der Praxis lässt es sich häufig schwer unterscheiden, welche Form von Kooperation nun eingegangen wird, da die Fitnesskosten unterschiedlicher Verhaltensweisen nicht zu erkennen sind.

Das Problem der Fitness

Reziproker Altruismus und nepotistischer Altruismus sind soziale Strategien, die Biologen im Hinblick auf ihre Kosten und ihren Nutzen für die direkte bzw. indirekte Fitness unterscheiden. Unter genegoistischen Perspektiven zeigt sich die direkte Fitness in der Anzahl der eigenen Nachkommen und deren Lebenschancen, hingegen die indirekte Fitness in der Anzahl der unterstützten Nachkommen der Verwandtschaft. Die komplexen Verhaltensstrategien von Menschen sind nun – besonders, wenn man einzelnes Verhalten isoliert betrachtet – oft nicht direkt auf den Reproduktionserfolg zurückzuführen. Empirische Untersuchungen zeigen aber, dass dort, wo man einzelne Populationen unter diesen Aspekten untersuchen konnte, vielfach verblüffende Korrelationen feststellbar sind. Diejenigen, die ohne Verwandtschaft unter den Pilgrim Fathers nach Amerika auswanderten, hatten deutlich schlechtere Überlebenschancen als diejenigen, die auf ein weit gespanntes Verwandtschaftsnetz zurückgreifen konnten (vgl. im Überblick WUKETITS 1997, S. 51–110).

Wir kennen die tatsächlichen Bilanzen der je unterschiedlichen Verhaltensweisen nicht – wir können sie nicht kennen, da jede Einzelsituation nicht mit beliebigen Verhaltensweisen parallel zu erproben und der Fitnesertrag konkret zu untersuchen ist. Vielmehr führt unser Gehirn, häufig durch über Gefühle vermittelte Vorerfahrungen geleitet, eine blitzschnelle je individuelle Abwägung durch, die dann zu bestimmten Verhaltensweisen führt.

Bedingungen für den Aufbau von Kooperation

Welche Bedingungen machen Kooperationen nun wahrscheinlicher? Es ist bereits festgestellt worden, dass genetische Nähe kooperierendes Verhalten wahrscheinlicher werden lässt. Diese Erkenntnis ist für schulische Sozialerziehung, die ja nicht primär das Leben in der Familie, sondern vor allem das Sozialverhalten in einer abstrakten Gemeinschaft von Individuen – beispielsweise einem Staat oder der abstrakten Weltgesellschaft – vor Augen hat, von Bedeutung. Sie macht nämlich deutlich, dass der Aufbau von Kooperation in solchen komplexen sozialen Gebilden kein Selbstgänger sein dürfte.

Zweitens machen diese Ausführungen auch deutlich, dass der Aufbau von Kooperationen nicht primär eine Frage der Einstellung ist, sondern vor allem eine Frage der Kosten, des realen Nutzens und des erwarteten Nutzens, sprich eine Frage der persönlichen Bilanz. Der persönliche Nutzen muss für eine kooperative Verhaltensstrategie – wenn es sich nicht um Verwandtschaft handelt – größer sein als die durch die Kooperation verursachten Kosten. Viele Untersuchungen zum umweltgerechten Verhalten zeigen beispielsweise, dass ein sensibler Umgang mit Energie keine Frage der Einstellung ist, sondern eine Frage der Individualabrechnung von Heizkosten. Spürt man verändertes Umweltverhalten am Geldbeutel (Kooperation bringt Nutzen für einen selbst), so ist man eher dazu bereit.

Diese Bilanzen werden drittens durch Rahmenbedingungen, in denen Verhaltensstrategien eingebunden sind, erheblich beeinflusst. Mutuelle Kooperation und reziproker Altruismus werden umso wahrscheinlicher,

- je häufiger und regelmäßiger Kontakt unter den interagierenden Partner zustande kommt und je vertrauter sie sich sind,

- je seltener die Gruppenzusammensetzung wechselt und

- je schwieriger und kostspieliger es für Trittbrettfahrer wird, also für diejenigen, die den Nutzen von Altruisten in Anspruch nehmen, selbst aber zu einer Kooperation nicht bereit sind.

Zudem sind für den Aufbau von Kooperationen stabile Umweltbedingungen vorteilhaft. Reziproke Kooperationen zahlen sich nur vor dem Hintergrund einer stabilen Umwelt bzw. überschaubarer Rahmenbedingungen aus. Wenn morgen schon alles anders sein kann, da politische Katastrophen, Kriegswirren oder erwartbare Naturkatastrophen hereinbrechen, dann macht es keinen Sinn, kooperativ in eine auf Langfristigkeit angelegte Beziehung zu investieren. Stabilität sollte in irgendeiner Form in der Biografie der kooperierenden Personen schon einmal erfahrbar gewesen sein. Ein Jugendlicher, dessen Biografie ausschließlich durch instabile persönliche Situationen, etwa im familialen Umfeld, gekennzeichnet ist, wird vorsichtiger und misstrauischer kooperieren als Klassenkameraden aus stabilen Umfeldern.

Gibt es vorteilhafte Strategien?

Konkurrenz und Kooperation sind jeweils unterschiedliche Strategien, die in Sekundenschnelle abgewogen werden und zu einem bestimmten Verhalten führen. Gerade im Hinblick auf Kooperation ist diese Entscheidung nicht unriskant: Wird kooperiert, dann entsteht das Risiko, dass die Kooperation nicht erwidert wird und sich deren Nutznießer als schmarotzende Trittbrettfahrer erweisen.

An manchen Schulen ist es beispielsweise möglich, dass Kollegen sich gegenseitig vertreten, auch wenn sie nicht erkrankt sind. Eine solche Kooperation beruht auf der Unterstellung von Gegenseitigkeit: Der eine Mehrstunde unterrichtende Kollege unterstellt, dass ihm diese Stunde von diesem oder einem anderen Kollegen zurückgegeben wird, wenn er selbst einmal vertreten werden möchte. Diese Hoffnung kann aber enttäuscht werden; dann entsteht das Gefühl, ausgenutzt worden zu sein. Kollegen, die vertreten, müssen also jeweils abschätzen, wie groß die Wahrscheinlichkeit ist, dass das eigene Engagement zurückgegeben wird. Gibt es Strategien, um angesichts dieser oder anderer Entscheidungssituationen zu einer möglichst positiven Bilanz zu kommen?

Diese Frage steht im Mittelpunkt der Spieltheorie. Sie fragt danach, welche abstrakten Verhaltensstrategien potenziell am erfolgreichsten sind, wenn sowohl kooperierendes Verhalten wie auch Betrug jederzeit erwartbar sind. In diesem Kontext sind Anfang der achtziger Jahre die Untersuchungen von ROBERT AXELROD bekannt geworden. Mit einer originellen Methode untersuchte er empirisch den langfristigen Erfolg unterschiedlicher Verhaltensstrategien. AXELROD veranstaltete ein Turnier unterschiedlicher Verhaltensstrategien für PC-Programme. Interessanterweise war – über einen langen Zeitraum gesehen – immer dieselbe Strategie die erfolgreichste: die so genannte versöhnliche Tit-for-Tat-Strategie (vgl. AXELROD 1997; HOFSTADTER 1998). „Tit for Tat" bedeutet übersetzt: etwas mit gleicher Münze heimzahlen. Das Programm mit diesem Namen war eines der kürzeren Programme des Wettbewerbs und bestand aus drei Schritten:

- Beginne mit der Kooperation: Sei nett!
- Übernimm dann das Verhalten deines Gegenübers (wenn dieser kooperiert, kooperiere auch; wenn dieser nicht kooperiert, dann verlasse ebenfalls die Kooperation und gehe zu konkurrierendem Verhalten über): Lasse dich provozieren!
- Beginne nach einiger Zeit wieder mit der Kooperation: Sei versöhnlich!

Zudem war das Programm durch große Einfachheit und Klarheit gekennzeichnet, die AXELROD ebenfalls für wichtig erachtete. Daraus ließe sich die Maxime folgern: Benutze Verhaltensstrategien, die kenntlich und unkompliziert sind: Sei klar und zeige erwartbares Verhalten!

Diese in einem PC-Tunier sich überlegen zeigende Strategie konnte auch in vielen Alltagssituationen als erfolgreich identifiziert werden. Zudem konnte AXELROD zeigen, dass ein einziger Kooperierender in einer Gruppe lauter Egoisten zu Grunde geht; dass aber schon eine ganz kleine Gruppe Kooperierender sich so ausbreiten kann, dass sie eine ganze Population in ihrem Verhalten beeinflusst (vgl. für genauere situative Unterscheidungen, die hier nicht dargestellt werden, NOWAK u. a. 1998).

Die Spieltheorie weckte gerade in den Anfangszeiten ihrer Popularität große Hoffnungen, Möglichkeiten für die „richtige" Lösung konkreter Probleme oder Hinweise auf immer funktionierende Verhaltensweisen zu erhalten. Diese Hoffnungen erfüllten sich nicht; die Aussagen der Spieltheorie verdeutlichen über eine große Anzahl von Verhaltenszügen und einen langen Zeitraum erfolgreiche Strukturen: Der Einzelfall kann sich aufgrund vielfältiger Umweltvariablen immer anders verhalten. Dennoch schärft diese Theorie den Blick für Verhaltensstrategien.

Kooperation und Konkurrenz als zwei Seiten einer Medaille: Eigennutz

Vor dem Hintergrund dieser Forschungsergebnisse verliert kooperierendes Verhalten seinen Nimbus und Konkurrenz ihren negativen Charakter. Vielmehr lassen sich beide Verhaltensweisen als die zwei Seiten der einen Medaille mit dem Namen Eigennutz beschreiben. Kooperative Verhaltensstrategien werden aus Sicht des Individuums nicht per se aus moralischen Einsichten eingeschlagen, sondern verdanken sich vielmehr einer erwarteten Verbesserung der eigenen Situation. Diese kann auch in der sozialen Anerkennung moralischen Handelns liegen. Ebenso ist Konkurrenz bzw. konkurrierendes Verhalten mit den damit verbundenen Folgekosten von psychischer bis physischer Verletztheit weniger

Ausdruck eines negativen Charakters, sondern vielmehr einer Bilanz unter bestimmten Rahmenbedingungen, die dieses Verhalten im Hinblick auf den persönlichen Eigennutz als interessant und attraktiv erscheinen lässt.

Wann welche Strategie eingeschlagen wird, hängt einerseits von den erwarteten Kosten ab. Diese Kosten können in vielen unterschiedlichen Dingen bestehen – reale Anstrengungen und Energieaufwand, psychische Energie, Verbindung mit der biographischen Vorgeschichte bzw. die Mühen, diese umzuarbeiten (das heißt ein Verhalten in diese sinnvoll zu integrieren). Andererseits muss der erwartete Nutzen in einer angemessenen Relation stehen. Der Nutzen kann in konkreten Vorteilen – beispielsweise im Hinblick auf den Zugang zu Ressourcen wie Einkommen, Arbeitsplätzen oder Nahrungsangebot, aber auch in sozialem Nutzen wie beispielsweise Prestige- und Machtgewinn – liegen. Sowohl kooperierendes wie auch konkurrierendes Verhalten entspringt häufig denselben Motiven in unterschiedlichen Bilanzen. Die Frage, welches Verhalten in welcher Situation favorisiert wird, ist eine Frage einer je individuellen Kosten-Nutzen-Bilanz in einer ganz bestimmten Umgebung vor ganz bestimmten Hintergrunderfahrungen. So dürften Menschen, die in ihrer Biografie eher ärmliche Verhältnisse erlebten und aus einer gesellschaftlichen Situation kommen, die tendenziell Unsicherheit ausstrahlt, einen Lottogewinn eher verprassen, während es wahrscheinlich ist, dass Menschen, die in ihrem Leben hohe persönliche und gesellschaftliche Stabilität erfahren haben, dieses Geld Gewinn bringend anlegen werden.

Der Traum eines harmonischen Miteinanders in einer paradiesischen Welt ist so gesehen eine Chimäre. Es ist anzunehmen, dass es beide Verhaltensweisen – Kooperation wie Konkurrenz – immer geben wird. Ausprägung und Stellenwert dieses Verhaltens wird unterschiedlich sein, aber sie scheinen beide zueinander zu gehören. Kooperation, die ja Gegenseitigkeit bedingt, wird immer wieder zu Schmarotzertum einladen: Menschen, die den Nutzen von kooperierendem Verhalten für sich in Anspruch nehmen, aber gleichzeitig nicht bereits sind, das dafür nötige eigene Engagement aufzubringen. Trittbrettfahrer werden umso stärker zunehmen, je leichter es ihnen gemacht wird, nicht die nötige Gegenleistung zu erbringen. Da aber Menschen – wie in Kapitel 8 dargestellt – darauf evolviert sind, auf die Einhaltung sozialer Regeln zu achten, wird es auch wiederum Menschen geben, die versuchen, dieses Verhalten zumindest im Nahbereich zu unterbinden. Schwierig wird es allerdings, in einer globalisierten Weltgesellschaft aufgrund der gesellschaftlichen Komplexität und der Unübersichtlichkeit der Beziehungen auf die Einhaltung von Reziprozität achten zu können.

Konsequenzen für die Pädagogik

Was ist aus den bisherigen Überlegungen für schulische Sozialerziehung und für den Umgang mit Kooperation und Konkurrenz festzuhalten?

Der gesamte Bereich schulischer Sozialerziehung einschließlich Globalen Lernens, der Bildung für nachhaltige Entwicklung und der Umwelterziehung erhalten aus dieser Perspektive Anregungen. Sowohl in der Umweltbildung wie auch in der politischen Bildung ist seit längerem die geringe Wirksamkeit einer Erziehung zur Einstellungsänderung bekannt (vgl. z.B. de HAAN u. a. 1997, S. 11 ff.). Über Moral-Kommunikation verändert sich das konkrete Verhalten von Schülern kaum oder gar nicht. Bewusstsein über Handlungen und das konkrete Verhalten korrelieren nicht signifikant. Vielmehr scheinen die konkreten Lebensbedingungen des Einzelnen eine dominante Wirkung auf das Sozialverhalten auszuüben. Dieses weithin bekannte Problem erfährt aus dem Licht der Soziobiologie eine weitere Deutungsmöglichkeit.

Die Interpretation von Sozialverhalten als Bilanz in einer bestimmten Lebenssituation eröffnet die Chance für einen veränderten Umgang mit Sozialerziehung wie auch mit Unterrichtsstörungen. Sie ermöglicht Lehrkräften ein differenziertes und distanziertes **Verstehen** unterschiedlicher Schülerstrategien, ohne diese gleich auf- oder abwerten zu müssen, und warnt vor eigener moralischer Überheblichkeit. Pädagogische Fantasie und vor allem Forschung und Theoriebildung könnten angeregt werden, über die Veränderungen von unterrichtlichen und schulischen Rahmenbedingungen zur Ermöglichung von Verhaltensänderungen von Schülern intensiver als bisher geschehen nachzudenken. Damit kommen Schule und Unterricht und deren erzieherische Systemleistung als Umwelt von Schülerinnen und Schülern wie auch von Lehrkräften stärker in den Blick. Die Diskussion um den „heimlichen Lehrplan" könnte aus dieser Perspektive eine neue und interessante Belebung erfahren.

Zudem wäre es interessant und vermutlich lohnend, unter Aspekten der Spieltheorie über Unterrichtsstörungen wie auch die Zusammenarbeit im Kollegium nachzudenken. Welche Impulse könnten Erkenntnisse wie Tit for Tat geben? Hier fehlt noch eine theoretische wie auch eine empirische Fundierung spieltheoretischer Überlegungen im Hinblick auf die Ermöglichung von **kooperierender Kommunikation** in der Schule. Vielleicht könnte ein solcher Theorieimpuls die Diskussion über sinnvolle Lehrerstrategien neu beleben. Die bewusste Aufkündigung von Kooperation wie auch das Zeigen von klaren Signalen der Versöhnlichkeit bedingen in pädagogischen Kontexten eine hohe Professionalität, zu deren Sicherung die Evolutionstheorie bestimmt beitragen könnte. Auch die Frage, unter welchen Rahmenbedingungen in nicht kooperierenden Kollegien die Ausbreitung von Kooperation zu erwarten ist, wäre für die Theoriebildung der Schulentwicklung sicherlich von Interesse.

Diese Theoriebildung erklärt die aus der Politischen Bildung bekannte Diskrepanz zwischen Bewusstsein und Handeln. Sie warnt damit die Pädagogik einerseits vor einer Überforderung durch Werte und Normen, macht aber andererseits – über die Bedeutung der Rahmenbedingungen für das Handeln – den Blick frei auf die ethischen Spielregeln, die durch soziale Systeme ausgedrückt werden. Der Verlust einer normativen Werteerziehung ermöglicht die Wiedergewinnung des Politischen über **Spiel- und Verfahrensregeln**. Die Einübung in Spielregeln darf als wichtiges Ziel schulischer Sozialisation von daher nicht unterschätzt werden.

Auch aus soziobiologischer Perspektive wird bekräftigt, was sowohl die psychologische Theoriebildung wie auch das Erfahrungswissen von Pädagogen betonen: Emotionale Sicherheit in der biografischen Vergangenheit ist eine äußerst wichtige Rahmenbedingung für den Aufbau langfristiger Kooperationen in der Gegenwart. Wenn emotionale Sicherheit in der familiären oder der schulischen Sozialisation nicht gegeben ist, dann wird es für den betroffenen Schüler wahrscheinlich schwieriger sein, langfristige Kooperationen anzubahnen und einzugehen. Solch ein **Klima emotionaler Sicherheit** von schulischer Seite aufzubauen ist damit nicht nur für die Grundschule (die sich dies schon lange zu Eigen gemacht hat), sondern vor allem auch für die weiterführenden Schulen eine wichtige Aufgabe. Allerdings zeigt die Soziobiologie auch, dass diese Bilanzierungen zwar durch die individuelle Vergangenheit beeinflusst sind, aber eine jeweils aktuelle Bilanzierung darstellen. Das macht Mut für klare pädagogische Situationen, die für Schüler eine eigene Realität schaffen können, die sich durchaus von bereits erfahrenen Situationen unterscheidet.

Soziobiologische Theoriebildung ermöglicht zudem einen differenzierten Blick auf das Phänomen der Konkurrenz. Während Kooperation über schulische Sozialerziehung und der Aufbau emotionaler Sicherheit als genuiner Bestandteil pädagogischen Bemühens gelten können, ist der Umgang mit Phänomenen von Konkurrenz in der pädagogischen Semantik negativ besetzt. Aus Sicht der Biowissenschaften ist Konkurrenz ein selbstverständlicher Aspekt tierlicher und menschlicher Verhaltensstrategien. Schulischer Unterricht – das wird auch Kapitel 13 deutlich machen – ist in besonderer Weise vom Zusammenspiel zwischen Kooperation und Konkurrenz geprägt. Aus dieser Sicht erscheint Unterricht als eine Form der Einübung in die **Humanisierung von Konkurrenz** im Sinne der Abfederung ihrer Konsequenzen. An dieser Stelle könnte zum einen die erziehungswissenschaftliche Theoriereflexion noch etwas voranschreiten, zum anderen aber auch in der praktischen Konkretisierung des Umgangs mit Konkurrenz im Unterricht noch etwas dazugewonnen werden. Darauf wird in Kapitel 14 noch etwas genauer eingegangen.

Empfohlene Literatur zur Vertiefung

Digest Kooperation und Konkurrenz von Spektrum der Wissenschaft, Heft 1, 1998
Dieses Themenheft gibt die oben genannten AXELROD'schen Thesen anschaulich wieder und diskutiert unterschiedliche Anwendungsbeispiele dieser Forschungsrichtung.

AMOTZI ZAHAVI/AVISHAG ZAHAVI: *Signale der Verständigung. Das Handicap-Prinzip. Frankfurt/Main 1998*
Dieser Band führt in die Theorie der Signalkommunikation ein. Diese Theorie führt Überlegungen zu Kooperation und Konkurrenz am Beispiel der Kommunikation von Signalen im Tierreich weiter und kommt zu verblüffenden Erkenntnissen, zum Beispiel im Hinblick auf die komplexe Interaktion zwischen Tätern und Opfern zwischenartlicher Konkurrenz.

Teil IV

Die Natur des Lehrens

13 Unterricht als Lehrform

Unterricht wird im Folgenden als „Einführung in das Leben unter herabgesetztem Risiko des Scheiterns" interpretiert; als Einführung in den Umgang mit Variationen, Selektionen und Stabilisierungen. Unterricht wird damit als eine Kommunikationsform verstanden, die zwischen der evolutionär bedingten Ausstattung des Menschen, seiner „spontanen Vernunft" und den Anforderungen des Lebens in einer inzwischen globalisierten Weltgesellschaft zu vermitteln sucht. Die damit potenziell verbundene Überforderung lässt sich nicht auflösen, sie bleibt ständige Herausforderung.

Viele Jahrhunderte haben Menschen anderen Menschen etwas beigebracht, indem der eine etwas zeigte oder erzählte und der andere zuschaute bzw. zuhörte. „Zeigen" und „Sagen" sind gewissermaßen die Grundformen allen Unterrichts, die sich noch heute in vielen Methoden und didaktischen Arrangements des Lehrens wiederfinden (vgl. TREML 2000). Heute sind diese elementaren Formen in einen größeren institutionalisierten Kontext eingebunden: in Unterricht. Warum hat sich diese Belehrungs- und Lernform durchgesetzt?

Evolution von Unterricht

In der Erziehungswissenschaft gibt es verschiedene Antworten, die den Zusammenhang zwischen der Entwicklung der Schule und dem Entstehen der Industriegesellschaft betonen (vgl. z. B. DIEDERICH/TENORTH 1997; FEND 1981). Vor dem Hintergrund evolutionärer Theoriebildung lassen sich funktionelle Deutungen in den Blick nehmen, die den zeitlichen und räumlichen Horizont einer Unterrichts- und Schultheorie erkennbar erweitern. Denn Unterricht wird hier in einem längeren Zeithorizont (vom Pleistozän bis heute) und mit einem erweiterten Hintergrund (im kulturellen Vergleich) interpretiert. Aus evolutionärer Perspektive muss zur Beantwortung der Frage, warum es Unterricht überhaupt gibt, nach dem Vorteil gefragt werden, den er für Gesellschaften brachte.
In diesem Kontext lohnt sich der Blick auf den historischen Prozess der Institutionalisierung von Unterricht, der hier nur in Kürze nachgezeichnet werden kann. Während der soziokulturellen Evolution sind Menschen nahezu die gesamte Zeit ohne Unterricht ausgekommen. Schule ist eine in der Entwicklung der Menschheit sehr junge Institution, deren Erfolgsgeschichte im Übergang zu Hochkulturen in Ägypten um 5000 v. Chr. begann (vgl. BRUNNER 1957). In den letzten fünf Jahrhunderten hat sich diese Institution ausgebreitet. Sie universalisiert sich erst in jüngster Zeit (vgl. ADICK 1992). Verglichen mit der langen Zeit der Hominisation (ca. 4 Millionen Jahre) ist die Schulgeschichte also verschwindend kurz.

Lehren in Wildbeuter- bzw. Jäger- und Sammlergesellschaften

Über Millionen Jahre hinweg lebten Menschen in kleinen, überschaubaren und durch Verwandtschaftsbeziehungen gekennzeichneten sozialen Einheiten, die intern – nach gegenwärtigem Stand der Forschung – durch gleiche Rechte und Pflichten für alle und ein geringes Ausmaß an Arbeitsteilung gekennzeichnet waren. Eine Schrift zur Weitergabe von Informationen war noch nicht verfügbar – vielmehr wurde vermutlich auf die Tradierung durch optische und orale Überlieferung gesetzt, also auf Zeigen und Erzählen. Die gesellschaftliche Organisation wurde wahrscheinlich unter anderem durch Tabus strukturiert, die über funktionale Erziehung – also ohne die dahinter liegenden Mechanismen bewusst zu machen – weitergegeben wurden (vgl. TREML 1987, S. 69). Wir wissen kaum etwas über historisch lange zurückliegende Lehrvorgänge, wie etwa die der Jäger- und Sammlergesellschaften. Erziehungsformen in traditionalen Gesellschaften sind seit dem Beginn des 20. Jahrhunderts erforscht (vgl. den Überblick bei MÜLLER/TREML 1996; 2001; KREBS 1998). Forschungsarbeiten konnten nur die Kulturen der letzten Jahrhunderte im Blick haben.

Manches lässt sich jedoch auch aus bis heute zu beobachtenden Sozialstrukturen schließen: Im Rahmen der familiären Erziehung – also der Erziehung durch die Großfamilie – ist Lehre über nachahmendes Lernen, das heißt über Imitation, organisiert. Heranwachsende Kinder beobachten das Verhalten und die Fertigkeiten der Menschen in ihrer unmittelbaren Umgebung und ahmen diese nach. Ab und zu wird ihnen von erwachsenen Mitgliedern der Gesellschaft – der Mutter, dem Vater oder anderen Verwandten – etwas gezeigt. Durch die spielerische Teilhabe am Leben der Erwachsenen und über ältere Kinder werden Informationen und Fertigkeiten von einer Generation an die nächste weitergegeben. Gelernt wird über Imitation und Wiederholung. Ein solches Lehren und Lernen setzt die Anschaulichkeit des Lebens und die Möglichkeit einer ungehinderten Teilhabe daran voraus (vgl. auch TREML 1987, S. 71 ff.).

Erziehung geht von der Einheitlichkeit eines kulturellen Sinnentwurfs aus. Durch Zeigen und Erzählen wird der Überlebensentwurf weitergegeben, der sich seit Generationen über die Traditionsbildung stabilisiert hat. Erziehung zielt damit vor allem auf die Reproduktion der Kulturtradition und vermeidet Veränderungsprozesse. Diesem Ziel dienen auch – dort wo sie vorkommen – Initiationsriten. Was auf der Ebene der Familien durch *Imitation* gelernt wird, stellt auf der Ebene der Gesellschaft häufig die *Initiation* dar. Mit der Initiation wird eine Vorform intentionaler Erziehung erkennbar. Nicht von ungefähr ist deshalb die Vermutung geäußert worden, dass die Schule ihre Vorformen im Initiationsritus findet (vgl. FREYER 1982). Ähnlich dem organisierten Unterricht ist der Initiationsritus künstlich angelegt, er ist räumlich, zeitlich und sozial klar um- und begrenzt, er ist ritualisiert und wird durch einen „Erzieher" organisiert (vgl. auch MÜLLER/TREML 1996). Die dominante Form des Lehrens erfolgt jedoch außerhalb der Initiation im Alltag.

Lehren in Hochkulturen und Ständegesellschaften

Hochkulturen und Ständegesellschaften sind vor allem durch die Erfindung und den Gebrauch der Schrift gekennzeichnet. Aus diesem Grund, aber auch aufgrund der zeitlichen Nähe, liegt über diese Kulturen weitaus mehr Wissen vor als über Jäger- und Sammlergesellschaften. Hochkulturen differenzieren durch Schichten und Hierarchien Ungleichheiten innerhalb einer Gesellschaft. Durch gleichzeitige Arbeitsteilung und innergesellschaftliche Kooperation gelingt es, die gesellschaftliche Eigenkomplexität erheblich zu vergrößern und an eine ebenfalls komplexer gewordene Umwelt (v.a. im Hinblick auf Ressourcenbegrenzungen angesichts gestiegener Populationen) anschlussfähig zu bleiben.

In dieser Gesellschaftsform lässt sich intentionale Erziehung durch Unterricht zum ersten Mal in den Hochkulturen Mesopotamiens und Ägyptens feststellen, und zwar in der Ausbildung zum Schreiber (vgl. BRUNNER 1957). Durch die hierarchische Organisation des Staates und die damit in Verbindung stehende Verwendung der Schrift wird die Ausbildung von Beamten notwendig. Diese kann als erste Form einer institutionalisierten schulischen Unterrichtung bezeichnet werden. In den Anfängen nimmt ein Beamter einen jungen Mann als Schüler – quasi als einen Sohn – ins Haus. Dieser lernt durch Abschauen und Mitleben im Haushalt das Schreiben und die Verwaltungsarbeit. Diese intentionale Form der funktionalen Erziehung wird „famulierendes Lernen" genannt und hält sich in unterschiedlichen Formen über in Familien lebende Lehrlinge (im späten Mittelalter und der frühen Neuzeit) bis in unsere Tage (für angehende Ärzte ist die Famulatur noch heute Ausbildungsbestandteil). Bereits etwa 2100 v. Chr. reichte in Ägypten dieses Ausbildungsprinzip nicht mehr aus. Schreib- und Lesefähigkeiten werden zunehmend im Klassenunterricht vermittelt (vgl. LIEDTKE 1972; BRUNNER 1957; TREML 1987, S. 80). Neben dem Erlernen der Schrift geht es darum, über Unterricht die Herrschaft zu stabilisieren und die Beamten auf ihre zukünftige Rolle vorzubereiten. Unterricht ist nur den wenigen Menschen zugänglich, die zum Beamten ausgebildet werden.

Gegenüber der Lehrform in Wildbeuter- bzw. Jäger- und Sammlergesellschaften wies diese Organisationsform gewaltige zeitliche (durch die gleichzeitige Beschulung einer ganzen Gruppe) und inhaltliche Vorteile auf (durch die Konzentration auf bestimmte Themen). Unterricht wird zu einem Werkzeug der Einübung in Schriftlichkeit und der Stabilisierung dieser literalen Tradition. Die Absicherung des hierarchischen Gesellschaftsentwurfs wurde infolgedessen allerdings zunehmend problematisch. Der Gebrauch der Schrift macht eine Gesellschaft „klüger" als das Individuum. Alternative Gesellschaftsentwürfe können schriftlich entworfen, komplizierte technische Erfindungen tradiert werden. Das der Schrift innewohnende dynamische Element der Reflexion der Verhältnisse und Veränderung überkommener Gewohnheiten wird durch den Entwurf einer Ordnung, für die unterrichtet wird, reguliert. Deshalb ist der Unterricht hier rigide auf das Auswendiglernen und auf die Kopie der einen Ordnung konzentriert. Das, was im Unterricht gelehrt wird, ist ein stabiler Kanon unterschiedlicher Elemente, die durch Unterricht selbst stabilisiert werden und nicht hinterfragt werden dürfen.

Unterricht in funktional differenzierten modernen Gesellschaften

In modernen Gesellschaften steigern sich die kulturellen Möglichkeiten durch die verschiedenen Erfindungen zur Reproduktion der Schrift, beginnend mit dem Buchdruck und in der Moderne weitergeführt durch Kopierer, PC und die Möglichkeiten der Telekommunikation. Die Reproduktionsmöglichkeiten beschleunigen den sozialen Wandel, da durch sie Abweichungen als Variationsbildung beschreibbar und über einen längeren Zeitraum hinweg kommunizierbar werden.

In einer funktional ausdifferenzierten – d.h. modernen – Gesellschaft wird die hohe Komplexität der Umwelt durch die Ausdifferenzierung des Individuums selbst kompensiert. Es sind nicht mehr ganze *Gesellschaften*, die sich an Umwelten anpassen (wie es die Jäger- und Sammlergesellschaften taten) oder nicht mehr *Schichten* (wie dies in Hochkulturen und Ständegesellschaften der Fall war), sondern *Individuen*, deren Eigenkomplexität als Antwort auf die Komplexität der Umwelt ausdifferenziert wird. Das Individuum wird als Umwelt für die Gesellschaft wiederum nur noch in seiner Funktion für einen Teilbereich interessant und damit im höchsten Maße austauschbar. Nicht mehr die Geburt entscheidet über den Platz in einer Gesellschaft, sondern die Leistung, die eine Person übernimmt und damit deren austauschbare Funktion.

Diese Veränderungen haben große Auswirkungen (und bedingen sie wiederum!) auf unterschiedliche Bereiche der Gesellschaft. Menschen beginnen, die Natur als gestaltbar zu verstehen: Distanzierung von der Natur und deren Entmoralisierung sowie Desakralisierung sind wichtige Komponenten des modernen Naturverständnisses, das die großen Eingriffe des Menschen in den Haushalt der Natur überhaupt erst ermöglicht (vgl. MARKL 1983). Damit geht ein verändertes Menschenbild einher. Parallel zur Verbesserung der Natur über *Technik* wird nun eine Verbesserung des Menschen über *Erziehung* denkbar (vgl. TREML 1987, S. 89 ff; GÄNGLER/SCHEUNPFLUG 1991). Außerdem wird die *moderne Wissenschaft* mit ihrer Trennung zwischen Subjekt und Objekt der Erkenntnis, zwischen kausaler Ursache und Folge sowie mit ihrer Betonung formalisierter Methoden zum Produkt und Motor dieser Entwicklung.

Sie hat in der jüngeren Geschichte weit reichende Folgen für die Organisation von Unterricht (vgl. ausführlich STROBEL-EISELE 1992). Die in Hochkulturen gepflegte schichtenspezifische Zuordnung zu gesellschaftlichen Positionen wird nun zu unhandlich. Im Hinblick auf die Funktion von Unterricht tritt neben die Qualifikations- und die Legitimationsfunktion die der individuellen Selektion. Die gesellschaftliche Position wird nun über formale schulische Leistungen zugewiesen: „Schule erzeugt auf der Basis von Gleichheit (des Zugangs) in systematischer Weise Ungleichheit (des Abgangs) und macht damit Ontogenesen anschließbar an den Differenzierungsgrad der Gesellschaft" (TREML 1987, S. 120). Die *allgemeine Schulpflicht* für alle Kinder wird durchgesetzt. Weil nun allen Kindern zumindest theoretisch der Zugang zu allen Positionen innerhalb der Gesellschaft nach Leistung differenziert offen stehen sollte, verändert sich das Schulsystem hin zu einem durchlässigen System mit Elementen einer inneren Differenzierung als Einheitsschule (in Deutschland ist es die Grundschule, die sich als Einheitsschule herausgebildet) oder einer externen äußeren Differenzierung durch ein drei- oder viergliedriges Schulsystem (vgl. TENORTH 1995). Alle Kinder einer Population – unabhängig von Schicht oder Geschlecht – erhalten gleichen Zugang zur Bildung.

Unterricht wird nun einerseits so anspruchsvoll und andererseits so allgemein, dass er professionalisiert wird. Der Unterricht wird nicht mehr durch die Berufsgruppe organisiert, deren Beruf durch den Unterricht erlernt wird (wie im Alten Ägypten durch den schreibkundigen Beamten oder im Mittelalter über den Meister). Vielmehr entsteht eine eigene Profession, die *Lehrkraft*.

Eng mit dieser Professionalisierung in Verbindung steht die Loslösung von Unterricht von der Ausbildung für ein bestimmtes Berufsbild hin zu einer allgemeinen Bildung. Unterricht muss die *Anschlussfähigkeit an Gesellschaft* herstellen und damit einen Grundkanon vermitteln, der die Möglichkeit bietet, selbstständig weiterzulernen. Damit wird vor allem die Vermittlung der Lese-, Schreib- und Rechenfähigkeit sowie der Kontakt zu Fremdsprachen und zur Sprache der Naturwissenschaft zu einem schulischen Bildungsauftrag. Das Abweichen von überkommenen kulturellen Mustern sowie Mündigkeit und Kritikfähigkeit werden – angesichts des schnellen sozialen Wandels – als Ziel von Unterricht formuliert. Dieser wird gleichzeitig zum Motor der soziokulturellen Evolution, da er selbst das Entstehen gesellschaftlicher Variationen fördert.

Gesell-schaftsform	Informationsmedium	Lernsystem	Erziehungsform	Lernmethode	Funktion
Jäger- und Sammlergesellschaften	Sprache	Lernen als Anpassung einer Gesellschaft	funktionale Erziehung	Zeigen, Erzählen	Funktionserhalt
Hochkulturen und Ständegesellschaft	Sprache und Schrift	Lernen als Anpassung einer Schicht	funktionale Erziehung und Unterricht für wenige	famulierendes Lernen	Stabilisierung und Selektion
moderne funktional-ausdifferenzierte Gesellschaft	Sprache, Schrift und Kopiermöglichkeit	Lernen als Anpassung eines Individuums	funktionale Erziehung und Unterricht für alle	Unterricht in Schulen	Stabilisierung, Selektion und Variation

Tab. 3: Lehren in der gesellschaftlichen Evolution (nach TREML *1987, S. 120)*

Das Zusammenspiel von Stabilisierung, Selektion und Variation wird damit nun selbst in den Unterricht hineingelegt. Tabelle 3 fasst die unterschiedlichen Lehrformen und deren Funktionen im Verlauf der soziokulturellen Evolution zusammen.

Die Ausbreitung der Institution Schule steht in Zusammenhang mit der sozialen und gesellschaftlichen Komplexität menschlichen Lebens. Unterricht entsteht in dem Moment, in dem die soziale Komplexität so groß wird, dass das über Jahrhunderte bzw. Jahrtausende gepflegte Lernen durch Nachahmung und Erzählung in Familien keine hinreichende Qualifikation mehr vermittelt. Die in Hochkulturen und Ständegesellschaften eingeführten Formen des intendierten Lernens durch einen Meister und einen famulierenden Lehrling erweisen sich als zu aufwändig. Sowohl nachahmendes wie auch famulierendes Lernen sind darauf angewiesen, dass sich die Situationen, die mit Lernkompetenzen verbunden sind, ereignen. Ein systematisches Lernen auf Vorrat entfällt. Zudem werden vor allem die Kenntnisse tradiert, die sich bewährt haben – Innovationen durch Lernprozesse werden nicht kultiviert.

Angesichts einer immer komplexer werdenden Welt ist es von Vorteil, wenn möglichst viele Menschen möglichst viele Dinge lernen, die ihnen die Teilhabe an der gesellschaftlichen Entwicklung ermöglichen. Durch Unterricht wird wahrscheinlicher, dass die Vorbereitung auf unspezifische Situationen, wie sie durch den sozialen Wandel erwartbar sind, gelingt. Anschlussfähigkeit an unspezifische Situationen wird durch Vermittlung von abstrakten Grundfertigkeiten und die Lernfähigkeit an sich ermöglicht: Durch Unterricht wird an unspezifische Situationen der Zukunft durch abstrakte Lehrinhalte, die vielfältig verwendbar sind, herangeführt. Das Konzept der „Allgemeinbildung" verspricht eine Vorbereitung auf die unbekannte Zukunft. Aber auch die unterrichtlichen Angebote einer fachlichen Bildung abstrahieren vom konkreten Fall der Praxis (sonst wären sie Praxis und kein Unterricht!). Aus dieser Funktionalität von Lehre resultiert die strukturelle Enttäuschung, dass die Praxis immer konkreter ist, als es Unterricht je sein kann.

Das Lernen im Unterricht spart gegenüber anderen Lernformen *Zeit*. Es muss nicht gewartet werden, bis ein Lernanlass eintritt. Lernen auf Vorrat ist möglich, Anschlussmöglichkeiten an unterschiedliche Umwelten werden geschaffen. Zudem fasst Unterricht Gleichaltrige in Gruppen zusammen und unterscheidet sich auch durch diese Rationalisierung von famulierendem Lernen. Unterricht stellt so gesehen eine gesellschaftliche *Zeitersparnis* dar. Diese Zeitinvestition erweist sich allerdings für das Individuum, den einzelnen Schüler, häufig nicht als eine Investition, sondern wird als Zeitverschwendung empfunden. Von den vielen Möglichkeiten, für die durch Unterricht Anschlusspfade gelegt werden, werden etliche in der Biographie des Einzelnen keine weitere Relevanz haben. Wenige Momente aus dem Unterricht sind es, an die man sich noch jahrelang erinnert. Diese haben erst durch die individuelle Biografie persönliche Relevanz erhalten.

Unterricht ist so gesehen eine gesellschaftliche Lösung für das Problem der Bewältigung schnellen sozialen Wandels und ansteigender Komplexität: Wie können Individuen über den Generationenwechsel hinaus anschlussfähig an die Gesellschaft und deren (sich weiter beschleunigende) Veränderung werden? Die funktionale Lösung dieser Probleme wird mit einem hohem Preis erkauft: Nachahmendes und famulierendes Lernen korrespondieren mit der für die menschliche Weltwahrnehmung so prägnanten Nahbereichsprägung (vgl. Kapitel 8), während Unterricht dies in deutlich geringerem Maße tut. Unterricht steht vor der paradoxen Aufgabe, dieser **Nahbereichsorientierung** didaktisch Genüge zu leisten (denn so sind wir Menschen nun einmal evolviert), sie aber dennoch (über das Lernen abstrakter Zusammenhänge) zu überschreiten. Unterricht ist damit strukturell immer wieder durch *Motivationsprobleme* seitens der Schüler gekennzeichnet, die durch didaktische Arrangements nur zu mildern, deren Auftreten aber nicht grundsätzlich zu vermeiden sind.

Unterricht als Evolution

Eine evolutionäre Entstehungsgeschichte von Unterricht gibt den Blick auf die mit ihm verbundenen gesellschaftlichen Problemlösungen frei. Über Unterricht wird die individuelle Entwicklung einer heranwachsenden Person mit der der Gesellschaft verbunden. Die Vermittlung von Kultur und die Herstellung individueller Anschlussfähigkeit an kulturelle Errungenschaften – also die Förderung des individuellen Umgangs mit und des Sich-Nutzbarmachens von Kultur – sind Vehikel individueller Lebensstrategien und tragen damit zur individuellen Fitnesssteigerung bei.

Da sich die Verbindung der Ontogenese mit der Phylogenese in komplexen Gesellschaften im Hinblick auf sehr unspezifische Umwelten abspielt, sollte Unterricht die Anschlussfähigkeit an eine ungewisse Zukunft ermöglichen. Dies wird am besten gelingen, wenn die Grundmechanismen gesellschaftlicher Entwicklung selbst eingeübt werden. Die Anschlussmöglichkeit an unspezifische Entwicklung kann vom Individuum am besten über das freie Zusammenspiel von Variation, Selektion und Stabilisierung gelernt werden. Unterricht leistet für die in ihm arbeitenden Schülerinnen und Schüler eine Vorbereitung auf das spätere Leben, indem diese lernen, mit diesen Mechanismen umzugehen. Dabei wirkt zum einen die Gesellschaft als Umwelt der Schüler, zum anderen müssen Schüler aber auch lernen, sich als Umwelt der Gesellschaft selbst an diese anschlussfähig zu machen. So lernen sie im Unterricht, mit neuen und unbekannten Sachverhalten umzugehen und widersprüchliche Aussagen gegeneinander abzuwägen. Sie lernen, ihre eigene Meinung zu vertreten. Sie lernen, sich auf Themen zu konzentrieren. Sie lernen, mit den Frustrationen und Motivationen umzugehen, die daraus resultieren, dass ihre Arbeit von einer anderen Instanz beurteilt wird, und sie lernen auch, Zusammenhänge selbst zu beurteilen. Sie lernen zu lernen und wenden diese Fähigkeit an; vor allem aber lernen sie auch, nicht immer alle Dinge behalten zu müssen, sondern nicht benötigte Zusammenhänge wieder zu vergessen. Tabelle 4 fasst diese Aufgaben von Unterricht zusammen.

	Umweltbezogenes Erleben	Systembezogenes Handeln
Einübung in Variation	Kennen lernen von Kontingenz: Themenwechsel, fremde Kontexte	Kreativität, Individualität, eigene Meinung
Einübung in Selektion	Konzentration auf Themen; Umgang mit Beurteilungen (Noten etc.)	Stellung beziehen, eigene Urteilsbildung
Einübung in Stabilisierung	Behalten, Erinnern	Lernfähigkeit

Tab. 4: Unterricht als Evolution (vgl. auch SCHEUNPFLUG *2000 b)*

In der Differenz zum „wirklichen Leben" kann Unterricht somit verstanden werden als *„Evolution unter herabgesetztem Risiko des Scheiterns"* oder umgangssprachlich ausgedrückt als Einübung in das Leben mit einem untergespannten Netz.

Unterricht ist damit nicht das wirkliche Leben, sondern ein pädagogisch abgefedertes. Er wird interpretiert als simulierte Evolution oder als „pädagogischer Schonraum". Wichtiges Lernziel ist, mit evolutionären Mechanismen umzugehen. Diese Fähigkeit macht die Vorbereitung auf das spätere Leben aus – und nicht mehr die Anwendung bestimmter gelernter Inhalte (diese könnten aufgrund des schnellen sozialen Wandels nicht für lange Zeit im Voraus bestimmt werden). Unterricht wird – mit anderen Worten – als eine **Einübung in den Umgang mit einer sich ständig ändernden Welt und die damit verbundene Unübersichtlichkeit** verstanden.

Die in der funktional ausdifferenzierten Gesellschaft so wichtigen Verhaltensdispositionen werden eingeübt, ohne dass existenzgefährdende Folgen erwartet werden müssen. Ein solcher spielerischer evolutiver Probelauf verbessert die Überlebensfähigkeit, da (insbesondere negative) Selektionen nur simuliert werden. Zwar erleben Schülerinnen und Schüler Schule nicht als Simulation, sondern als wichtigen und ernst zu nehmenden Lebensabschnitt; die hinter dieser Erfahrung liegende Funktion von Schule verweist aber auf deren Charakter, pädagogisch vermittelt und abgefedert das Leben zu üben. Wo Schule diesen Simulationscharakter verliert und sozusagen ernst wird – beispielsweise bei zu starkem Leistungsdruck, der Schülerinnen und Schülern Lebensmöglichkeiten beraubt –, wird deshalb von einem Versagen der Schule gesprochen.

Dimensionen evolutionärer Theoriebildung

Die Kulturfähigkeit von Menschen ist ein Produkt ihrer natürlichen Grundausstattung. Bildung erhöht den Sozialstatus und die Einkunftsmöglichkeiten – und bietet damit den Hintergrund für bessere Reproduktionsmöglichkeiten. Lehre kann auch als Organisation der Imitation des Erfolgreichen (vgl. Kapitel 14) interpretiert werden. Zudem kann die Frage bearbeitet werden, welche Spannungen durch die mesokosmische Anpassungsstruktur von Menschen im Hinblick auf die unterrichtliche Vorbereitung auf das Leben in einer globalisierten Weltgesellschaft entstehen (s.u.).

Schule und Unterricht lassen sich nicht vollständig durch die Soziobiologie oder die Hirnphysiologie erklären. Die biologische Grundausstattung des Menschen ist ein wichtiger Faktor im Kontext von Schule, erklärt diese aber nur zum Teil. Vielmehr ist zu fragen, durch welche Programme und Rahmenbedingungen das Zusammenspiel von Individuen im Unterricht entsteht. Welche Variations-, Selektions- und Stabilisierungsmöglichkeiten stellt Unterricht bereit und welche nicht? Welche Systemeigenschaften entstehen? Welche Äußerungen von beteiligten Schülern und Lehrkräften können durch die Organisation von Unterricht auf Resonanz hoffen und welche nicht? Welche Leistungen werden für eine Gesellschaft erbracht?

Für die Beantwortung solcher Fragen wäre der Rückgriff auf eine Allgemeine Evolutionstheorie notwendig. Eine solche Theoriebildung klingt im Werk von Niklas Luhmann an. Eine ausformulierte Allgemeine Evolutionstheorie, die die Emergenzebenen von Kultur auf Grundlage der Soziobiologie der Gene zu formulieren erlaubt, ist bislang erst ansatzweise in Sicht, wohl aber deren Umrisse in verschiedenen Einzelfeldern. Eine solche Theoriebildung verwendet die Logik des Evolutionsverständnisses als Interpretationsmuster für Entwicklungen – und nicht die auch in Sozialwissenschaften so dominante handlungstheoretische Schöpfungsperspektive, die Zusammenhänge über ein Kausalmuster von Intentionen und darauf ausgerichtete Handlungen beschreibt. Für eine solche Theoriebildung läuft der Vorwurf eines biologistischen Reduktionismus ins Leere; vielmehr wird hier ein bekanntes Kausalschema gegen ein anderes, bisher wenig verwendetes, ausgetauscht. Da Kausalverhältnisse immer Interpretationsmuster sind, ist dies ein wissenschaftstheoretisch legitimes Verfahren. Damit wird ein Blick möglich, der von anthropologischen Grundlagen des Lernens ausgeht und Unterricht als komplexes soziales System wahrzunehmen erlaubt.

Unterricht zwischen Pleistozän und Weltgesellschaft

Diese Perspektive ermöglicht es, die strukturellen Widersprüchlichkeiten, die im Unterricht aufeinander treffen, zu beschreiben. Unterricht bereitet Individuen auf eine unübersichtliche, globalisierte Weltgesellschaft vor. Diese Individuen sind jedoch biologisch optimal an die Lern- und Lebensbedingungen des Pleistozäns angepasst. Daraus ergeben sich strukturelle Spannungen.

Unterricht lehrt den Umgang mit *abstrakten Sachverhalten*, die sich von unserer natürlichen Anschauung gelöst haben. Die Relativitätstheorie, Logarithmen, das Periodensystem der Elemente oder KANTS Kritik der reinen Vernunft sind Beispiele für bisher gelehrte abstrakte, nicht mehr sinnlich wahrnehmbare Zusammenhänge. Das Denken in abstrakten Kategorien – gerade hinsichtlich sozialer Zusammenhänge – ist für eine Orientierung in der Weltgesellschaft unerlässlich. Für Menschen als im Mesokosmos verankerte Nahbereichswesen ergeben sich im Hinblick auf Tat-Folge-Zusammenhänge, ethische Abschätzungen oder den Umgang mit Nebenfolgen besondere Herausforderungen. Hieraus ergibt sich ein besonderes didaktisches Problem: Abstrakte Dinge müssen anschaulich bearbeitet werden – und dennoch darf der spezifische Charakter abstrakten Denkens bei dieser Veranschaulichung nicht verloren gehen. Unterricht steht in der Spannung, **abstrakte Zusammenhänge anschaulich vermitteln** zu wollen und anschaulich in abstraktes Denken einzuführen.

Unterricht muss lehren, den **Umgang mit Komplexität** zu üben. Menschen haben offensichtlich eine Neigung zu einfachen Weltbildern, andererseits verfügen sie über die kognitiven Mittel, mit Unübersichtlichkeit reflektiert umzugehen. Es ist eine große Herausforderung, Unterricht auf der einen Seite *übersichtlich zu organisieren*, auf der anderen Seite aber nicht alles in zu übersichtlichen Formen (Merksätzen und Lehrhäppchen) anzubieten, die diese Neigung zu einfachen Lösungen verstärken und den *Zugang zur Komplexität* unserer Gesellschaft verstellen.

Unterricht als simulierte Evolution und Einübung in das Leben ist nicht das Leben selbst. Unterricht ist mehr oder weniger auf einen Klassenraum begrenzt und erscheint häufig als weniger bunt und aufregend als die umgebende Welt. In dieser *Trennung von der umgebenden Alltagswelt* wird **systematisches Lernen** aber erst möglich. Die Beschränkung auf Themen – und nicht die Fülle des Lebens – ermöglicht deren reflexive Erweiterung

und Durchdringung. Unterricht enttäuscht damit notwendigerweise, obwohl gerade diese **strukturelle Beschränkung** ihn überhaupt erst ermöglicht. Unterricht steht damit in der Spannung, in das *Leben einzuführen*, ohne selbst *das Leben sein zu können*. Wäre Unterricht das Leben, wäre er kein Unterricht!
Unterricht muss Menschen, die auf das Leben in *Kleingruppen* evolviert sind, an **Gesellschaft** anschlussfähig machen. Unterricht findet im vertrauten Rahmen einer Kleingruppe mit maximal 40 Angehörigen statt. Diese Gruppe unterscheidet sich von der Gruppe der jeweiligen Herkunftsfamilie und stellt von daher bereits die erste soziale Differenzerfahrung dar. Älter werdenden Schülern werden allmählich häufigere Lehrerwechsel und der Unterricht im größeren Gruppenverbund, etwa im Kurssystem zugemutet. Erst die Universität ist so organisiert, dass sich einzelne Personen Gruppen selbst zuordnen müssen. Diese Form des Lernens erfordert einen Umgang mit hoher sozialer Komplexität, mit Anonymität und schwierigen Kommunikationssituationen mit Dozenten wie Kommilitonen. Die damit verbundene Selbstorganisation, Mündigkeit und Emanzipation ist eine Form der Vorbereitung auf die Unübersichtlichkeit heutiger Gesellschaft. Unterricht bereitet so gesehen (sukzessive vom Klassenlehrerprinzip in der Grundschule über das Fachlehrerprinzip der Sekundarstufe II bis hin zum Kurssystem im tertiären Bildungssystem) über die Differenz zur Familiengruppe in *überschaubaren Gruppen* auf das *Leben in Gesellschaft* vor.

Unterricht ist im Hinblick auf die **Belehrung einer ganzen Population** im Großen und Ganzen effektiv und Zeit sparend. Zwar zeigt die aktuelle Debatte um die Qualitätssicherung im Schulwesen, dass hier noch viele Möglichkeiten nicht ausgeschöpft sind. Insgesamt ist diese Form von Erziehung aber auf jeden Fall effektiver, als es funktionelle Erziehung oder familierendes Lernen wären. Dennoch erweist sich Unterricht für die Lernenden häufig – da auf ungewisse Zukünfte vorbereitet wird und alles auch ganz anders kommen könnte – als extrem unproduktiv und individuelle Zeit verbrauchend. Unterricht steht damit vor der Spannung, gesellschaftlich *Zeit zu sparen*, obwohl individuell häufig der Eindruck von *Zeitvergeudung* entsteht.

Unterricht steht im Widerspruch, auf der einen Seite auf *ungewisse Zukunft* vorbereiten zu wollen, auf der anderen Seite diese Vorbereitung aber an ganz *bestimmten Inhalten* und Fächern vorzunehmen. Auch die Vorbereitung auf Ungewissheit und Vielfalt muss an konkreten Lerninhalten vorgenommen werden, da Menschen nur an konkreten Sachverhalten lernen (denn Lernen stellt immer eine Anpassungsleistung dar; vgl. Kapitel 5). Die Auswahl dieser Inhalte wird angesichts des sozialen Wandels immer schwieriger und kritikanfälliger. Das **Lernen zu lernen** wird zum kleinsten gemeinsamen Nenner.

Unterricht schafft aus den oben genannten Gründen der Zeitersparnis eine *normierte Umwelt*. Schülerinnen und Schüler bedürfen hingegen (aufgrund der genzentrierten Entwicklung) *unterschiedlicher Umwelten* zur Entfaltung ihres Begabungspotenzial, ja sie suchen diese sogar. Die Vielfalt der Fächer trägt diesen unterschiedlichen Bedürfnissen nur zum Teil Rechnung. Unterricht steht in der Spannung, auf der einen Seite eine *normierte Umwelt* darzustellen, auf der anderen Seite Schülern eine möglichst breite Palette *unterschiedlichster Umwelten* für die **Entfaltung ihrer Begabungsmöglichkeiten** zur Verfügung zu stellen.

Da die Schule in eine abstrakte Denkwelt einführt, ist sie eine Sitzschule, die die Bewegung in der *Imagination der vorgestellten Welt* und nicht die *Bewegung in der realen Welt* fördert. **Bewegung** ist aber nicht nur hirnphysiologisch, sondern auch im Hinblick auf die Gesundheit von Wichtigkeit. Schließlich sind Menschen als Sammler und Jäger auf eine tägliche Gehleistung von mindestens 15 Kilometern ausgelegt. Die Sitzschule und der kindliche Bewegungsdrang stehen in einer Spannung zueinander, die kompensatorisch durch Sportunterricht oder die bewegte Grundschule aufgelöst werden will.

In diesen Widersprüchlichkeiten zeigt sich die Angepasstheit von Unterricht als Form der Lehre an unsere pleistozäne Ausstattung einerseits wie an die globalisierte Weltgesellschaft andererseits. Unterricht lehrt Schülerinnen und Schüler den **Umgang mit Unübersichtlichkeit und Kontingenz** dadurch, dass zunächst die sinnlichen Dimensionen der Überschaubarkeit der Gruppe, der Klarheit der Bezugsperson, der Anschaulichkeit der Unterrichtsorganisation unmittelbar angesprochen werden. Mit fortschreitendem Alter der Schülerinnen und Schüler treten diese Dinge in den Hintergrund, ohne jedoch unwichtig zu werden. Damit werden schrittweise Möglichkeiten offeriert, sich in unserer Gesellschaft zu orientieren und in ihr zu leben.

Lässt sich eine evolutionäre Unterrichts- und Schultheorie belegen?
Evolutionstheorie ist eine Theorie, die viele empirische Ergebnisse kontrolliert in einen Sinnzusammenhang stellt. Wie alle großen wissenschaftlichen Entwürfe lässt sie sich empirisch nicht beweisen, allenfalls falsifizieren. Selbst die Theorie der Abstammung der Arten ist empirisch nicht bewiesen, sondern vielmehr plausibilisiert worden; denn es gibt keine Theorie, die alle Einzelfunde und -erkenntnisse in einen besseren und aussagekräftigeren Sinnzusammenhang stellen kann. Darum wird man auch nicht fragen können, ob eine solche evolutionäre Zugangsweise zu Schule und Unterricht empirisch belegt werden könne. Vielmehr wird sich diese Theorie daran messen lassen, ob und inwiefern sie die verschiedenen empirischen Erkenntnisse über Schule und Unterricht in einen widerspruchsfreien Sinnzusammenhang stellen und erklären kann. Je weniger Annahmen dabei vonnöten sind, umso ökonomischer ist die Theorie (nach dem Extremalprinzip und Sparsamkeitsprinzip von Theoriebildung).

Empfohlene Literatur zur Vertiefung

ALFRED K. TREML: *Allgemeine Pädagogik. Grundlagen, Handlungsfelder und Perspektiven der Erziehung. Stuttgart: Kohlhammer 2000*
Dieses Buch stellt eine Theorie Allgemeiner Pädagogik auf evolutionärer Basis dar. Bereits an anderer Stelle (Kapitel 5) wurde auf dieses Buch hingewiesen. Es bietet vielfältige Anregungen für ein bekanntes Phänomen aus ungewöhnlicher Perspektive.

14 Lehrendes Handeln

Lehren im Unterricht geht von Lehrkräften aus. Lehrerhandeln organisiert Unterricht. In diesem Buch sind bereits einige Aspekte zur Unterrichtsgestaltung dargestellt worden. Um unnütze Doppelungen zu vermeiden, wird an dieser Stelle darauf verzichtet, all die in den vorhergehenden Kapiteln beschriebenen konkreten Anregungen noch einmal zusammenzustellen. Auf diese sei explizit verwiesen. Vielmehr werden an dieser Stelle einige allgemeine und grundsätzliche Überlegungen zum Handeln von Lehrkräften angestellt.

Lehren: Professionelles Arrangement der „Nachahmung des Erfolgreichen"

Mit dem Beginn der Schulzeit tritt die Lehrkraft als Erziehungsinstanz neben die Eltern. Heranwachsende sind darauf evolviert, von anderen Personen, Gleichaltrigen wie anderen Erwachsenen, zu lernen. Schon aus dieser Perspektive ist zu erwarten, dass sie von Lehrkräften lernen.

Lehrkräfte haben gegenüber ihren Schülern eine schwächere emotionale Bindung als die Eltern. Sie sind mit ihren Schülern nicht verwandt und haben damit nicht nur das Wohl eines Kindes im Blick, sondern das aller. Dadurch unterscheiden sie sich von Eltern und kommen mit diesen auch immer wieder in Konflikt.

Die gesellschaftliche Erfindung des Lehrerberufs stellt einen deutlichen Selektionsvorteil für funktionalausdifferenzierte Gesellschaften dar. Lehrkräfte ermöglichen durch die Kommunikationsform des Unterrichts den Übergang von der sich auf Verwandtschaft beziehenden Sozialstruktur der Familie in die auf Leistung und gegenseitiger Achtung beruhende Struktur der funktionalausdifferenzierten Gesellschaft. Lehrkräfte ermöglichen die Beurteilungen nach Leistung und nicht nach Sympathiewerten. Dies verhindert Nepotismus. Lehrkräfte ermöglichen organisierte Kontakte mit Fremdheit. Die soziale Einbettung und der Bezug zu Lehrkräften in der Kindheit, der stark emotional Züge hat, ermöglicht es sozusagen über den Kontakt zu Ersatzeltern, sich von Eltern zu lösen und schrittweise Selbstständigkeit zu erlangen. Die Bereitschaft zu lernen wird von der Vertrautheit einer sozialen Situation entkoppelt. Lehrkräfte ermöglichen, die auf der Familienstruktur basierende Brutpflege im Hinblick auf die Anforderungen an eine funktionalausdifferenzierte Gesellschaft zu verlängern. Lehrkräfte müssen durch ihr Handeln die unterschiedlichen Ansprüche der Gesellschaft einerseits und die der Eltern andererseits austarieren. Sie schaffen damit die Basis dafür, dass sich Kinder in einer funktional ausdifferenzierten Gesellschaft orientieren können – vor allem emotional.

Das Handeln von Lehrkräften soll aus gesellschaftlicher Perspektive die Tradierung eines kulturellen Entwurfs von einer Generation auf die nächste garantieren. Aus individueller Perspektive bietet Bildung die Möglichkeit der persönlichen Fitnesssteigerung. Die Kulturfähigkeit von Menschen hat sich evolviert, da sie offensichtlich einen Selektionsvorteil bietet: „Der ursprüngliche Selektionsvorteil von Kulturfähigkeit könnte in einer Risikoverminderung durch Imitation gelegen haben" (VOLAND 2000, S. 24). Es kann vermutet werden, dass bereits eine einzige Programmanweisung („Imitiere die Erfolgreichen!") einerseits zur persönlichen Fitnessmaximierung beiträgt, andererseits sich daraus vielfältige Kulturphänomene erklären lassen. Kultur „gründet auf adaptiver Imitation, also auf dem Erfolg versprechenden Versuch einer vorteilhaften Teilhabe an den Lebensleistungen anderer" (ebd.). In einer unübersichtlichen, funktionalausdifferenzierten Gesellschaft wird ein Teil dieser Möglichkeiten adaptiver Imitation durch Lehrkräfte in einer institutionalisierten Schule organisiert. In jeder Unterrichtsstunde wird die Möglichkeit adaptiver Imitation durch Lehrkrafthandeln neu eröffnet. Die Struktur des Unterrichts prämiert die Nachahmung des Erfolgreichen über Lob und Tadel. Das Lehrangebot ist selbst ein Versprechen erfolgreicher kultureller Entwürfe.

Lehren: Professionelles Arrangement zur Einübung in Kooperation

Die Organisation von Unterricht in Kleingruppen ermöglicht die Einübung und Förderung von Formen der Kooperation unter Bedingungen von Konkurrenz. Kooperation ist ein unverzichtbares Merkmal von Unterricht. Die Unterrichtsgruppe ist nicht nach dem Kriterium der Verwandtschaft organisiert. Schüler lernen in ihr, mutuelle Kooperationen (Kooperationen, bei denen nur Opportunitätskosten entstehen; vgl. Kapitel 12) und reziproke Kooperationen (Kooperationen auf der Basis gegenseitigen Austauschs; vgl. Kapitel 12) einzugehen. Dies sind Kooperationsformen, die gerade in funktionalausdifferenzierten Gesellschaften von großer Bedeutung sind. Soziale Nähe und genetische Verwandtschaft – stammesgeschichtlich dominante Faktoren zum Aufbau von Kooperation – treten im Unterricht hingegen in den Hintergrund. Vielmehr wird *Kooperation auf der Basis von Eigennutz* (also mutuelle und reziproke Kooperation; vgl. Kapitel 12) durch die Unterrichtssituation erfahrbar gemacht und damit ermöglicht, in diese Kooperationsformen einzuüben. Die stabile Unterrichtsgruppe ermöglicht zudem, Schmarotzer auszumachen und zu üben, Reziprozität einzufordern. Die Gruppe ist groß genug, dass derartige soziale Komplexität entsteht. Die Kommunikationssituation im Unterricht bedarf beständiger Kooperation durch Zuhören und Gesprächsregeln.

Lehren: Professionelles Arrangement zur Einübung in Konkurrenz

Unterricht führt daneben in den Umgang mit *Konkurrenz* ein. Das Leben ist geprägt von Konkurrenz, und die Humanisierung von Konkurrenzverhalten ist für eine funktionalausdifferenzierte Gesellschaft eine wichtige Erziehungsaufgabe.

Zunächst einmal entsteht im Unterricht eine direkte Konkurrenz um *Aufmerksamkeit*. Schüler sind es bei der Einschulung – je nach Familiensituation allerdings in unterschiedlichem Maße – gewohnt, dass ihnen Aufmerksamkeit zuteil wird. Im Unterricht beginnt eine Konkurrenz um die Aufmerksamkeit der Lehrkraft; denn das Vorhandensein nur einer Lehrkraft für eine Klasse macht Aufmerksamkeit seitens eines Erwachsenen zu einem knappen Gut. Eine professionelle Lehrkraft ermöglicht durch ihr Unterrichtsarrangement, dass dieses Buhlen um Aufmerksamkeit kultiviert und umgelenkt wird, beispielweise in Konzentration auf Sachthemen.

Zum anderen wird Konkurrenz im Unterricht über die *Bewertung von Leistung* hergestellt. Über gleiche Behandlung entsteht Ungleichheit in Form unterschiedlicher Leistungen, und damit wird über Gleichheit Vergleichbarkeit geschaffen. Für Individuen entstehen in der Form von Leistungsanregungen oder -frustrationen (erfreuliche oder schmerzhafte) Entwicklungen. Damit wird ein evolutives Grundprinzip simuliert: Der Umgang mit knappen Ressourcen erfordert Leistungsanstrengungen und Wettbewerb. Die Unterrichtsorganisation simuliert die Knappheit an Ressourcen; denn gute Noten sind begrenzt. Nicht alle werden im Wettbewerb ein gleich gutes Zeugnis erhalten – ebenso wie im späteren Leben nicht alle Menschen das Gleiche erreichen werden. Unterricht bereitet im Umgang mit Leistungsbeurteilung und -messung auf Aspekte späterer Lebensbewältigung vor: Unterricht lehrt den Umgang mit Misserfolgs- und Erfolgserlebnissen. Er lehrt die Trennung der Bewertung einer Person von ihrer Leistung und humanisiert damit den Wettbewerb im Leben (und zwar sowohl im Hinblick auf gute wie auf schlechte Leistungen). Unterricht leitet durch seine pädagogische Grundorientierung potenziell dazu an, sich durch schlechte Leistungen nicht entmutigen zu lassen und durch gute Leistungen nicht hoffärtig und arrogant zu werden.

Gleichzeitig zeigt die Organisation von Unterricht aber auch, dass jeder einzelne Schüler zwar das eigene Angebot beeinflussen kann, nicht aber dessen Selektion. Das eigene Investment ist beeinflussbar, nicht aber dessen Bewertung. Ob eine Schülerbemerkung im Unterricht positiv aufgenommen wird oder ungehört verhallt, hängt nicht nur von der Qualität dieser Äußerung ab, sondern auch von *Gegebenheiten*, die sich nicht durch den Sprecher beeinflussen lassen. Die Bewertung von Schülerleistungen im Unterricht ist häufig weder reliabel noch valide, ja zum Teil ist sie – das wird immer wieder beklagt – schlicht ungerecht (vgl. JÜRGENS/SACHER 2000). Die Leistungsmessung ist in einen Rechtszusammenhang eingebettet, der Willkür verhindert und in Fällen von Ungerechtigkeit eine Revision ermöglicht.

Schulische Leistungsbeurteilung kann unter dieser Perspektive die *Funktion* haben, auf die vielen nichteinsichtigen Selektionsentscheidungen, die die eigene Biografie noch bringen wird, vorzubereiten. Diese Funktion bleibt verborgen. Leistungsbeurteilung wird häufig über das Stichwort Gerechtigkeit legitimiert und vor allem auch kritisiert. Eine evolutionäre, funktionale Theoriebildung macht deutlich, dass dieser Gerechtigkeitsdiskurs auf der manifesten Ebene von Unterricht angesiedelt ist, allerdings gerade die latente Seite von Unterricht übersehen wird. Aus dieser Perspektive wird durch das Leistungsprinzip im Unterricht gelehrt, dass die Selektion immer durch die umgebende Umwelt vorgenommen wird und dass diese damit dem eigenen Einfluss und den eigenen Wünschen nicht unmittelbar zugänglich ist. Eine solche theoretische Reflexion von Leistung in der Schule führt nicht in eine verantwortungslose Willkür bei der schulischen Leistungsbeurteilung. Im Gegenteil: Da diese Funktion der Leistungsmessung strukturell latent bleiben muss, bedarf sie des Legitimationsdiskurses. Eine solche Perspektive entlastet Lehrkräfte aber von grüblerischen Selbstzweifeln im Umgang mit Leistungsmessung und -beurteilung.

> **Humanisierte Konkurrenzsituation in der Schule?**
>
> Im vorhergehenden Absatz ist von der Humanisierung von Konkurrenzsituationen die Rede. Für Schüler, die die Leistungsmessung der Schule als hart empfinden, kann eine solche Darstellung unangemessen klingen.
>
> Ein Teil der an dieser Stelle möglichen Missverständnisse mag durch das funktionale Verständnis der Determinanten von Unterricht bedingt sein. Hier wird danach gefragt, welche Funktion Konkurrenz und Leistungsmessung im Unterricht haben – und nicht danach, wie Leistungsanforderungen verwirklicht oder wie sie empfunden werden. Zwischen der Funktion und der Wirkung mögen Unterschiede liegen. Sicherlich lässt sich die Durchführung der Leistungsmessung und -beurteilung im Unterricht an vielen Stellen verbessern. Diese praktischen Defizite sollten aber nicht den Blick auf die dahinter liegenden Funktionen der Leistungsmessung verstellen.

Lehren als geplante Anregung eines nicht erwartbaren Vorgangs

Lernen steht immer in der Spannung zwischen Selbst- und Fremdorganisation. Auf der einen Seite wissen wir, dass Lernprozesse unverfügbar sind und ausschließlich durch den Lernenden selbst gesteuert werden. Lernen ist eine genzentrierte Strategie. Auf der anderen Seite werden Lernprozesse – unter anderem durch Lehrkräfte – angeregt und wahrscheinlich gemacht, und es spielt durchaus eine Rolle, wie der Lernprozess organisiert wird. Didaktische Theoriebildung muss mit dieser Spannung sinnvoll umgehen. Lässt sich aus evolutionärer Perspektive eine Didaktik umreißen?

Analog zu der vorgestellten Definition von Unterricht kann Didaktik als „strukturierte Kommunikation über Unterricht unter herabgesetztem Risiko des Scheiterns" verstanden werden. Durch didaktische Theoriebildung wird es möglich, differenziert über Unterricht nachzudenken und verschiedene Möglichkeiten und Alternativen im Geiste zu erproben, ohne dass ein Risiko eingegangen wird. Damit wird durch Nachdenken über Unterricht der Umgang mit Unterricht selbst eingeübt.

Didaktische Reflexion ermöglicht, das Zusammenspiel zwischen Variations-, Selektions- und Stabilisierungsofferten, die Unterricht als Prozess bestimmen, zu reflektieren. Durch dieses gedachte Zusammenspiel von Variationen und Selektionen findet eine Erhöhung der Anschlussmöglichkeiten an unbestimmte Zukunft – wie Unterricht sie durch seine nicht determinierbare und prinzipiell offene Situation immer darstellt – statt. Didaktische Theoriebildung wirkt entlastend, da sie Begründungs- und Entscheidungsmuster liefert und unterrichtliches Probehandeln im Geiste erlaubt.

Unterricht offeriert Lern*angebote*; über das Lehren ist kein direkter Zu- und Durchgriff auf Lernen möglich. Da zwischen allen am Unterricht beteiligten sozialen Systemen kein direkter kausaler Durchgriff sicher realisierbar ist, sondern die Beziehungen nur als wechselseitige selbstreferenzielle Anregung von Variations- und Selektionsprozessen gedacht werden können, verändert sich das Grundverständnis von Unterrichtsplanung. Mit solchen „Als-Ob-Plänen" wird nicht der Anspruch verbunden, dass die durch sie formulierten Erwartungen auch eintreffen. Pläne sind vielmehr durch kognitives Erwarten gekennzeichnet. Jedes Lehrarrangement beruht deshalb auf *fiktiven Kausalannahmen*, die, wenn sie nicht funktionieren, also nicht zu den gewünschten Lernerfolgen führen, ausgewechselt werden können. Es kann dann zu anderen Arrangements übergegangen werden. Jede Unterrichtsplanung wird damit als eine fiktive Evolution gedacht und ist ein **kognitiver Probedurchlauf durch Unterricht**. Sie beschreibt die Anfangssituationen für einen real (im Wechselspiel zwischen Planung und Zufall) ablaufenden Unterrichtsprozess. Es sind damit vor allem *Anfangssituationen*, die durch Planung manifest werden – also jeweils die Situationen, die den Beginn von Variations- und Selektionsprozessen im Unterricht markieren.

Damit kann es auch nicht mehr darum gehen, eine Unterrichtsplanung im Unterricht zu *verwirklichen*. Vielmehr ist eine Unterrichtsplanung unter dieser Perspektive eine geistige Übung, die das Risiko für den realen Unterricht dämpft, da sie kognitive Möglichkeiten – und damit verschiedene Handlungsmöglichkeiten – erschlossen hat und es der Lehrkraft erlaubt, sich auf die Unterrichtssituation einzustellen. Eine solche Planung sagt nichts über den tatsächlichen Unterrichtsverlauf aus; sie gibt nur das vage Versprechen, dass sie die potenziellen Handlungsmöglichkeiten der Lehrkraft erweitert und damit wahrscheinlicher zu einer stabilen Unterrichtssituation und zu einem attraktiven Lehrangebot (das evtl. durch Schüler rezipiert wird) beiträgt, als dies ausschließlich intuitive Spontanentscheidungen im Unterricht versprechen lassen.

Empfohlene Literatur zur Vertiefung

ANNETTE SCHEUNPFLUG: *Evolutionäre Didaktik. Unterricht aus system- und evolutionstheoretischer Perspektive.* Weinheim: Beltz 2000
Dieses Buch entwirft eine Theorie der Didaktik auf evolutions- und systemtheoretischer Grundlage.

Teil V

Erziehungswissenschaft und Biologie: Zusammenfassung und Ausblick

Erziehungswissenschaft und Biologie

In diesem Kapitel wird abschließend der Ertrag einer biowissenschaftlichen Aufklärung für die Pädagogik zusammengefasst. Zudem wird auf weitere, in diesem Buch nicht behandelte Fragestellungen verwiesen.

Die Biowissenschaften bieten – das ist, so hoffe ich, deutlich geworden – für die Erziehungswissenschaft ein großes Anregungspotenzial. Viele in der Pädagogik bekannte Zusammenhänge werden durch diesen Theorieansatz bestätigt oder in einem neuen Lichte beschreib- und erklärbar. Folgendes sollte im Grundsatz deutlich geworden sein:

Biowissenschaftliche Zugänge zu erziehungswissenschaftlichen Fragestellungen lassen weder soziologische noch psychologische noch originär pädagogische Erkenntnisse und Zugänge obsolet werden. Vielmehr bietet die Biowissenschaft selbst durch die Unterscheidung zwischen ultimaten und proximaten Ursachen des Verhaltens eine Kategorie an, diese unterschiedlichen Zugänge zu gleichen Gegenständen in Beziehung zu setzen.

Biowissenschaftliche Zugänge frönen keinem naiven Determinismus, der jegliches pädagogisches Handeln sinnlos macht. Vielmehr bieten sie ein differenziertes Bild der *„genzentrierten Entwicklung"*, das die *Bedeutung von Umwelteinflüssen* in einem schlüssigen Theoriekonzept erklärt.

Über das genzentrierte Entwicklungsmodell wird gleichermaßen deutlich, dass Lernvorgänge nicht mit dem Aufspielen beliebiger Software auf einem PC vergleichbar ist. Vielmehr sind Menschen in ihrer *Lernfähigkeit das Produkt einer langen Anpassungsgeschichte*. Lernen zu können ist *biologisch determiniert* und von daher *nicht beliebig möglich*: Gelernt werden kann nur das, wozu Menschen in ihrer Stammesgeschichte eingerichtet worden sind.

Biowissenschaftliche Zugänge bieten – aus erkenntnistheoretischen Gründen – *keine normativen Zielperspektiven* für Erziehung. Aus ihren Forschungsergebnissen kann nicht abgeleitet werden, wie Erziehung auszusehen habe. Biowissenschaft entlässt die Erziehungswissenschaft deshalb nicht aus der normativen Frage, wozu erzogen werden soll, und den damit verknüpften ethischen Fragestellungen.

Dafür ermöglichen biowissenschaftliche Erkenntnisse, die *Wahrscheinlichkeiten von erwartbaren Verhaltensweisen* und von Interventionen in Verhaltensweisen abzuschätzen. Hier zeigen sich die Möglichkeiten einer „biologischen Aufklärung" für das Fach. Biowissenschaft kann der Erziehungswissenschaft zu einer realistischen und empirisch belegten Anthropologie verhelfen.

Die evolutionäre Anthropologie ist eine empirisch gut gesättigte *Theorie*. Zu den im Moment verfügbaren empirischen Daten zur Entwicklung des Menschen sowie zu Verhaltensweisen von Tieren und Menschen gibt es zurzeit keine widerspruchsfreiere und erklärungskräftigere Theorie. Es handelt sich bei einer naturwissenschaftlichen Anthropologie gleichwohl um eine *Theorieentscheidung*.

Biowissenschaftliche Forschung ermöglicht eine Fülle von Einzelerkenntnissen, die in den jeweiligen Kapiteln zusammengestellt wurden:

Sie ermöglicht präzise Aussagen in der alten Debatte um das Verhältnis von „Anlage" und „Umwelt". Menschliche Entwicklung wird als *genzentrierte Entwicklung* in einer ganz bestimmten Umwelt erklärt. Vor diesem Hintergrund wird *Lernfähigkeit als evolvierter Prozess* beschrieben. Sie erklärt, warum Menschen manches leichter lernen können. Lernen ist eine genzentrierte Strategie. Das Gehirn ist kein Allzweck-Universalcomputer, sondern ein in der Stammesgeschichte evolviertes Instrument zur Lösung *bestimmter* (und nicht beliebiger) Probleme.

Sie öffnet über die Hirnforschung Erkenntnisse über die Struktur von Lernvorgängen. Lernen wird vor allem als *„Umgruppierung" neuronaler Verbindungen* beschreibbar. Demnach sind für Lernvorgänge Anschlussstellen an bereits bekannte Zusammenhänge nötig. Diese zu ermöglichen ist Aufgabe eines didaktischen Arrangements.

Biowissenschaftliche Forschung ermöglicht Erkenntnisse darüber, was Schülerinnen und Schülern wahrscheinlich als *anschaulich* oder als *abstrakt* erscheint. Sie ermöglicht Erkenntnisse über die Konstruktion sozialer Anschaulichkeit und über den Umgang mit Komplexität. Sie weist die Erziehungswissenschaft vor diesem Hintergrund auf die Notwendigkeit einer *Didaktik des Abstrakten* hin.

Biowissenschaft macht auf die Bedeutung von *Gefühlen* aufmerksam. Gefühle lenken nicht nur die Aufmerksamkeit, sondern auch viele Handlungen. Sie sind evolvierte Mechanismen, die sich für viele Situationen – aber eben nicht für alle – bewährt haben. Gerade für schulische Lernsituationen ist es wichtig, Gefühle zu verstehen, um mit ihnen umgehen zu lernen.

Biowissenschaft wirft einen ungewohnten Blick auf das Verhältnis von Eltern zu ihren Kindern und umgekehrt. Kinder werden als *Genreplikate* ihrer Eltern interpretiert. Vor diesem Hintergrund lassen sich Verhaltenswahrscheinlichkeiten von Eltern wie Kindern erwarten. Es ist davon auszugehen, dass Kinder wie Eltern *aktiv* ihre je unterschiedlichen Interessen durchzusetzen streben.

Diese Forschung ermöglicht einen Blick auf unterschiedliche Strategien und Verhaltensweisen von *Frauen* und *Männern*. Viele aus der feministischen Forschung bekannten Aspekte werden vor diesem Hintergrund erklärbar. Eine gegenüber der Geschlechterdifferenz sensible erziehungswissenschaftliche Theoriebildung sowie geschlechterbewusstes pädagogisches Handeln bekommen vor dieser Forschung weitere Anregungen.

Sozialverhalten kennt zwei basale Modi, nämlich *Kooperation* und *Konkurrenz*. Zu beiden gibt es biowissenschaftliche Forschungsergebnisse. Sie weisen die Erziehungswissenschaft darauf hin, dass beide Verhaltensweisen *konditionale Strategien* in einer bestimmten Umwelt sind, und vermeiden es, diese Verhaltensweisen im Kontext moralischer Begründungen zu sehen. Daraus ergeben sich vielfältige Anknüpfungsmöglichkeiten für pädagogische Konzeptionen.

Biowissenschaftliche Theoriebildung ermöglicht den Blick auf eine *universelle Theoriebildung*. *Unterricht* wird in seiner *Funktionalität* reflektiert und vor diesem Hintergrund beschrieben.

Gleichzeitig dürfte aber auch deutlich geworden sein, dass dieses Buch erst ein kleiner Beginn eines interdisziplinären Dialogs sein kann. Viele weitere Aspekte böten sich für einen interdisziplinären Dialog an:

Es würde sich lohnen, *Fragen der Moralerziehung* und der *ethischen Bildung* aus der Sicht biowissenschaftlicher Forschung zu reflektieren. Zum einen könnten biowissenschaftliche Forschungen zum Thema „Wahrheit und Lüge" zu diesem für die Erziehung so wichtigen Thema beitragen (vgl. z. B. SOMMER 1992b; WRIGHT 1996). Zum anderen sollten spieltheoretische Überlegungen der Erziehungswissenschaft über die in diesem Buch gemachten Andeutungen hinaus Möglichkeiten bieten, Rahmenbedingungen für ethisches Verhalten weiter zu überdenken und damit einen neuen Theoriezugang zu Fragen ethischer Erziehung zu eröffnen.

Über die hier zur Familie und Gleichaltrigengruppe geäußerten Zusammenhänge hinaus könnte die *Evolutionäre Sozialisationstheorie* der Erziehungswissenschaft Anregungen bieten (vgl. z. B. CHASIOTIS 1999).

Evolutionäre Theoriebildung ermöglicht Erkenntnisse über die spezifischen Herausforderungen von Erziehung in einer *Weltgesellschaft* (vgl. z. B. TREML 2000b; SCHEUNPFLUG 2000c). Wenn wir wissen, dass Menschen im Nahbereich evolviert sind, ergeben sich daraus im Hinblick auf die Orientierung in der Globalisierung besondere Spannungen. Besonders hinsichtlich des Tat-Folge-Zusammenhangs, der ungewollten Nebenwirkungen von Handlungen oder im Hinblick auf Kooperationen im weltweiten Kontext könnte diese Theorie Aussagen machen. Zudem liegt inzwischen eine stichhaltige und empirisch gesättigte Theorie der Entwicklung von Armut und Reichtum aus evolutionärer Perspektive vor, die die Bedeutung der ökologischen Umwelt – und hier vor allem die domestizierbaren Haustiere und anbaufähigen Pflanzen – betont (vgl. DIAMOND 1998). Diese Theorie ermöglicht eine Erklärung des erheblichen Nord-Süd-Gefälles jenseits rassistischer Theorien und verdeutlicht die Gefahren, die in einer weiteren Vertiefung dieser Einkommensdifferenzen liegen. Eine Theorie Globalen Lernens könnte von diesen Ansätzen profitieren.

Eine Aufarbeitung der neueren Erkenntnisse zur *Chronobiologie* könnte für die Erziehungswissenschaft lohnend sein. Sie könnte Erkenntnisse zum Lernrhythmus, zur Stundenplangestaltung, zum Zeitempfinden und zur Zeitplanung – für gestresste Lehrkräfte – ermöglichen.

Anregung könnte sicherlich auch eine Aufarbeitung *evolutionärer Gesundheitstheorie* für die Gesundheitspädagogik versprechen (vgl. NESSE/WILLIAMS 1997).

Weiter für die Erziehungswissenschaft fruchtbar zu machen wären die Möglichkeiten der *evolutionären Logik*. Nachstehender Kasten bietet dafür ein Beispiel.

> **Beispiel evolutionärer Logik: eine Theorie der Schulentwicklung**
>
> Der für die Schulentwicklung so zentrale Begriff „Entwicklung" ist bisher kaum einer systematischen Klärung unterzogen worden. Umgangs- und alltagssprachlich wird häufig von einem Entwicklungsverständnis ausgegangen, das auf einer gesteuerten Veränderung aufbaut und von einer ständigen Verbesserung ausgeht. Schulentwicklung wird danach in methodisch angeleiteten Prozessen organisiert. Es werden Zielvorstellungen formuliert, die dann schrittweise in Veränderungsprozesse der Schule umgesetzt werden. Welche Aspekte kommen durch eine evolutionstheoretische Beschreibung in den Blick?
>
> Aus Sicht der Biowissenschaften sind Systementwicklungen – die selbst ja nicht über ein Bewusstsein verfügen – mit einem über Ziele und entsprechende Umsetzungsschritte operierenden Entwicklungsverständnis nicht hinreichend komplex beschrieben. Entwicklung ist vielmehr eine zufällige Veränderung von System-Zeit-Differenzen in der Zeitdimension. Systeme – seien es biologische Arten, seien es soziale Systeme wie Schulen – verändern sich über die Mechanismen von Variation und Selektion. Variationen werden durch die Umwelt entweder selektiert oder nicht selektiert. Variationen und Selektionen sind einander Umwelten. Schulentwicklung lässt sich nach dieser Logik interpretieren: Variationsanreize, wie sie durch neue Ideen von Schulleitungen und Kollegen oder durch plötzlich auftretende Probleme erscheinen können, werden innerhalb des Kollegiums wahrgenommen, indem sie positiv verstärkt oder abgelehnt werden, oder sie verpuffen ungehört. Variationen der Umwelt einer Schule wie beispielsweise die Debatte über Schulqualität in pädagogischen Zeitschriften, der schleichende Prestigeverlust des Lehrerberufs oder ein sich veränderndes Erziehungsverhalten von Eltern, können ebenfalls durch ein ganzes Kollegium

> oder jeden einzelnen Lehrer ignoriert, abgelehnt oder zustimmend zur Kenntnis genommen werden. Ob aus einer Zustimmung oder Ablehnung allerdings Handlungen folgen, ist höchst ungewiss.
>
> Es würde sich lohnen, die Implikationen eines solchen Entwicklungsverständnisses für Schulentwicklung weiter fruchtbar zu machen und aus dieser Perspektive heraus danach zu suchen, welche Maßnahmen Entwicklungen potenziell anregen und wie Systemzustände verändert oder stabilisiert werden können.

Zudem lohnte es sich darüber nachzudenken, inwieweit die dargestellten Zusammenhänge nicht auch als Unterrichtsstoff eine interessante Perspektive darstellen könnten. Angesichts der Biologisierung vieler gesellschaftlicher Debatten – sowohl in der historischen Perspektive, zum Beispiel im Dritten Reich oder im Stalinismus, wie auch aktuell angesichts der rasanten Entwicklung in der Genforschung und den damit verbundenen ethischen Fragestellungen – ist es wichtig, gerade auch die erkenntnistheoretischen Probleme einer biologischen Debatte verstanden zu haben. Die Probleme eines naturalistischen Fehlschlusses, aber auch die Gefahr von Debatten, die die biologische Ausstattung des Menschen völlig außer Acht lassen, sind für den gesellschaftlichen Diskurs gleichermaßen von Wichtigkeit. Ein Lernmethodentraining dürfte eigentlich nicht ohne grundlegende Einsichten in die physiologischen Grundlagen des Lernens und den Umgang mit Gefühlen auskommen. Computersimulationen in der informationstechnischen Grundbildung können über die Schwierigkeiten im Umgang mit Komplexität aufklären.

Ein Blick auf die biowissenschaftliche Debatte ermöglicht der Erziehungswissenschaft zudem eine dreifache *Horizonterweiterung*:

Biowissenschaftliche Forschung weitet den Blick für *Universalien menschlichen Denkens und Handelns*. Damit ermutigt sie, ein so universales Phänomen wie Lernen und Lehren im Kontext verschiedener kultureller Entwürfe zu reflektieren (vgl. KREBS 1998). Über das, was die Vergleichende Bildungsforschung wie die Bildungsforschung mit der Dritten Welt an Zugangsmöglichkeiten zum Phänomen Erziehung bieten, erinnert biowissenschaftliche Forschung mit ihrem Interesse an Wildbeuter- bzw. Jäger- und Sammlerkulturen an den sehr vernachlässigten Bereich der *Ethnopädagogik*. Damit wird einem ethno- und eurozentristischen Blick auf Erziehung vorgebeugt.

Biowissenschaftliche Forschung weitet den Blick auf den *historischen Verlauf* der Erziehungsgeschichte. Anders als die Historische Pädagogik, deren Untersuchungszeitraum sich von den antiken Hochkulturen bis zur Neuesten Geschichte streckt, nimmt sie die gesamte *Vor- und Frühgeschichte* – und damit die gesamte Zeitspanne menschlicher Existenz – in den Blick. Gerade für eine Disziplin, die sich mit Erziehung beschäftigt, könnte diese Perspektive interessant sein. Schließlich wurden Menschen schon immer erzogen. Zudem sind gerade die evolvierten Mechanismen für Verhaltensweisen auch von heute nicht zu vernachlässigen, sodass sich eine Beschäftigung mit unserem pleistozänen Erbe lohnt.

Biowissenschaftliche Forschung bietet die Chance, nicht nur menschliches, sondern auch *tierliches* Aufzuchtverhalten zu reflektieren. Diese Differenz ermöglicht wiederum einen Blick auf manche Aspekte von Erziehung, die sonst vielleicht unerkannt bleiben würden. Wer die strukturellen Ähnlichkeiten zwischen dem Eltern-Kind-Konflikt bei vielen Vogelarten und dem bei Menschen kennt, wird vielleicht vor anthropozentrischen Überlegenheitsgefühlen bewahrt und bekommt einen anderen Blick für die uns umgebende Natur.

Für den wissenschaftlichen Diskurs wäre es wünschenswert, wenn es zu einer breiteren Debatte in der Rezeption dieser Theorien käme. Da der Diskurs in den Biowissenschaften international, spezialisiert und detailliert betrieben wird, ist für einen Erziehungswissenschaftler die Orientierung nicht immer einfach. Vielleicht kämen andere Erziehungswissenschaftler zu einer anderen Akzentuierung als ich es gekommen bin – und eine Diskussion darüber würde sich sicherlich lohnen. Ich wünsche mir, dass dieses Buches zu Diskussionen einlädt, bei denen engagiert und seriös über das Thema gestritten werden kann.

Anhang

Der Zugang aus unterschiedlichen Disziplinen der Biologie

Wie viele andere Wissenschaften ist die Biologie in zahlreiche Subdisziplinen ausdifferenziert, die jeweils unterschiedlichste theoretische Zugänge zu ihren Gegenständen diskutieren. Zur besseren Übersicht sollen die in diesem Buch verwendeten Zugänge in einem kurzen systematischen Überblick dargestellt werden. Die einzelnen Zugänge sind, da sie häufig denselben Gegenstand zum Inhalt haben, zum Teil nicht trennscharf voneinander zu unterscheiden, sodass diese Darstellung lediglich eine didaktisch begründete heuristische Orientierung bietet.

Genetik

In der Genetik geht es um die Frage, auf welcher molekularen Basis welche Informationen an die nächsten Generationen weitergegeben werden. Für die Erziehungswissenschaft interessiert die Frage, ob für Lern- und Erziehungsvorgänge wichtige Dispositionen genetisch kodiert sind und damit entsprechend weiter vererbt werden. Darüber hinaus interessiert die Wirkweise von Genen und der Zusammenhang mit Umwelteinflüssen. Die genetische Information kann insofern als stabilisierte Information bezeichnet werden, als sie das Resultat eines vorhergehenden Anpassungsvorgangs ist.

Die Fortschritte im „Human Genom Project", der Entzifferung der molekularen Basis der genetischen Information, lässt zuweilen die Hoffnung – oder die Furcht – aufkommen, dass sich auch die hinter komplexen Verhaltensweisen stehenden Wirkursachen genetischer Information aufklären lassen. Direkte Eingriffe in das Erbgut von Menschen könnten dann möglich werden. Dies scheint im Moment nur bei relativ einfachen Informationen in greifbarer Nähe, beispielsweise bei Krankheiten wie etwa Alzheimer, die auf einem einzigen Gen lokalisiert sind. Die genetische Struktur ist sehr kompliziert und offensichtlich sind viele Gene redundant, das heißt, sie transportieren keine bisher erkennbaren Informationen. Andere wiederum entfalten erst in komplizierten Wechselwirkungen untereinander ihre Information. Darum ist es unwahrscheinlich, dass in absehbarer Zeit relevante Eingriffe in das Erbgut möglich werden, die beispielsweise die Persönlichkeit, das Temperament oder die kognitive Verarbeitungsgeschwindigkeit betreffen, und die damit Relevanz für die Erziehung entwickeln könnten.

Zudem darf man sich genetische Informationen nicht so vorstellen, dass sie eine umweltunabhängige Wirkung entfalten. Dies ist gerade bei komplexeren Strukturen nicht der Fall. Vielmehr haben sich genetische Informationen im Hinblick auf bestimmte Umwelten entwickelt und sind allein darum in ihrer Wirkung nicht umweltunabhängig. Der Zusammenhang zwischen Anlage und Umwelt wurde in Kapitel 6 geklärt. Besonders interessant ist in diesem Kontext der Einfluss der familiären Sozialisation; denn diese ist ja für Erziehung von besonderer Wichtigkeit. Deshalb wurde auf die Bedeutung der Familie, der Eltern und Geschwister in Kapitel 10 eingegangen.

Genetisch bedingte Prädispositionen der kognitiven Weltwahrnehmung können bisher aus erkenntnistheoretischen Gründen nicht über die Genetik, sondern über die Ausprägung bestimmter Verhaltensweisen erschlossen werden. Einige wurden in Kapitel 8, Kapitel 10 und Kapitel 11 beschrieben.

Empfohlene Literatur zur Vertiefung

DAVID C. ROWE: *Genetik und Sozialisation. Die Grenzen der Erziehung.* Weinheim: Beltz, Psychologie Verlags Union 1997
Dieses Buch beschreibt Grundlagen der Genetik im Hinblick auf erzieherische Prozesse.

Neurobiologie

Die Neurobiologie bzw. Neurowissenschaften bearbeiten die Frage, welche materiellen und funktionellen Grundlagen das Denken haben könnte:

- Wie funktioniert das Gehirn?
- Wie können wir denken?
- Gibt es Gesetzmäßigkeiten in Denkprozessen?
- Wie hat man sich diese vorzustellen?
- Wie können Menschen über ihr eigenes Denken denkend forschen?
- Welche wissenschaftstheoretischen Implikationen sind zu beachten, wenn Instrument und Gegenstand der Beobachtung zusammenfallen?

Die Forschung weist noch viele offene Stellen und Erkenntnislücken auf, aber es liegen durchaus viele interessante Einzelergebnisse vor.

Die neueren Erkenntnisse der Neurowissenschaften sind vor allem im Hinblick auf die operationale Geschlossenheit des Gehirns revolutionär. Sie lassen zweifeln, ob es „Verstehen" geben kann, und werfen ein neues Licht auf die nur noch scheinbare Freiheit des Menschen. Gerade diese Erkenntnisse sind für die Erziehungswissenschaft, deren didaktische Modelle häufig noch eine kausale Verbindung zwischen dem Lehrangebot und dem Lernen postulieren, von Wichtigkeit. Viele liebgewonnene Vorstellungen sind nicht haltbar. Die Gesetzmäßigkeiten, nach denen unser Denken funktioniert, scheinen so komplex zu sein, dass eine Vorhersage von Denkergebnissen oder Verhaltensweisen aus grundsätzlichen Überlegungen auch nicht möglich sein wird. Darum wirken Menschen frei, ohne aus biologischer Perspektive frei zu sein. Die aus solchen Überlegungen resultierenden Konsequenzen, etwa im Hinblick auf Verantwortungskonzepte, sind heute noch nicht zu übersehen.

Für die Erziehungswissenschaft sind die Erkenntnisse der Kognitionswissenschaften interessant, da sie die Struktur von Denkprozessen erhellen und damit Anknüpfungspunkte für die didaktische Diskussion bzw. die Organisation von Unterricht bieten (vgl. Kapitel 7 und 8). Zudem wird die – bereits aus der Psychologie und der pädagogischen Erfahrung – bekannte Tatsache, dass Gefühle unser Handeln und Denken dominant steuern, auch aus dieser Perspektive beschreibbar (vgl. die Darstellung in Kapitel 9).

Empfohlene Literatur zur Vertiefung

GERHARD ROTH: *Kopf-Arbeit: Gehirnfunktionen und kognitive Leistungen*. Heidelberg: Spektrum 1996
Ein Sammelband, der den Stand der Hirnforschung auch für Laien nachvollziehbar zusammenfasst.

DEUTSCHES HYGIENE MUSEUM: *Kosmos im Kopf: Gehirn und Denken*. Ostfildern: Hatje Cantz Verlag 2000
Dieser Ausstellungskatalog einer gleichnamigen Ausstellung beschreibt ein wissenschaftliches wie künstlerisches Bild des Kopfinneren. Die Logik des Aufbaus unseres Gehirns wird plastisch dargestellt. Dabei wird behutsam mit den erkenntnistheoretischen Prämissen unseres eigenen Erkennens umgegangen. Die Texte von Wissenschaftlern und Künstlern zeichnen ein differenziertes Bild der Erkenntnisse, aber auch der Probleme heutiger Hirnforschung.

Soziobiologie

Die Soziobiologie ist ein relativ junger Zweig der Verhaltensforschung, der in den sechziger Jahren unter anderem von den amerikanischen Biologen DAVID HAMILTON und EDWARD O. WILSON begründet wurde. Hier geht es um die biologische Angepasstheit und Anpassung von tierlichem und menschlichem Sozialverhalten. Dabei wird davon ausgegangen, dass Menschen und Tiere sich nicht grundsätzlich in den Mechanismen der Verhaltensentwicklung unterscheiden. Unterschiede gehen vielmehr auf Komplexitäts- und Differenzierungsunterschiede zurück, und zwar sowohl hinsichtlich der Anpassungsmöglichkeiten an Umwelten wie auch der Wahrnehmungs- und Verarbeitungskomplexität des Gehirns.

Verhalten wird durch die Bemühung um eine möglichst effiziente Reproduktion (d.h. um Nachkommen) bedingt. Dabei spielen nicht nur die eigenen Nachkommen eine wichtige verhaltensbestimmende Rolle, sondern – das war HAMILTONS Erkenntnis – auch die Nachkommen der genetischen Verwandtschaft. Die Verhaltensökologie (wie die Soziobiologie auch genannt wird) sieht als entscheidenden Impetus unterschiedlichen Verhaltens deshalb die Verbreitung der eigenen Gene (und damit eben auch die der genetischen Verwandtschaft, die ja in unterschiedlichen Anteilen über dieselben Gene verfügt). Verhalten entsteht danach in Abwägung unterschiedlicher, genegoistischer Kosten-Nutzen-Strategien in jeweils spezifischen Situationen.

Im Mittelpunkt der Soziobiologie stehen die Bedingungen der Entstehung von Kooperation und Konkurrenz in sozialen Gruppen. Spezifische Verhaltensmuster werden zudem in der Beziehung der Geschlechter untereinander sowie in derjenigen von Eltern zu ihren Kindern untersucht. Egoismus, Altruismus und Moral sind interessante Untersuchungsfelder der Soziobiologie. All diese Themen sind auch für die Erziehungswissenschaft von hohem Interesse. In diesem Buch werden Erkenntnisse dieser Forschungsrichtung vor allem in den Kapiteln 3, 8, 10, 11, und 12 rezipiert und Anschlussmöglichkeiten für erziehungswissenschaftliche Fragestellungen gesucht.

Empfohlene Literatur zur Vertiefung

ECKARD VOLAND: *Grundriss der Soziobiologie. Heidelberg/Berlin: Spektrum 2000*
  Dieser Grundriss führt systematisch und knapp in die Soziobiologie ein. Themen des Buches sind Kooperation und Konflikt in sozialen Gruppen, Geschlechterbeziehungen und Elternstrategien – sowohl von Menschen als auch von Tieren.

FRANZ M. WUKETITS: *Soziobiologie. Die Macht der Gene und die Evolution sozialen Verhaltens. Heidelberg: Spektrum 1997*

Diese Einführung in die Soziobiologie stellt das Wechselspiel zwischen Konflikt und Kooperation, Egoismus und Altruismus in den Mittelpunkt.

VOLKER SOMMER: *Soziobiologie: Wissenschaftliche Innovation oder ideologischer Anachronismus?* In: VOLAND, ECKART: *Natur und Kultur im Wechselspiel. Versuch eines Dialogs zwischen Biologen und Sozialwissenschaftlern.* Frankfurt/Main: Suhrkamp 1992, S. 51–73

Dieser Aufsatz beschreibt prägnant die Wissenschaftsgeschichte der Soziobiologie. Die wichtigsten Einwände gegen diese Forschungsrichtung werden diskutiert.

Einen anschaulichen Zugang zu diesem Forschungsgebiet bietet folgendes Schulbuch:

GERHARD HORNUNG/WOLFGANG MIRAM/ANDREAS PAUL: *Verhaltensbiologie. Neubearbeitung. Materialien für den Sekundarbereich II. Biologie.* Hannover: Schroedel Verlag 1998

Ethologie

Die neben der Soziobiologie ältere – und in Deutschland bekannterе – Form der Verhaltenswissenschaft ist die Ethologie, die Vergleichende Verhaltensforschung. Sie ist untrennbar mit KONRAD LORENZ verbunden, der 1973 (gemeinsam mit NIKOLAS TINBERGEN und KARL V. FRISCH) für sein Lebenswerk den Nobelpreis für Medizin erhielt. Gegenstand der Vergleichenden Verhaltensforschung ist die Beobachtung und Erklärung des Verhaltens von Tieren und Menschen mit dem Ziel, stammesgeschichtliche Zusammenhänge zu ermitteln. Bekannt und umstritten sind die Erklärungen über das Zustandekommen von Instinkthandlungen sowie ein Modell der Erklärung von Aggression. IRENÄUS EIBL-EIBESFELDT, ein Schüler von KONRAD LORENZ, wandte die Methoden der Vergleichenden Verhaltensforschung auf die Untersuchung des Menschen an. Auf der Suche nach Universalien menschlichen Verhaltens hat er sich besonders der (filmischen) Dokumentation des Alltagslebens von Wildbeutergesellschaften (in Namibia und Papua-Neuguinea) gewidmet.

Die Ethologie hat umfassende Informationen zu zahlreichen Einzelphänomenen des Verhaltens zusammengetragen. KONRAD LORENZ und IRENÄUS EIBL-EIBESFELDT haben ihre Forschung in den Dienst der Bewahrung der Natur gestellt. Dieses ist ein großes Verdienst dieser Forschungsrichtung. Die in der Ethologie vorgenommene Zurückführung negativen Sozialverhaltens auf zivilisatorische Einflüsse ist allerdings vor dem Hintergrund wissenschaftstheoretischer Fragen wie auch der Erkenntnisse der Soziobiologie problematisch. Die Ethologie argumentiert mit dem Paradigma der Erhaltung der Art. Dieses Theoriemodell ist durch das Modell des „genegoistischen Verhaltens" der Soziobiologie abgelöst, da es theoretisch nicht befriedigte. Die Theorie der Arterhaltung konnte die im Tierreich (auch bei Menschen) zu beobachtende Kindstötung nicht ausreichend erklären.

Die Ethologie wurde in der Erziehungswissenschaft zum Teil naiv rezipiert (vgl. die scharfe Kritik dieser Rezeption bei BRUMLIK 1993, vgl. Kapitel 8).

Empfohlene Literatur zur Vertiefung

KONRAD LORENZ: *Das Wirkungsgefüge der Natur und das Schicksal des Menschen.* München: Piper 1983
Diese Aufsatzsammlung vereinigt die wichtigsten Beiträge von KONRAD LORENZ und macht damit das weite Spektrum ethologischer Fragestellungen erkennbar.

IRENÄUS EIBL-EIBESFELDT: *Die Biologie des menschlichen Verhaltens. Grundriss der Humanethologie.* München: Piper 1995 (3. Auflage)
Dieses Buch liefert eine umfassende Darstellung der humanethologischen Erkenntnisse.

Evolutionäre Erkenntnistheorie

Die Evolutionäre Erkenntnistheorie ist eine in der Philosophie und in der Biologie angesiedelte Disziplin, die über die durch unseren Verstand und unsere Sinnesausstattung geprägten Voraussetzungen des Erkennens nachdenkt. Damit liegt diese Theorie quer zu den hier bis jetzt beschriebenen Fragestellungen. Sie weist enge Verbindungen zur Evolutionären Psychologie, zur Soziobiologie und zur Neurobiologie, aber auch zu wissenschaftstheoretischen Fragestellungen auf.

Den Erziehungswissenschaftler interessiert vor allem die Frage nach den Bedingungen menschlichen Erkennens. Lassen sich aus den Erkenntnissen der Evolutionären Erkenntnistheorie Hinweise über mögliche Lernarrangements gewinnen? Diese Fragestellung wird in Kapitel 8 entfaltet.

Empfohlene Literatur zur Vertiefung

KONRAD LORENZ: *Kants Lehre vom Apriorischen im Lichte gegenwärtiger Biologie.* In: Blätter für Deutsche Philosophie, Berlin, Band 15, 1941/1942, S. 94–95
Dieser Aufsatz thematisiert zum ersten Mal Aspekte der Evolutionären Erkenntnistheorie.

GERHARD VOLLMER: *Evolutionäre Erkenntnistheorie.* Stuttgart: Hirzel 1975
Mit diesem Buch wurde die Evolutionäre Erkenntnistheorie als philosophisches Paradigma ausführlich entfaltet.

GERHARD VOLLMER: *Was können wir wissen? Band 1. Die Natur der Erkenntnis. Beiträge zur Evolutionären Erkenntnistheorie.* Stuttgart: Hirzel 1985

Eine anschauliche Aufsatzsammlung von GERHARD VOLLMER, in der die Evolutionäre Erkenntnistheorie auf unterschiedliche erkenntnistheoretische und wissenschaftstheoretische Fragen angewandt wird.

RUPERT RIEDL/FRANZ M. WUKETITS *(Hg.): Die Evolutionäre Erkenntnistheorie. Bedingungen. Lösungen. Kontroversen. Hamburg: Paul Parey 1987*

In diesem Band werden Grundannahmen der Evolutionären Erkenntnistheorie sowohl von Biologien wie auch von Philosophen kontrovers diskutiert.

Evolutionäre Psychologie

Die Evolutionäre Psychologie fragt nach Verhaltensmodulen, die sich aus der Stammesgeschichte als Anpassung an die Lebensbedingungen des Pleistozäns ergeben. Diese Forschungsrichtung erlaubt die Fragestellung, inwieweit heutige Anforderungen, die durch den schnellen sozialen Wandel und die Entwicklung zur Weltgesellschaft bedingt sind, mit dieser unzählige Jahrtausende alten genetischen Ausstattung zu bewältigen sind. Ihre Forschungsfragen überschneiden sich mit Aspekten soziobiologischer Forschung.

Eine Erziehungswissenschaft, die über die Erziehung für heutige komplexe Situationen nachdenkt, muss an den Erkenntnissen dieser Forschungsrichtung interessiert sein. Welche didaktischen Konsequenzen folgen aus der Einsicht, dass menschliche spontane Vernunft, sozusagen der „gesunde Menschenverstand", an die Problemlagen des Pleistozäns angepasst ist? Was bedeuten diese Fragen für Unterricht? Dieser Frage wurde in Kapitel 8, 13 und 14 nachgegangen.

📖 Empfohlene Literatur zur Vertiefung

WILLIAM F. ALLMAN: *Wie das Erbe der Evolution unser Denken und Verhalten prägt. Heidelberg/Berlin/Oxford: Spektrum 1996*

Dieses Buch stellt populärwissenschaftlich geschrieben und gut zu lesen die wichtigsten Erkenntnisse der Evolutionären Psychologie zusammen.

JOHN E. TOOBY/LEDA COSMIDES: *The Psychological Foundations of Culture. In:* BARKOW, JEROME/COSMIDES, LEDA/TOOBY, JOHN E. *(Hrsg.): The Adapted Mind. New York/Oxford: Oxford University Press 1992, S. 19–135*

Dieser Aufsatz beschreibt die wesentlichen Annahmen dieses Theoriekonzeptes und zeigt gleichzeitig die Defizite bisheriger psychologischer Argumentation auf. Die Lektüre ist nicht einfach, aber lohnend!

Kulturethologie

Die Kulturethologie ist durch den Österreicher Verhaltensforscher OTTO KÖNIG begründet worden. Hier werden Entwicklungen der Kulturgeschichte mit Hilfe ethologischer Muster im Analogieschluss untersucht. „Kulturethologie ist eine spezielle Arbeitsrichtung der allgemeinen Vergleichenden Verhaltensforschung (Ethologie), die sich mit den ideellen und materiellen Produkten (Kultur) des Menschen, deren Entwicklung, ökologischer Bedingtheit und ihrer Abhängigkeit von angeborenen Verhaltensweisen sowie mit entsprechenden Erscheinungen bei Tieren vergleichend befasst" (KÖNIG 1970, S. 17). OTTO KÖNIG hat diese Forschungsrichtung an zwei Fallbeispielen, der Entwicklung der Uniform (KÖNIG 1970) sowie der Entwicklung des Motivs „Auge" in der darstellenden Kunst (KÖNIG 1975), eingehend untersucht.

Der „Matreier Kreis", ein lockerer interdisziplinärer Zusammenschluss von Geisteswissenschaftlern, hat es sich zur Aufgabe gemacht, dieses Paradigma auf unterschiedliche Aspekte kultureller Entwicklungen anzuwenden. Diese Forschungsrichtung wird auch in der Erziehungswissenschaft diskutiert (vgl. LIEDTKE 1995; 1996; kritisch DIETRICH/SANIDES-KOHLRAUSCH 1994; in Erwiderung auf diese Kritik TREML 1996).

Empfohlene Literatur zur Vertiefung

OTTO KÖNIG: *Kultur und Verhaltensforschung.* München: Deutscher Taschenbuch Verlag 1970
   Dieses Buch begründet die Kulturethologie als einen Zweig der Verhaltensforschung.

MAX LIEDTKE *(Hg.): Kulturethologie – über die Grundlagen kultureller Entwicklungen.* München: Realis 1994
   In diesem Buch wird die Kulturethologie auf verschiedene Disziplinen angewendet und in ihren Grundlagen reflektiert.

Spieltheorie

Die Soziobiologie vertritt die These, dass Verhaltensstrategien als konditionale Strategien zur Erhöhung der eigenen Fitness interpretiert werden können. Die „Verrechnungen" dieser Strategien sind nicht bewusst; vielmehr sind diese Theoriekonstrukte eine Als-ob-Fiktion. Diese „Als-ob-Strategien" eines Verhaltens sind besonders in komplexen Situationen, in denen die Erfolgswahrscheinlichkeiten einer konkreten Handlungsstrategie nicht abzuschätzen sind, schwer durchschaubar. Gibt es Strategien, um angesichts dieser oder anderer Entscheidungssituationen zu einer möglichst positiven Bilanz zu kommen? Diese Frage steht im Mittelpunkt der Spieltheorie. Sie fragt danach, welche abstrakten Verhaltensstrategien potenziell am erfolgreichsten sind, wenn sowohl kooperierendes Verhalten als auch Betrug jederzeit erwartbar sind.

In diesem Kontext sind Anfang der achtziger Jahre die Untersuchungen von ROBERT AXELROD (1997) bekannt geworden. Inzwischen wird diese Theoriebildung vor allem in der Wirtschaftsforschung zur Untersuchung von Kauf- und Verkaufsverhalten intensiv angewendet, aber auch in den Politikwissenschaften, in der Konfliktforschung sowie in der Soziologie, um zu verstehen, wie sich ganze Gesellschaftssysteme verändern. Häufig werden jedoch abstrakte mathematische Modelle verwendet, die den Zugang zu dieser Theoriebildung für Erziehungswissenschaftler erschweren.

Die Spieltheorie weckte gerade in den Anfangszeiten ihrer Popularität große Hoffnungen, „richtige" Lösungen konkreter Probleme oder Hinweise auf immer funktionierende Verhaltensweisen zu erhalten. Diese Hoffnungen erfüllten sich nicht; die Aussagen der Spieltheorie zeigen vielmehr über eine große Anzahl von Verhaltenszügen und einen langen Zeitraum erfolgreiche Strukturen. Der Einzelfall kann sich aufgrund vielfältiger Umweltvariablen aber immer anders verhalten. Dennoch schärft diese Theorie den Blick für Verhaltensstrategien.

Diese Theoriebildung könnte intensiver als bisher für die Erziehungswissenschaft fruchtbar gemacht werden:

- Unter welchen Bedingungen entsteht die Bereitschaft zur Veränderung komplexer Systeme wie beispielsweise Schulen?
- Wie kann eine Veränderung stabiler Gleichgewichtszustände initiiert werden?

Dies wären Fragen, die im Kontext von Schulentwicklung und vor allem der Personalentwicklung in Lehrerkollegien von Interesse sind. Andere Fragen, beispielsweise, wie Rahmenbedingungen im Klassenzimmer gestaltet sein müssten, damit kooperatives Verhalten gefördert wird, wären für die Unterrichtsforschung von Interesse (vgl. auch Kapitel 12, 14).

Empfohlene Literatur zur Vertiefung

ROBERT AXELROD: *Die Evolution der Kooperation.* München: Oldenbourg 1997 (4. Auflage)
Ein Klassiker zum Thema Kooperation, der Wissenschaftsgeschichte geschrieben hat.

WULF ALBERS/WERNER GÜTH/PETER HAMMERSTEIN/BENNY MOLDAVANU/ERIC VAN DAMME (Hg.): *Understanding Strategic Interaction.* Berlin/Heidelberg: Springer 1996
Diese Festschrift zu Ehren von REINHARD SELTEN stellt Erkenntnisse der Spieltheorie auf unterschiedlichsten Anwendungsebenen in interdisziplinärer Perspektive zusammen. Leider sind keine Anwendungsfälle aus der Erziehungswissenschaft oder verwandten Disziplinen darunter!

Allgemeine Evolutionstheorie

Eine Allgemeine Evolutionstheorie, die von den konkreten Bedingungen der biologischen Evolution abstrahiert und eine allgemeine Entwicklungstheorie der Veränderung sozialer Systeme mit Hilfe des darwinischen Paradigmas formuliert, liegt erst in wenigen Ansätzen vor. Diese Theorie bietet die Möglichkeit, komplexe Veränderungen mit einem Ansatz zu beschreiben, der Veränderungen mit Hilfe von Variations- und Selektionsvorgängen autopoietischer und selbstreferenzieller Systeme darstellt. Hier werden Begrifflichkeiten der Systemtheorie mit der Entwicklungslogik evolutionärer Theoriebildung verbunden und auf diese Weise ein komplexes Denkmodell ermöglicht.

📖 Empfohlene Literatur zur Vertiefung

NIKLAS LUHMANN: *Die Wissenschaft der Gesellschaft. Frankfurt/Main: Suhrkamp 1992 (hier das Kapitel 8 ‚Evolution')*
In diesem Kapitel werden Schemen einer Allgemeinen Evolutionstheorie erkennbar.

ALFRED TREML: *Klassiker. Die Evolution einflussreicher Semantik. Band 1: Theorie. Sankt Augustin: Academia 1997; Band 2: Einzelstudien. Sankt Augustin: Academia 1999*
Hier wird eine Allgemeine Evolutionstheorie expliziert und auf einen speziellen Fall – die Analyse und Interpretation pädagogischer Klassiker – angewandt. Vor diesem Hintergrund erscheinen die Werke von COMENIUS, LEIBNIZ, ROUSSEAU, KANT, GOETHE und STEINER in einer für Erziehungswissenschaftler überraschenden und anregenden Perspektive.

Literatur

ADICK, CHRISTEL: Die Universalisierung der modernen Schule. Eine theoretische Problemskizze zur Erklärung der weltweiten Verbreitung der modernen Schule in den letzten 200 Jahren mit Fallstudien aus Westafrika. Internationale Gegenwart, Band 9. Paderborn: Schöningh 1992

ADICK, CHRISTEL/KREBS, UWE (Hg.): Evolution, Erziehung, Schule. Beiträge aus Anthropologie, Entwicklungspsychologie, Humanethologie und Pädagogik. Erlangen: Universitätsbibliothek 1992

ALBERS, WULF/GÜTH, WERNER/HAMMERSTEIN, PETER/MOLDAVANU, BENNY/VAN DAMME, ERIC (Hg.): Understanding Strategic Interaction. Berlin/Heidelberg: Springer 1996

ALLMAN, WILLIAM F.: Mammutjäger in der Metro. Wie das Erbe der Evolution unser Denken und Verhalten prägt. Heidelberg/Berlin: Spektrum 1996

ASELMEIER, ULRICH: Biologische Anthropologie und Pädagogik. Eine Untersuchung über die pädagogische Relevanz der humanbiologischen Erkenntnisse. Weinheim/Basel: Beltz 1973

AXELROD, ROBERT: Die Evolution der Kooperation. München: Oldenbourg, 1997 (4. Auflage)

BATESON, GREGORY: Ökologie des Geistes. Frankfurt/Main: Suhrkamp 1981

BAUMERT, JÜRGEN/LEHMANN, RAINER u.a.: TIMSS-Mathematisch-naturwissenschaftlicher Unterricht im internationalen Vergleich. Deskriptive Befunde. Opladen: Leske + Budrich 1997

BENESCH, HELLMUTH: Lernen und Denken. In: Brockhaus Mensch, Natur, Technik: Phänomen Mensch. Mannheim: Brockhaus 1999, S. 340–429

BERK, LURA F.: Kindliche Selbstgespräche und mentale Entwicklung. In: Biologie des Menschen. Beiträge aus Spektrum der Wissenschaft. Mit einer Einführung versehen von VOLKER SOMMER. Heidelberg/Berlin: Spektrum 1996, S. 66–72

BLAFFER HRDY, SARAH: Mutter Natur. Die weibliche Seite der Evolution. Berlin: Berlin Verlag 2000

BRUMLIK, MICHA: Zur Kritik der Rezeption verhaltensbiologischer Ansätze im pädagogischen Diskurs. Wider den scheindemokratischen Biologismus – Eine Polemik. In: KOLBE, FRITZ-ULRICH/LENHART, VOLKER (Hg.): Bildung und Aufklärung heute. Bielefeld: Böllert 1993, S. 107–135

BRUNNER, HELLMUT: Altägyptische Erziehung. Wiesbaden: Harrassowitz 1957

BUSS, DAVID: Die Evolution des Begehrens. Geheimnisse der Partnerwahl. München: Kabel 1994

CHAGNON, NAPOLEON A.: Die Yanomamö – Leben und Sterben der Indianer am Orinoko. Berlin: Byblos 1994

CHASIOTIS, ATHANASIOS: Kindheit und Lebenslauf. Untersuchungen zur evolutionären Psychologie der Lebensspanne. Göttingen/Toronto/Seattle: Hans Huber 1999

CHASIOTIS, ATHANASIOS/VOLAND, ECKART: Geschlechtliche Selektion und Individualentwicklung. In: KELLER, HEIDI (Hg.): Lehrbuch Entwicklungspsychologie. Bern: Huber 1998, S. 563–595

CHOI, JEAN/SILVERMAN, IRWIN: Sexual Dimorphism in Spatial Behaviors: Application to Route Learning. In: Evolution and Cognition, 2. Jg., H. 2, 1996, S. 165–169

CIOMPI, LUC: Die emotionalen Grundlagen des Denkens. Entwurf einer fraktalen Affektlogik. Göttingen: Vandenhoek und Ruprecht 1997

CORNING, PETER A.: Biologische Grundlagen des sozialen Verhaltens. In: BÜHL, WALTER L. (Hg.): Reduktionistische Soziologie. Soziologie als Naturwissenschaft? Nymphenburger Texte zur Wissenschaft – Modelluniversität 18. München: Nymphenburger Verlagsbuchhandlung 1974, S. 266–323

COSMIDES, LEDA/TOOBY, JOHN E.: Cognitive Adaption for Social Exchange. In: BARKOW, JEROME H./COSMIDES, LEDA/TOOBY, JOHN E. (Hg.): The Adapted Mind. Evolutionary Psychology and the Generation of Culture. New York/Oxford: Oxford University Press 1992, S. 163–228

CRAMER, FRIEDRICH/MOLLENHAUER, KLAUS: Dialog über CHRISTOPH WULF (Hg.): Vom Menschen. Handbuch Historische Anthropologie. Weinheim/Basel 1997. In: Erziehungswissenschaft, 1. Jg., H. 1, 1998, S. 119–125

CUBE, FELIX VON: Moral und Moralerziehung. Verhaltensbiologische Grundlagen. In: NEUMANN, DIETER u.a. (Hg.): Die Natur der Moral. Evolutionäre Ethik und Erziehung. Stuttgart: Hirzel 1999, S. 117–128

CUBE, FELIX VON/ALSHUTH, DIETGER: Fordern statt Verwöhnen: Die Erkenntnisse der Verhaltensbiologie in Erziehung und Führung. München/Zürich: Piper 1993. (7. aktuelle und erweiterte Auflage)

DAWKINS, RICHARD: Das egoistische Gen, Reinbek: Rowohlt 1996

DE HAAN, GERHARD/JUNGK, DIETER u.a.: Umweltbildung als Innovation. Heidelberg: Springer 1997

DEUTSCHES HYGIENE MUSEUM: Kosmos im Kopf: Gehirn und Denken. Ostfildern: Hatje Cantz Verlag 2000

DEUTSCHES INSTITUT FÜR FERNSTUDIEN (Hg.): Funkkolleg Der Mensch. Anthropologie heute. Tübingen 1993

DIAMOND, JARED: Arm und Reich. Die Schicksale menschlicher Gesellschaften. Frankfurt/Main: S. Fischer 1998

DIETERICH, JÜRGEN/TENORTH, HEINZ-ELMAR: Theorie der Schule. Ein Studienbuch zu Geschichte, Funktionen und Gestaltung. Berlin: Cornelsen Scriptor 1997

DIETRICH, CORNELIE/SANIDES-KOHLRAUSCH, CLAUDIA: Erziehung und Evolution. Kritische Anmerkungen zur Verwendung bio-evolutionstheoretischer Ansätze in der Erziehungswissenschaft. In: Bildung und Erziehung, Jg. 47, H. 4, 1994, S. 397–410

DIETERICH, RAINER: Lernen im Entspannungszustand, Göttingen: Verlag für Angewandte Psychologie 2000

DOBZHANSKY, THEODOSIUS: Nothing in biology makes any sense exept in the light of evolution. In: American Biology Teacher, March 1973, S. 125–129

DÖRNER, DIETRICH: Die Logik des Misslingens, Reinbek: Rowohlt 1989

DÖRNER, DIETRICH: Der Bauplan einer Seele, Reinbek: Rowohlt 2000

DUNBAR, ROBIN: Klatsch und Tratsch. Wie der Mensch zur Sprache fand. München: Bertelsmann 1998

EIBL-EIBESFELDT, IRENÄUS: Die Biologie des menschlichen Verhaltens. Grundriss der Humanethologie. München: Piper 1995 (3. Auflage)

EIBL-EIBESFELDT, IRENÄUS: Universalien im menschlichen Sozialverhalten und ihre Bedeutung für die Normenfindung. In: NEUMANN, DIETER u.a. (Hg.): Die Natur der Moral. Evolutionäre Ethik und Erziehung. Stuttgart: Hirzel 1999, S. 99–116.

EULER, HARALD A.: Geschlechtsspezifische Unterschiede und die nicht erzählte Geschichte in der Gewaltforschung. In: HOLTAPPELS, HEINZ GÜNTER/HEITMEYER, WILHELM/MELZER, WOLFGANG/TILLMANN, KLAUS-JÜRGEN (Hg.): Forschung über Gewalt an Schulen. Erscheinungsformen und Ursachen, Konzepte und Prävention. Weinheim/München: Juventa Verlag 1997, S. 191–206

FEND, HELMUT: Theorie der Schule. München/Wien/Baltimore: Urban und Schwarzenberg 1981

FLINN, MICHAEL V./ALEXANDER, RICHARD D.: Culture theory: The developing synthesis from biology. Human Ecology, 10, 1982, S. 383–400

FLITNER, ANDREAS (Hg.): Wege zur pädagogischen Anthropologie. Versuch einer Zusammenarbeit der Wissenschaften vom Menschen. Heidelberg: Quelle und Meyer 1967

FREYER, MICHAEL.: Die Wurzeln der Institution ‚Schule' und des Erzieherberufs in Kulturen ohne literale Tradition. Ein Beitrag zur Frage Erziehung und Kulturentwicklung. In: Pädagogische Rundschau, 36, 1982, S. 3–28

GÄNGLER, HANS/SCHEUNPFLUG, ANNETTE: Jugend und Jugendarbeit im Kontext einer Theorie der soziokulturellen Evolution. In: Zeitschrift für Entwicklungspädagogik 1991, Heft 1, S. 6–13

GARDNER, HOWARD: Frames of Mind, New York: Basic Books 1983

GARDNER, HOWARD/KORNHABER, MINDY L./WAKE, WAWEN K.: Intelligence – Multiple Perspectives. Fort Worth: Harcourt Brace 1996

GEHLEN, ARNOLD: Der Mensch. Seine Natur und seine Stellung in der Welt. Berlin: Junker und Dünnhaupt 1940 (1. Aufl.); Wiesbaden: Aula 1978 (12. Aufl.)
GOLEMAN, DANIEL: Emotionale Intelligenz. München/Wien: Carl Hanser 1996
GUDJONS, HERBERT (Hg.): Die Moderationsmethode in Schule und Unterricht. Hamburg: Bergmann und Helbig 1998
HABERMAS, JÜRGEN: Können komplexe Gesellschaften eine vernünftige Identität ausbilden? In: HABERMAS, JÜRGEN/HENRICH, DIETER: Zwei Reden. Aus Anlass des Hegel-Preises. Frankfurt/Main: Suhrkamp 1974, S. 23–83
HAMER, DEAN/COPELAND, PETER: Das unausweichliche Erbe. Wie unser Verhalten von unseren Genen bestimmt ist. Bern/München/Wien: Scherz 1998
HARRIS, JUDITH RICH: Where Is the Child's Environment? A Group Socialization Theory of Development. In: Psychological Review 1995, Vol. 102, H. 3, S. 458–489
HARRIS, JUDITH RICH: Ist Erziehung sinnlos? Die Ohnmacht der Eltern. Reinbek: Rowohlt 2000
HASSENSTEIN, BERNHARD: Verhaltensbiologie des Kindes. München: Piper 1973
HERRNSTEIN, RICHARD J./MURRAY, CHARLES: The Bell Curve: Intelligence and Class-Structure in American Life. New York: Simon + Schuster 1996
HESCHL, ADOLF: Das intelligente Genom. Über die Entstehung des menschlichen Geistes durch Mutation und Selektion. Berlin/Heidelberg: Springer 1998
HOFSTADTER, DOUGLAS, R.: Tit for tat. Kann sich in einer Welt voller Egoisten kooperatives Verhalten entwickeln? In: DIGEST Kooperation und Konkurrenz von Spektrum der Wissenschaft, H. 1, 1998, S. 60–66
HÖLTERSHINKEN, DIETER (Hg.): Das Problem der pädagogischen Anthropologie im deutschsprachigen Raum. Darmstadt: Wissenschaftliche Buchgesellschaft 1976
HORGAN, JOHN: Gene und Verhalten. In: Biologie des Menschen. Beiträge aus Spektrum der Wissenschaft. Mit einer Einführung versehen von VOLKER SOMMER. Heidelberg/Berlin: Spektrum 1996, S. 82–89
HORGAN, JOHN: Die neuen Sozialdarwinisten. In: Biologie des Menschen. Beiträge aus Spektrum der Wissenschaft. Mit einer Einführung versehen von VOLKER SOMMER. Heidelberg/Berlin: Spektrum 1996, S. 146–153
HORNUNG, GERHARD/MIRAM, WOLFGANG/PAUL, ANDREAS: Verhaltensbiologie. Neubearbeitung. Materialien für den Sekundarbereich II. Biologie. Hannover: Schroedel Verlag 1998
HOSSFELD, UWE: Menschliche Erblehre, Rassenpolitik und Rassenkunde (-biologie) an den Universitäten Jena und Tübingen von 1933–45: Ein Vergleich. In: ENGELS, EVE-MARIE/JUNKER, THOMAS/WEINGARTEN, MICHAEL (Hg.): Ethik der Biowissenschaften. Berlin: VWB 1998, S. 361–392

JANICH, PETER: Was ist Erkenntnis? Eine philosophische Einführung. München: Beck 2000

JANICH, PETER/WEINGARTEN, MICHAEL: Wissenschaftstheorie der Biologie. Methodische Wissenschaftstheorie und die Begründung der Wissenschaften. München: Fink 1999

JÜRGENS, EIKO/SACHER, WERNER: Leistungserziehung und Leistungsbeurteilung. Schulpädagogische Grundlegung und Anregungen für die Praxis. Neuwied: Luchterhand 2000

KAGAN, JEROME: Die drei Grundirrtümer der Psychologie. Weinheim/Basel: Beltz 2000

KAMPER, DIETMAR: Geschichte und menschliche Natur. Die Tragweite gegenwärtiger Anthropologiekritik. München: Hanser 1973

KAUPEN-HAAS, HEIDRUN/SALLER, CHRISTIAN: Wissenschaftlicher Rassismus. Analysen einer Kontinuität in den Human- und Naturwissenschaften. Frankfurt/New York: Campus, 1999

KIMURA, DOREEN: Weibliches und männliches Gehirn. In: Biologie des Menschen. Beiträge aus Spektrum der Wissenschaft. Mit einer Einführung versehen von VOLKER SOMMER. Heidelberg/Berlin: Spektrum 1996, S. 104–113.

KÖNIG, BARBARA: Fragen und Ziele der Verhaltensbiologie. In: SITTE, PETER (Hg.): Jahrhundertwissenschaft Biologie. Die großen Themen. München: Beck 1999, S. 153–176

KÖNIG, OTTO: Kultur und Verhaltensforschung. München: Deutscher Taschenbuch Verlag 1970

KÖNIG, OTTO: Urmotiv Auge. München: Deutscher Taschenbuch Verlag 1975

KREBS, UWE: Erziehung in konkreten Lebenswelten traditionaler Kulturen (Stammesgesellschaften) Afrikas, Asiens, Australiens, Nord- und Südamerikas. Beschreibung, Systematisierung, Diskussion. Nürnberg 1998, unveröff. Habilitationsarbeit (Publ. in Vorbereitung)

KRIECK, ERNST: Völkisch-politische Anthropologie. 3 Bände. Leipzig : Armauen Verlag 1936 ff

KRISS-RETTENBECK, LENZ/LIEDTKE, MAX (Hg.): Schulgeschichte im Zusammenhang der Kulturentwicklung. Bad Heilbrunn: Klinkhardt 1983

LENZ, MICHAEL: Geschlechtersozialisation aus biologischer Sicht. Anlage und Erziehung. Stuttgart: Ibidem 1999

LEVAY, SIMON/HAMER, DEAN: Homosexualität: biologische Faktoren. In: Biologie des Menschen. Beiträge aus Spektrum der Wissenschaft. Mit einer Einführung versehen von VOLKER SOMMER. Heidelberg/Berlin: Spektrum 1996, S. 90–97

LIEDTKE, MAX: Evolution und Erziehung, Göttingen: Vandenhoeck 1972

LIEDTKE, MAX (Hg.): Hausaufgabe Europa. Schule zwischen Regionalismus und Internationalismus. Bad Heilbrunn: Klinkhardt 1993

LIEDTKE, MAX (Hg.): Kulturethologie – über die Grundlagen kultureller Entwicklungen. München: Realis 1994

LIEDTKE, MAX: Die vergessene Natur. Zur Aktualität des ethologischen und kulturethologischen Denkens für die Pädagogik. In: LEONHARD, HANS-WALTER/LIEBAU, ECKART/WINKLER, MICHAEL (Hg.): Pädagogische Erkenntnis. Weinheim: Juventa 1995, S. 143–168

LIEDTKE, MAX (Hg.): Kulturethologische Aspekte der Technikentwicklung. Matreier Gespräche. Graz: Austria 1996

LORENZ, KONRAD: Kants Lehre vom Apriorischen im Lichte gegenwärtiger Biologie. In: Blätter für Deutsche Philosophie, Berlin, Band 15, 1941/1942, S. 94–95.

LORENZ, KONRAD: Das Wirkungsgefüge der Natur und das Schicksal des Menschen. München: Piper 1983

LORENZ, KONRAD/KREUZNER, FRANZ: Leben ist Lernen. Von Immanuel Kant zu Konrad Lorenz. Ein Gespräch über das Lebenswerk des Nobelpreisträgers, München/Zürich: Piper, 1981.

LUHMANN, NIKLAS: Systemtheorie, Evolutionstheorie und Kommunikationstheorie. In: ders.: Soziologische Aufklärung, Band 2, Opladen: Westdeutscher Verlag 1975, S. 19–203

LUHMANN, NIKLAS: Die Wissenschaft der Gesellschaft. Frankfurt/Main: Suhrkamp 1992

MAIER, PETER H.: Räumliches Vorstellungsvermögen. Ein theoretischer Abriss des Phänomens räumliches Vorstellungsvermögen. Donauwörth: Auer 1999

MANN, JANET: Nurturance or Negligence: Maternal Psychology and Behavioral Preference among Preterm Twins. In: BARKOW, J. H./COSMIDES, L./TOOBY, J. E. (Hg.): The Adapted Mind. Evolutionary Psychology and the Generation of Culture. New York/Oxford: Oxford University Press 1992, S. 367–390

MARKL, HUBERT: Wie unfrei ist der Mensch? Von der Natur in der Geschichte. In: MARKL, HUBERT (Hg.): Natur und Geschichte, München/Wien: Oldenburg 1983, S. 11–50

MARKL, HUBERT: Natur als Kulturaufgabe. Über die Beziehungen des Menschen zur lebendigen Natur. Stuttgart: Deutsche-Verlags-Anstalt 1986

MARKL, HUBERT: Ökologische Grenzen und Evolutionsstrategie Forschung. In: Forschungs-Mitteilungen der DFG 3/1980, S. I–VIII

MAYR, ERNST: Das ist Biologie. Die Wissenschaft des Lebens. Heidelberg/Berlin: Spektrum 1998

MITHEN, STEVEN: The early prehistory of human social behaviour: Issues of archaelogical inference and cognitive evolution. In: RUNCIMAN, WALTER G./MAYNARD SMITH, JOHN/DUNBAR, ROBIN M. (Hg.): Evolution of Social Behaviour Pattern in Primates and Man. Oxford, Proceedings of The British Academy: Oxford University Press 1996, S. 145–177

Meyer, Hilbert: UnterrichtsMethoden, I Theorieband/II Praxisband. Frankfurt/Main: Cornelsen Sriptor 1987

Meyer, Hilbert/Meyer, Meinert A.: Frontalunterricht und anderes – Versuch einer Unterrichtsmethodik für das Gymnasium. In: Marotzki, Winfried/Meyer, Meinert A./ Wenzel, Hartmut (Hg.): Erziehungswissenschaft für Gymnasiallehrer. Weinheim: Deutscher Studien Verlag 1996, S. 178–216

Müller, Klaus E./Treml, Alfred K. (Hg.): Ethnopädagogik. Sozialisation und Erziehung in traditionellen Gesellschaften. Berlin: Reimer 1996 (2. überarbeitete Auflage)

Müller, Klaus E./Treml, Alfred K.: Ethnopädagogik, Band II. Quellentexte zu Sozialisation und Bildung in traditionalen Gesellschaften. Berlin: Reimer 2001 (im Druck)

Nesse, Randolph/Williams, George C.: Warum wir krank werden. Die Antworten der Evolutionsmedizin. München: Beck 1997

Neumann, Dieter/Schöppe, Arno/Treml, Alfred K. (Hg.): Die Natur der Moral. Evolutionäre Ethik und Erziehung. Stuttgart: Hirzel 1999

Nowak, Martin A./May, Robert M./Sigmund, Karl: Das Einmaleins des Miteinander. In: Digest Kooperation und Konkurrenz von Spektrum der Wissenschaft, H. 1, 1998, S. 68–75

Paul, Andreas/Voland Eckart: Eltern-Kind-Beziehungen im evolutionären Kontext. In: Keller, Heidi (Hg.): Handbuch der Kleinkinderforschung. Bern/Göttingen: Huber 1997, S. 121–147

Paul, Andreas/Voland, Eckart: Die Evolution der Zweigeschlechtlichkeit. In: Kanitschneider, Bernulf (Hg.): Liebe, Lust und Leidenschaft. Stuttgart: Hirzel 1998, S. 99–116

Pöppel, Ernst: Lust und Schmerz. Über den Ursprung der Welt im Gehirn. München: Goldmann 1995

Pöppel, Ernst: Grenzen des Bewusstseins. Über Wirklichkeit und Welterfahrung. Stuttgart: Deutsche Verlagsanstalt 1985

Popper, Karl R.: Alles Leben ist Problemlösen. Über Erkenntnis, Geschichte und Politik. München/Zürich: Piper 1991

Portmann, Adolf: Biologische Fragmente zu einer Lehre vom Menschen, Basel 1944

Portmann, Adolf: Biologie und Geist. Zürich: Rhein 1956

Riedl, Rupert: Evolution und Erkenntnis. Antworten auf Fragen aus unserer Zeit. München: Piper 1982

Riedl, Rupert/Wuketits, Franz M. (Hg.): Die Evolutionäre Erkenntnistheorie. Bedingungen. Lösungen. Kontroversen. Hamburg: Paul Parey 1987

Riedl, Rupert: Wahrheit und Wahrscheinlichkeit: biologische Grundlagen des Für-Wahr-Nehmens. Berlin/Hamburg: Parey 1992

Roth, Gerhard: Das Gehirn und seine Wirklichkeit. Kognitive Neurobiologie und ihre philosophischen Konsequenzen. Frankfurt/Main: Suhrkamp 1996

Roth, Gerhard: Kopf-Arbeit: Gehirnfunktionen und kognitive Leistungen. Heidelberg/Berlin: Spektrum 1996

Roth, Gerhard: Ist Willensfreiheit eine Illusion? In: Biologie in unserer Zeit, 28. Jg., H. 1, 1998, S. 6–15

Rowe, David C.: Genetik und Sozialisation. Die Grenzen der Erziehung. Weinheim: Beltz, Psychologie-Verlag Union 1997

Rutter, Michael/Maughan, Barbara/Mortimore, Peter/Ouston, Peter: Fünfzehntausend Stunden. Schulen und ihre Wirkung auf die Kinder. Weinheim Verlag 1980

Scheunpflug, Annette/Treml, Alfred K.: Das Wilde – Faszination und Angst. In: Ränsch-Trill, Barbara/Wagner, Erwin (Hg.): Das Fremde in der Nähe. Beiträge zur Reflexion der Begegnung mit dem ‚Anderen' in Kultur und Gesellschaft, Wissenschaft Transparent 05. Hildesheim: Franz Becker 1995, S. 66–87

Scheunpflug, Annette: „Zukunftsfähiges Deutschland" – eine verpasste Lernchance? Anmerkungen aus evolutionstheoretischer Sicht. In: Noormann, Henry/Lang-Wojtasik, Gregor (Hg.): Die Eine Welt der vielen Möglichkeiten. Pädagogische Orientierungen. Frankfurt/Main: IKO 1997, S. 197–198

Scheunpflug, Annette (1999a): Evolutionäres Denken als Angebot für die Erziehungswissenschaft. In: Zeitschrift für Erziehungswissenschaft, H. 1, 2. Jg., 1999, S. 59–72

Scheunpflug, Annette (1999b): Evolutionäre Didaktik – Ein Didaktikentwurf aus system- und evolutionstheoretischer Sicht. In: Holtappels, Heinz-Günther/Horstkemper, Marianne (Hg.): Neue Wege in der Didaktik? Analysen und Konzepte zur Entwicklung des Lehrens und Lernens. Die Deutsche Schule, 5. Beiheft 1999, S. 169–185

Scheunpflug, Annette (2000a): Didaktische Theoriebildung – ein kritischer Aufriss ihrer handlungstheoretischen Logik. Beiträge aus dem Fachbereich Pädagogik der Universität der Bundeswehr Hamburg, H. 1, 2000

Scheunpflug, Annette (2000b): Evolutionäre Didaktik. Unterricht aus evolutions- und systemtheoretischer Perspektive. Weinheim: Beltz

Scheunpflug, Annette (2000c): Steinzeitjäger im Cyberspace. Der alte Adam stolpert ins Dritte Jahrtausend. In: Bild der Wissenschaft, H. 1/2000, S. 28–32

Scheunpflug, Annette/Schröck, Nikolaus: Globales Lernen. Stuttgart: Brot für die Welt 2000

Selg, Herbert: Entwicklungspsychologie. In: Dörner, Dietrich/ Selg, Herbert (Hg.): Psychologie. Eine Einführung in ihre Grundlagen und Anwendungsfelder. Stuttgart: Kohlhammer 1985, S. 196–208

SHELLEWORTH, SARA J.: Cognition, Evolution, and Behavior. New York/Oxford: Oxford University Press 1998

SILVERMAN, IRWIN/EALS, MARION: Sex Differences in Spatial Abilities: Evolutionary Theory and Data. In: BARKOW, JEROME/COSMIDES, LEDA/TOOBY, JOHN E. (Hg.): The Adapted Mind. Evolutionary Psychology and the Generation of Culture. New York/Oxford: Oxford University Press 1992, S. 533–554

SINGER, WOLF: Hirnforschung an der Schwelle zum nächsten Jahrtausend. In: SITTE, PETER (Hg.): Jahrhundertwissenschaft Biologie. Die großen Themen. München: Beck 1999, S. 203–226

SITTE, PETER (Hg.): Jahrhundertwissenschaft Biologie. Die großen Themen. München: Beck 1999

SKAMEL, UTE/VOLAND, ECKART: Vom ‚ewigen Kampf der Geschlechter' zu Solidarität in Partnerschaft und Familie. Eine soziobiologische Annäherung. In: WAGNER, M. (Hg.): Solidarität in Partnerschaft und Familie – Zum Stand familiensoziologischer Theoriebildung. Würzburg: Ergon 2000 (im Druck)

SOMMER, VOLKER: Wider die Natur? Homosexualität und Evolution. München: Beck 1990

SOMMER, VOLKER: Soziobiologie: Wissenschaftliche Innovation oder ideologischer Anachronismus? In: VOLAND, ECKART (Hg.): Natur und Kultur im Wechselspiel. Versuch eines Dialogs zwischen Biologen und Sozialwissenschaftlern. Frankfurt/Main: Suhrkamp 1992, S. 51–73

SOMMER, VOLKER (1992b): Lob der Lüge. Täuschung und Selbsttäuschung bei Tieren und Menschen. München: Beck 1992

STROBEL-EISELE, GABRIELE: Schule und soziale Evolution. System- und evolutionstheoretische Untersuchungen zur Entstehung und Entwicklung der Schule. Weinheim: Deutscher Studien Verlag 1992

SULLOWAY, FRANK J.: Der Rebell der Familie. Geschwisterrivalität, kreatives Denken und Geschichte. Berlin: Siedler 1997

TENORTH, HEINZ-ELMAR: Schulische Einrichtungen. In: LENZEN, DIETER (Hg.): Erziehungswissenschaft. Reinbek: Rowohlt 1995, S. 427–446

TERHART, EWALD: Konstruktivismus und Unterricht. Gibt es einen neuen Ansatz in der Allgemeinen Didaktik? In: Zeitschrift für Pädagogik, 45. Jg., H. 5, 1999, S. 629–66

TETENS, HOLM: Die moderne Gehirnforschung: Ein Schock für unser moralisches Selbstverständnis? In: Deutsches Hygiene Museum: Gehirn und Denken. Kosmos im Kopf. Ostfildern: Hatje Canz Verlag 2000, S. 44–50

TILLMANN, KLAUS-JÜRGEN u.a.: Zwischen neuen Erkenntnissen und reiner Analogiebildung? Abschließende Diskussion zur Serie ‚Biowissenschaft und Pädagogik'. In: Pädagogik, H. 7, 2000, S. 53–59

TOOBY, JOHN E./COSMIDES, LEDA: The Psychological Foundations of Culture. In: BARKOW, JEROME/COSMIDES, LEDA/TOOBY, JOHN E. (Hg.): The Adapted Mind. Evolutionary Psychology and the Generation of Culture. New York/Oxford: Oxford University Press 1992, S. 19–135

TREML, ALFRED K.: Einführung in die Allgemeine Pädagogik. Stuttgart: Kohlhammer 1987

TREML, ALFRED K.: Die Pädagogik des ‚Wilden' oder die Verbesserung des Menschen durch Erziehung. In: MÜLLER, KLAUS E./TREML, ALFRED K. (Hg.): Ethnopädagogik. Sozialisation und Erziehung in traditionalen Gesellschaften. Berlin: Reimer 1992, S. 203–217

TREML, ALFRED K.: Lernen. In: KRÜGER, HEINZ-HERMANN/HELSPER, WERNER (Hg.): Einführung in die Erziehungswissenschaft, Band 1: Einführung in die Grundbegriffe und Grundfragen der Erziehungswissenschaft. Opladen: Leske + Budrich 1995, S. 93–102

TREML, ALFRED K.: „Biologismus" – Ein neuer Positivismusstreit in der deutschen Erziehungswissenschaft. In: Erziehungswissenschaft, 7. Jg., H. 14, 1996, S. 85–98

TREML, ALFRED K.: Klassiker. Die Evolution einflussreicher Semantik. Band 1: Theorie. Sankt Augustin: Academia 1997; Band 2: Einzelstudien. Sankt Augustin: Academia 1999

TREML, ALFRED K.: (2000a) Allgemeine Pädagogik. Grundlagen, Handlungsfelder und Perspektiven der Erziehung. Stuttgart: Kohlhammer 2000

TREML, ALFRED K. (2000b): Möglichkeiten und Grenzen menschlichen Lernens im Kontext der Weltgesellschaft. In: SCHEUNPFLUG, ANNETTE/HIRSCH, KLAUS: Globalisierung als Herausforderung für die Pädagogik. Frankfurt/Main: IKO 2000, S. 27–44

UHER, JOHANNA (Hg.): Pädagogische Anthropologie und Evolution. Beiträge der Humanwissenschaften zur Analyse pädagogischer Probleme. Erlanger Forschungen, Reihe A Geisteswissenschaften, Band 73. Erlangen: Universitätsbibliothek 1995

VAIHINGER, HANS: Die Philosophie des Als Ob. Aalen 1986. Neudruck der 9./10. Auflage Leipzig 1927

VESTER, FREDERIC: Denken, Lernen und Vergessen. Was geht in unserem Kopf vor, wie lernt das Gehirn und wann lässt es uns im Stich? München: Deutscher Taschenbuch Verlag 1978

VOGEL, CHRISTIAN: Anthropologische Spuren. Zur Natur des Menschen. Stuttgart/Leipzig: S. Hirzel Verlag 2000

VOLAND, ECKART: Grundriss der Soziobiologie. Stuttgart/Jena: Gustav Fischer 1993 (1. Auflage)

VOLAND, ECKART: Grundriss der Soziobiologie. Heidelberg/Berlin: Spektrum 2000 (2. überarbeitete Auflage)

VOLAND, ECKART/VOLAND, RENATE: Die Evolution des Gewissens. Oder: Wem nützt das Gute? In: NEUMANN, DIETER/SCHÖPPE, ARNO/TREML, ALFRED K. (Hg.): Die Natur der Moral. Evolutionäre Ethik und Erziehung. Stuttgart: Hirzel 1999, S. 195–210

VOLLMER, GERHARD: Evolutionäre Erkenntnistheorie. Stuttgart: Hirzel 1975

VOLLMER, GERHARD: Des Biologen philosophische Kleider. In: Allgemeine Zeitschrift für Philosophie 1982, 7. Jg., H. 2, S. 57–68

VOLLMER, GERHARD: Was können wir wissen? Band 1. Die Natur der Erkenntnis. Beiträge zur evolutionären Erkenntnistheorie. Stuttgart: Hirzel 1985

VOLLMER, GERHARD: Jenseits des Mesokosmos. Anschaulichkeit in Physik und Didaktik. In: Der Physikunterricht, 18 Jg. H. 1, 1984, S. 5–22

VOLLMER, GERHARD: Biophilosophie. Stuttgart: Reclam 1995

VREEKE, GERT J.: Die Bell Curve Debatte. Ein Bericht über ihre Neuauflage in der US-amerikanischen Intelligenzforschung. In: Zeitschrift für Erziehungswissenschaft, 2. Jg., H. 1, 1999, S. 45–58

WEDEKIND, CLAUS/SEEBECK, THOMAS/BETTENS, FLORENCE/PAEPKE, ALEXANDER J.: MHC-dependent Mate Preferences in Humans. In: Proceedings of the Royal Society London B 260, 1995, S. 245–249.

WICKLER, WOLFGANG: Verhaltensforschung in Deutschland. Eine Übersicht. In: Biologie heute, April 1992, Nr. 396, S. 1–6

WICKLER, WOLFGANG/SEIBT, UTA: Männlich – Weiblich. Ein Naturgesetz und seine Folgen. Heidelberg/Berlin: Spektrum 1998

WILSON, EDWARD O.: Sociobyologie – the New Synthesis. Cambridge/Ma: The Belknap Press of Harvard University Press 1975

WINKEL, GERHARD: Humanethologie und Schulorganisation. Köln: Aulis 1979

WINSON, JONATHAN: Neurobiologie des Träumens. In: Biologie des Menschen. Beiträge aus Spektrum der Wissenschaft. Mit einer Einführung versehen von VOLKER SOMMER. Heidelberg/Berlin: Spektrum 1996, S. 72–82

WRIGHT, ROBERT: Diesseits von Gut und Böse. Die biologischen Grundlagen unserer Ethik. München: Limes 1996

WUKETITS, FRANZ M.: Soziobiologie. Die Macht der Gene und die Evolution sozialen Verhaltens. Heidelberg/Berlin: Spektrum 1997

WULF, CHRISTOPH (Hg.): Einführung in die pädagogische Anthropologie. Weinheim/Basel: Beltz 1994

WULF, CHRISTOPH (Hg.): Vom Menschen. Handbuch Historische Anthropologie. Weinheim/Basel: Beltz 1997

ZAHAVI, AMOTZI/ZAHAVI, AVISHAG: Signale der Verständigung. Das Handicap-Prinzip. Frankfurt/Main: Insel 1998

Stichwortverzeichnis

Abstraktheit 166, 179
Adoptionseltern 116
Adrenalin 104 ff.
Affen 77
Aggression 77, 132, 188
Aktivität, neuronale 81
Als-Ob-Fiktion 81, 116, 174, 191
Altruismus 46, 118, 141, 145 f., 187, 188
Analogieschluss 95
Angst 104
Anlage und Umwelt 61, 63, 67, 71, 96, 132, 179, 185
Anpassung 27, 28, 30, 35, 44, 45, 47, 51, 54, 58, 60, 68, 178
Anpassungswert 40
Anschaulichkeit 90, 93, 101, 102, 157, 166, 179
Anthropologie 14, 17, 20, 79, 96, 178 ,
   evolutionäre 178
   geisteswissenschaftliche 9, 14
   historisch-pädagogische 15
   naturwissenschaftliche 9, 10, 14, 16, 18, 23, 179
   pädagogische 15, 18
   völkisch-politische 35
Armut 59, 64, 89, 180
Aufklärung 9, 10
Australopithecinen 28

Begabung 65, 168
Behaviorismus 47
Behinderung 121, 127
Beruf 57, 107
Betrug 95, 144, 191
Beurteilung 164
Bewegung 76, 106, 168
Bewusstsein 58, 83, 103, 104, 119, 152
Beziehung 11
Bildung 152, 160, 182
Biologie 9, 20
Brutpflege 52, 117

Chancengerechtigkeit 127
Chronobiologie 180

Darwinismus, neuronaler 76
Denken 20, 27, 74, 88, 135, 185
Determination 18, 34, 37, 41, 69
Determinismus 174, 178
Didaktik 74, 81, 88, 101, 174, 175, 179, 186, 190
Down-Syndrom 121

Egoismus 187, 188
Ekel 46
Eltern 11, 16, 32, 45, 60, 72, 114, 116, 119, 121, 122, 123, 125, 126, 142, 146, 170, 179, 181, 185, 187
Elterninvestment, differenzielles 119
Emanzipation 10, 30, 129
Embryologie 26, 59
Emergenz 26, 44, 57, 58, 59, 60, 165
Endorphin 108, 109
Energie 86, 89
Entspannung 87, 109
Entwicklung, genzentrierte 66, 74, 178, 179, 181
Entwicklungslogik 193
Entwöhnungskonflikt 118
Erfahrung 50, 99
Erfolg 107, 110, 172
Erinnern 74
Erkenntnistheorie, evolutionäre 21, 90, 91, 186, 189
Erklärung, proximate 32, 132
   ultimate 32, 33, 132
Erzählen 157, 161
Erziehung 68, 70, 71, 72
Ethik 152
Ethnologie 30, 121
Ethnopädagogik 182
Ethnozentrismus 182
Ethologie 20, 21, 36, 188
Eugenik 122
Eurozentrismus 30, 182
Evolution 23, 26, 63, 67, 71, 156
Evolutionstheorie 11, 20, 26, 39, 42, 152
   Allgemeine 21, 27, 165, 193

Fähigkeiten, sozio-kommunikative 136
Familie 170, 185
Fehlschluss, naturalistischer 18, 34, 36, 41, 95, 98, 121, 122, 182
Fitness 31, 95, 118, 146, 171, 191
   direkte 31, 146
   indirekte 31, 146
   reproduktive 126
Förderschule 127
Frau 11, 32, 97, 116, 129, 131, 134, 137, 142, 179
Freiheit 18, 37, 41, 67, 69, 186
Fremdenfeindlichkeit 96, 98
Frontalunterricht 60
Frühgeschichte, Vor- und 182
Funktionalität 180

Gattungsgeschichte 90, 94
Geburtsrang 123
Gedächtnis 85, 86, 93
Gefahr 105, 106, 110
Gefühl 11, 27, 77, 81, 103, 104, 110, 179, 186
Gegenwartsgedächtnis 85
Gehirn 47, 55, 61, 69, 74, 77, 80, 81, 83, 88, 89, 104, 105, 185, 186
Gen 26, 38, 39, 66, 68, 117, 123
Genegoismus 46, 95, 117, 126, 134, 141, 142, 146, 188
Genetik 20, 26, 184, 185
Genom 9, 47, 142, 143
Genotyp 66
Genreplikation 115, 179
Gen-Umwelt-Beziehung, Selektivität der 67
Geologie 23
Geschlecht 36, 94, 97, 129, 139, 140, 160, 179, 187
Geschwindigkeit 92, 93
Geschwister 36, 60, 66, 67, 114, 123, 143
Gesellschaft 44, 105, 163, 166, 167
   funktional differenzierte 159, 170, 171
   Jäger- und Sammler- 28, 30, 90, 157, 158, 182
   multikulturelle 98
Gesellschaftsvertrag 97
Gesundheit 133, 181
Gewalt 23, 32, 33, 41
Gewissen 119
Gleichaltrige 32, 60, 73, 124, 125, 126, 127
Großeltern 116
Großfamilie 157
Grund, proximater 114, 115
Gruppe 16, 44, 54, 60, 94, 97, 99, 108, 133, 162, 187
Gruppengröße 94, 109

Handeln, didaktisches 88
Handlungsanleitung, normative 37
Handlungstiefe 95
Hauser, Kaspar 53
Hilfeleistung 31
Hirnhemisphäre 87
Hirnphysiologie 165
Histologie 20
Hochkultur 156, 158, 160, 182
Hominisation 156
Homo sapiens sapiens 28, 30
Homosexualität 130
Hormone 58, 103, 104, 106, 107, 109, 136
Human Genom Project 16, 184

Imitation 50, 72, 157, 165, 171
Immunsystem 97, 130

Individualität 52
Individuum 44, 58, 59, 147, 159, 166
Information 26, 52, 67, 82, 85, 124, 185
Informationsverarbeitung, parallel-verteilte 75
Initiation 157, 158
Innovation 125, 161
Instinkt 46, 62, 188
Intelligenz 64, 78
   emotionale 104, 111
   künstliche 75
Interessenskonflikt 127
Investment 117, 120, 121, 130, 131, 172

Jugend 61
Jungen 41, 73, 138, 139

Kausalannahme 165, 175
Kausalität, lineare 39, 98
Kinder 11, 16, 54, 55, 94, 97, 99, 114, 116, 117, 125, 127, 134, 137, 143, 157, 179, 187
Kindheit 61, 82, 89
Kinesiologie 74
Kleingruppe 90, 96, 136, 167, 171
Kleinhirn 76
Kleinkind 84
Kognitionsfähigkeit, abstrakte 102
Kommunikation 55, 59, 151, 156
Konflikt, Eltern-Kind- 117, 183
Konkurrenz 12, 73, 94, 108, 109, 116, 132, 133, 138, 141, 143, 149, 150, 152, 172, 179, 187
Konkurrenzverhalten 25
Kontingenz 168
Kooperation 12, 116, 141, 144, 147, 149, 150, 152, 153, 171, 179, 187, 188, 191, 192
   mutuelle 144, 145, 171
   reziproke 148, 171
Körperkoordination 74
Körpersprache 46
Kosten-Nutzen-Bilanz 31, 38, 150
Krankheit 94, 137, 184
Kultur 14, 15, 29, 34, 40, 41, 56, 68, 132
Kulturethologie 21, 190
Kulturfähigkeit 68
Kulturvergleich 156

Lebensbilanz 140
Lebenserwartung 133
Lehrabsicht 60
Lehrform 161
Lehrkraft 11, 60, 70, 86, 106, 107, 127, 145, 146, 151, 160, 170
Lehrplan, heimlicher 151
Leistung 60, 75, 108, 172, 173
Leistungsdruck 164

Leistungsvergleich   105
Lernatmosphäre   108
Lernbedürfnis   60
Lernen   11, 16, 44, 47, 49, 55, 62, 80, 88, 167, 174, 178
   famulierendes   161
   des Gehirns   44, 59, 60, 74
   der Gene   44, 61, 74
   von Gesellschaften   44, 58, 59
   globales   101, 151, 180
   mit allen Sinnen   80
   situationsunabhängiges   51
Lernfähigkeit   125, 164, 168, 179
Lernkrise   100, 101
Lernpsychologie   47
Lerntheorie   62
Lernumwelt   72
Logik   165, 182
Lüge   95, 180
Lust   107

Mädchen   73, 138, 139
Mängelwesen   17
Mann   11, 32, 97, 116, 129, 130, 131, 132, 137, 142, 179
Mensch   47, 59
Menschenrechte   77
Mesokosmos   92, 100, 165, 166
Metapher   38, 116
Migration   62, 97, 128
Misserfolg   107, 110, 172
Mittelhirn   76
Molekularbiologie   20, 26
Moral   95, 141, 149, 180, 187
Motivation   162
Motorik   137, 138
Mündigkeit   7, 30
Mutation   27, 45
Mutter   96, 115, 120, 122, 128, 157
Muttersprache   48, 54, 62

Nachahmung   50, 56, 161, 170
Nachhirn   76
Nahbereich   150, 162
Nationalsozialismus   11, 16, 17, 18, 34, 64, 114, 122, 182
Natur   14, 15, 34, 40, 41, 68, 132
Natur-Kultur-Verhältnis   18
Neotonie   55
Nepotismus   170
Nerv   58, 79
Nesthocker, sekundärer   55
Nettobilanz   23, 117
Netz   76, 138
   neuronales   76
   strategisches   138

Neugierde   54, 56, 61
Neurobiologie   20, 185, 189
Neuron   75
Neurowissenschaft   186
Ohr   79, 80, 92
Ontogenese   47, 58

Pädagogik, historische   182
Paläontologie   20, 26
Partnerwahl   140
Pflanzen   15, 20, 23, 180
Phänotyp   66, 142
Philosophie   16, 26
Phylogenese   47
Physik   16
Pleistozän   23, 28, 41, 45, 90, 100, 107, 109, 156, 166, 183, 190
Populationswissenschaft   20
Prägung   48
Primat   28, 55, 77, 83, 136
Primatenforschung   79
Prüfung   105, 106, 107, 110
Psychologie   10, 16, 41, 78, 98, 178, 186
   darwinische   90
   evolutionäre   21, 29, 62, 189, 190

Rassismus   35, 64, 121, 180
Ratte   50, 51, 65
Reduktionismus   18, 34, 39, 40, 165
Reflex   46
Regel, soziale   94, 95, 150
Reichtum   59, 180
Reizarmut   54
Reproduktion   45, 55, 115, 116, 119, 132, 134, 165, 187
Reproduktionserfolg   25
Reproduktionsinteressen   116, 130, 142
Reproduktionsstrategie, konditionale   116
Ressourcen   27, 29, 131, 143, 172
Risiko   73, 133, 138, 139

Säugling   120
Schallsinn   79
Scheidungsfamilie   125
Schicht   158, 159, 160
Schimpanse   47, 50, 109
Schlaf   77, 84, 85, 103
Schmerzsinn   79
Schrift   56, 57, 157, 158, 159, 161
Schule   71, 105, 110, 127, 151, 161, 165
Schüler   60, 86, 88, 151
Schulgeschichte   156
Schulklima   127
Schulpflicht   160
Selbstgespräch   83, 88
Selbstwertgefühl   111

Selektion 25, 39, 130, 142, 156, 160, 161, 163, 164, 174, 181, 193
Selektivität, Gen-Umwelt- 70, 71
Sicherheit, emotionale 152
Signalkommunikation 144, 153
Sinne, chemische 79, 80
Sinneseindruck 103
Sinnesorgan 76, 79, 86
Sinnesreiz 81
Sinneswahrnehmung 79, 92
Söhne 119, 121
Sozialdarwinismus 9, 34, 35
Sozialerziehung 151
Sozialisation 54, 63, 71, 114, 124, 126, 131, 132, 152, 180, 185
Sozialstatus 33, 120, 121
Sozialverhalten 31, 40, 63, 133, 135, 141, 179, 187
Soziobiologie 20, 21, 31, 33, 68, 90, 126, 139, 151, 165, 187, 189, 191
Soziologie 16, 21, 26, 41, 98, 178
Spieltheorie 21, 31, 148, 149, 180, 191
Sprache 38, 56, 57, 77, 84, 88, 94, 97, 98, 100, 109, 139, 161
Stabilisierung 156, 161, 163, 164, 174
Stiefeltern 116
Stillen 118, 121, 122, 130
Strategie, konditionale 115, 122, 126, 134, 180, 191
Strategie, Tit-for-Tat- 148
Streit 94
Stress 105, 106, 108, 110, 133
Suggestopädie 74, 86, 88
Survival of the fittest 141
Systemtheorie 38, 193

Tastsinn 79 f.
Täuschungsmanöver 144
Technik 40, 159
Teleologie 35, 142
Teleonomie 123, 142
Temperatursinn 79
Testosteron 103, 107, 133
Theologie 16
Theorie 42, 134, 168
Töchter 119, 121
Tradition 56, 57
Tragling 55
Trittbrettfahrer 94, 96, 147, 148, 150

Üben 82, 88, 91, 139, 175
Überleben 46
Ultrakurzgedächtnis 85, 86
Umwelt 59, 124, 126, 151
Universalisierung 156
Universität 167

Unterricht 12, 51, 86, 87, 101, 102, 108, 110, 151, 156, 158, 160, 164, 165, 166, 167, 172, 175, 180, 190
Unterrichtsforschung 81, 192
Ursache, ultimate 72, 109, 178
proximate 109, 178

Variation 39, 156, 161, 163, 164, 174, 181, 193
Vater 122, 130, 157
Verantwortung 95, 99
Verbindung, neuronale 80, 179
Vererbung 45, 115
Vergessen 74, 83
Verhalten 46, 47, 68, 123, 129
Verhaltensforschung 21, 23, 32, 56, 187, 188
Verhaltensökologie 68
Verhaltensstrategie 147
Verhaltensvariabilität 68
Verhaltensvorschlag 9
Verhaltensweise 33, 52, 178
Verhältnis, Anlage-Umwelt- 9, 11, 20, 47, 71, 74
Eltern-Kind- 114, 115
Verknüpfung, Neuronen- 81
Vernachlässigung 52
Vernunft, spontane 82, 90, 93, 156
Verwandtschaft 115, 143, 146, 147, 157, 170, 171, 187
Vorstellungsvermögen, räumliches 138

Wachstumsstrategie 99
Wahrnehmung, räumliche 135
Weltgesellschaft 41, 59, 93, 97, 98, 147, 150, 156, 165, 166, 168, 180, 190
Weltwirtschaft 94
Werbestrategie 143
Werterziehung 95
Wildbeutergesellschaft 28, 30, 125, 157, 182
Wirtschaftsforschung 26, 192
Wissenschaftstheorie 159, 189
Wolfskind 82

Zeigen 156, 157
Zeitinvestition 162
Zielperspektive, normative 178
Zoologie 20
Zorn 104
Zufall 69, 175
Zusammenhang, Tat-Folge- 98, 99, 100, 166, 180
Zweck, funktioneller 115
Zweisprachigkeit 98
Zwilling 65, 66, 67, 122, 143
Zwischenhirn 77, 103, 105
Zytologie 20